国家检察官学院
高级检察官培训教程

编委会主任／徐显明

控告举报检察实务讲堂

KONGGAO JUBAO JIANCHA SHIWU JIANGTANG

（第二版）

许山松　马立东／主编

李高生　杨　蓉／副主编

中国检察出版社

图书在版编目（CIP）数据

控告举报检察实务讲堂/许山松，马立东主编．—2 版．—北京：中国检察
出版社，2018.6
高级检察官培训教程
ISBN 978 − 7 − 5102 − 2138 − 5

Ⅰ.①控…　Ⅱ.①许…②马…　Ⅲ.①检察机关 − 工作 − 中国 − 岗位培训 −
教材　Ⅳ.①D926.3

中国版本图书馆 CIP 数据核字（2018）第 130786 号

控告举报检察实务讲堂（第二版）

主　编　许山松　马立东　副主编　李高生　杨　蓉

出版发行：中国检察出版社
社　　址：北京市石景山区香山南路 109 号（100144）
网　　址：中国检察出版社（www.zgjccbs.com）
编辑电话：(010) 86423706
发行电话：(010) 86423726　86423727　86423728
　　　　　(010) 86423730　68650016
经　　销：新华书店
印　　刷：保定市中画美凯印刷有限公司
开　　本：710 mm × 960 mm　16 开
印　　张：15.25
字　　数：277 千字
版　　次：2018 年 6 月第二版　2018 年 11 月第四次印刷
书　　号：ISBN 978 − 7 − 5102 − 2138 − 5
定　　价：62.00 元

再版说明

为充分发掘检察官培训优质教学和课程资源，深化检察官实务培训，促进检察教育培训工作的规范化、科学化，国家检察官学院和中国检察出版社在完成《全国预备检察官培训系列教材》编写和出版发行的基础上，于2014年酝酿编写一套区别于以往的高级检察官实务培训教材。2015年2月，最高人民检察院李如林副检察长主持召开了高级检察官实务培训教材首次编委会。会议研究确定了教材编委会的组成、教材编写的目标定位和编写、出版的原则、要求。会后，国家检察官学院和中国检察出版社拟定了教材编写、出版的具体思路和工作方案，实务教材编写工作正式启动。

根据高级检察官实务工作和实务培训的需要，本套系列教材初定为6本，涵盖侦查监督、公诉、民事行政检察、刑事执行检察、控告举报检察、刑事申诉检察等各检察实务领域，以期能满足检察实务培训的需要。

本系列教材的编写有以下几个特点：

一是编写原则。我们坚持"突出检察业务特色，确保切实管用"，紧贴各检察业务司法实践，坚持"接地气，无水分"，向办案一线的检察官传授实务经验、技巧和方法，力争成为他们的"办案口袋书"。

二是编写方式。本系列教材的编写不同于以往撰写的方式，选取培训中教学效果好的专题讲授，根据讲课的录音录像整理出文字材料，以保证专题的质量，并保留其语言生动活泼、可读性强的特点。

三是编写内容。每本教材的内容均以实务专题的形式呈现，围绕各类检察实务中的热点、难点、焦点及前沿问题展开专题讲解，每个专题相对独立，同时兼顾检察业务体系的完整性。

可以说这套教材是一套经过精心策划、认真组织、踏实编撰的书籍；是一套集针对性、实务性、技巧性、操作性于一体的书籍，它凝聚了教学一线的专家、学者、检察业务专家和检察教官的授课精华，是对检察业务工作的总结和提炼，汇集了他们的办案技巧和方法，旨在切实提高检察官的执法办案水平和各项检察业务素能。每本教材均由高检院各相关业务部门负责同志和学院有关领导、教授担任共同主编，负责审核定稿，以保证教材内容的准确性。

编写这样的教材，还是一个新的尝试，难免存在这样那样的疏漏，敬请广大读者批评指正。

编委会

2018 年 6 月

目　　录

专题一　检察机关信访形势及涉法涉诉信访改革 …………… 许山松（ 1 ）

一、2013 年以来检察机关信访形势分析 ……………………（ 1 ）

二、涉法涉诉信访改革情况 ……………………………………（ 5 ）

专题二　检察机关涉法涉诉信访改革研究 …………… 刘太宗（17）

一、检察机关涉法涉诉信访工作整体情况分析 ……………（17）

二、检察机关涉法涉诉信访改革的总体思路、原则和基本要求 …（19）

三、检察机关涉法涉诉信访改革应关注的关键环节 …………（22）

专题三　全面推进诉访分离的制度改革

　　　　——以检察机关涉法涉诉信访改革为视角 ………… 刘太宗（25）

一、健全完善诉访分离制度的必要性 …………………………（25）

二、诉访分离制度基本要求和检察机关改革的基本情况 ……（27）

三、诉访分离制度改革中存在的难点问题 ……………………（29）

四、进一步健全诉访分离制度的建议 …………………………（30）

专题四　检察机关群众来访工作实务研究 …………… 王光月（33）

一、来访接待工作的基本理念 …………………………………（33）

二、来访接待工作的基本功能 …………………………………（35）

三、来访接待工作的基本流程 …………………………………（42）

四、来访接待工作的基本方法 …………………………………（45）

五、特殊来访的接待 ……………………………………………（49）

专题五　互联网＋检察信访工作模式若干问题 …………… 王光月（52）

一、网上信访的时代背景 ………………………………………（52）

二、网上信访的应运而生 ………………………………………（55）

三、检察机关网上信访的必要性与可行性 ……………………（59）

四、检察网上信访的框架结构与运行模式 ……………………（61）

五、检察网上信访的品牌创新与展望 …………………………（70）

控告举报检察实务讲堂

目　录

专题六　审查办理阻碍辩护人、诉讼代理人依法行使诉讼权利
　　　　行为的控告或申诉 …………………………………… 李高生（73）

　　一、充分认识审查办理阻碍辩护人、诉讼代理人依法行使诉
　　　　讼权利行为的重要意义 ……………………………………（73）

　　二、关于阻碍辩护人、诉讼代理人依法行使诉讼权利行为法
　　　　定情形的理解 ……………………………………………（84）

　　三、审查办理程序 …………………………………………（96）

专题七　接待群众来访的技巧和方法 ……………………… 李高生（102）

　　一、接待来访工作的重要性和工作理念 ……………………（102）

　　二、接待群众来访的语言技巧和行为规范 …………………（104）

　　三、接访能力及接待技巧 …………………………………（106）

　　四、接待来访的方法 ………………………………………（107）

　　五、一些特殊来访的接待方法 ……………………………（113）

专题八　检察机关涉法涉诉信访工作改革的重点环节 ……… 齐占洲（122）

　　一、涉法涉诉信访及相关概念 ……………………………（122）

　　二、积极推进一体化综合性受理平台建设，进一步畅通群众
　　　　诉求表达渠道 …………………………………………（124）

　　三、坚持诉访分离，规范审查受理机制 …………………（125）

　　四、完善案件办理机制，纠正司法错误和补正司法瑕疵，依
　　　　法及时公正解决人民群众的合理诉求 …………………（132）

　　五、完善案件终结机制，解决无限控告申诉问题 ………（141）

　　六、加强信访安全，维护信访秩序 ………………………（148）

专题九　检察机关举报工作实务 ………………………… 郑小鹏（150）

　　一、《举报工作规定》修订的背景和原则 …………………（150）

　　二、《举报工作规定》的修订情况 …………………………（153）

　　三、举报人保护 ……………………………………………（163）

　　四、举报线索不立案审查 …………………………………（169）

　　五、举报初核 ………………………………………………（183）

专题十　解读《最高人民检察院关于人民监督员监督工作的
　　　　规定》 …………………………………… 赵勇建　王鸿杰（194）

　　一、高检院《规定》出台的背景及重要意义 ………………（194）

　　二、高检院《规定》的理解与适用 ………………………（196）

　　三、贯彻落实高检院《规定》的意见 ……………………（204）

目　录

专题十一　解读《信访工作责任制实施办法》

　　………………………………国家信访局综合指导司（206）

　一、什么是信访工作责任 ………………………………（206）

　二、为什么要出台《实施办法》 ………………………（208）

　三、怎样准确理解把握《实施办法》 …………………（210）

　四、如何贯彻落实好《实施办法》 ……………………（214）

专题十二　社会安全事件的应对与处置 …………李雪峰（217）

　一、引言：危机的挑战 …………………………………（217）

　二、提升形势研判的洞察力 ……………………………（220）

　三、提升应急决策的判断力 ……………………………（224）

　四、提升危机沟通的感染力 ……………………………（229）

　五、提升危机终止的转换力 ……………………………（231）

　六、小结 …………………………………………………（232）

控告举报检察实务讲堂

专题一　检察机关信访形势及涉法涉诉信访改革

许山松[*]

一、2013 年以来检察机关信访形势分析

2013 年以来，随着三大诉讼法的修改实施和涉法涉诉信访改革的深入推进，检察机关的信访形势发生重大变化，总体来看，分两个阶段，分别呈现以下特点：

（一）2013 年至 2015 年呈现三个前所未有

1. 工作量增幅前所未有

一是工作量急剧成倍增加。如，2013 年同比上升 154.2%。二是高检院上访量已跃居中央政法机关首位。

2. 工作难度加大前所未有

三大诉讼法修改实施后，工作标准和要求进一步严格。法律新规定、中央和高检院新要求以及群众新期待，对控告检察工作提出更高标准和更严格要求。控告检察部门既要办信接访，又要直接办案；既要交办转办，又要审查督办；既要对外监督，又要对内制约；既要自己办案，又要加强指导；既要答复反馈，又要稳控息诉，工作难度明显加大。

3. 工作性质变化前所未有

三大诉讼法修改实施后，控告检察工作发生了由"转"到"办"的根本变化。一要直接办理五项新增办案任务。即对公检法三机关及其工作人员违法限制辩护律师会见等 16 种阻碍辩护人、诉讼代理人依法行使诉讼权利的控告或申诉的审查办理［刑事诉讼法第 47 条，《人民检察院刑事诉讼规则（试行）》（以下简称《刑事诉讼规则》）第 57 条］；对本院违法查封扣押冻结财物等 20 种违法行为的控告或申诉的审查办理（刑事诉讼法第 55 条、第 115

---

* 最高人民检察院控告检察厅厅长。

条，《刑事诉讼规则》第 575 条）；对自侦部门不立案的举报线索进行审查办理（《刑事诉讼规则》第 166 条）；举报初核（《刑事诉讼规则》第 167 条）；民事检察监督案件的审查受理（民事诉讼法第 209 条）。二要对事实不清性质不明的诉求进行调查核实。《刑事诉讼规则》第 157 条、第 167 条、第 184 条、第 554 条等条款明确规定，控告检察部门应对"事实不清、性质不明"的控告、举报和申诉进行调查核实，这些规定改变了此前"抄抄转转"的现象。三要对"诉"和"访"依法剥离。"诉访分离"是涉法涉诉信访改革的重要原则，这项原则要求控告检察部门要根据事实和法律对群众信访，尤其是首次信访进行审查核实，甄别"诉"、"访"后，再依法分流。

（二）2016 年以来出现的新态势

2016 年以来，全国控告检察部门按照习近平总书记对信访工作的一系列重要指示精神以及中央和高检院党组的决策部署，采取深化涉法涉诉信访改革、着力解决信访突出问题、加强信访维稳、强化督导检查等系列措施，圆满完成信访维稳工作任务。总体看来，群众信访仍表现为总量高位运行、倒三角分布未根本改变、极端敏感信访时有发生、维稳息诉任务繁重等特点，但是也出现了以下新态势：

1. 新趋势、新动向

信访形势趋稳转好：信访总量、受理量首次下降，涉检信访量持续下降。2016 年，全国检察机关接收群众信访同比下降 15.4%，受理同比下降 8.9%，涉检信访自 2013 年以来一直呈下降态势，2016 年同比下降 3.7%。

信访秩序整体向好：极端访、集体访、上访老户均有下降。全国检察机关极端访、集体访、上访老户分别同比下降 1.9%、6.6%、10.8%，影响信访秩序的主要指标均呈下降趋势，信访秩序出现向好势头。

依法逐级信访初步显现：高检院信访量降幅明显，省市县院上升，倒三角构成比例有所调整。高检院信访量同比下降 19%，省级院同比上升 15.7%，市级院同比上升 6.7%，县级院同比上升 3.5%。市县两级信访量上升，说明依法引导群众就地反映解决问题的措施正在逐步产生效果。

信访结构进一步优化：涉法涉诉信访量占比明显提高。全国检察机关涉法涉诉信访量与 2014 年、2015 年基本持平。但因非涉法涉诉信访量逐年下降，涉法涉诉信访量占比逐年提高。非涉法涉诉信访陆续转向行政信访部门，促进检察机关信访结构逐步优化。

2. 新成果、新成效

涉法涉诉信访改革纵深推进：改革措施全面推进，终结案件、律师参与化解和代理涉法涉诉信访案件实现突破。高检院党组和涉法涉诉信访改革领导小组多次专门听取涉法涉诉信访改革和信访工作情况，研究解决存在的问题，部署具体工作。多次组成督导组，对改革措施落实情况进行专项督查，扭住突出问题，坚定不移推进改革见到实效。2016年，群众信访受理渠道进一步畅通，虽然信访总量下降，但符合条件的信访导入程序数量却同比上升9.6%；审查办理机制更加健全，办案质量进一步提高，对进入程序的案件依法纠错和补正瑕疵同比上升12.9%；终结工作出现从不愿终结到主动以终结促息诉的转变，数量实现重大突破；律师等第三方在化解矛盾纠纷中的独特优势充分体现，律师参与化解和代理涉法涉诉信访案件同比上升160.3%；国家司法救助全面开展，发放国家司法救助资金同比上升15.1%。入口不畅、程序空转、出口不顺等长期制约信访工作发展的实践难题，逐步得到破解。

控告检察监督职能有效发挥：直接审查办理的监督业务全面开展，一些群众反映的问题得到依法纠正补正。2016年，全国控告检察部门加大审查办理检察机关违法行使职权案件的力度，经检察长批准，向有关单位和部门发出纠正违法、移送纪检监察追究责任；审查办理阻碍辩护人诉讼代理人依法行使诉讼权利1200余件，经检察长批准，向有关单位和部门发出纠正违法通知书、移送纪检监察追究责任500余件。同时，充分发挥控告申诉检察反向审视职能，通过回看原案办理全程，查找在司法理念、行为、作风、方法等方面存在的突出问题，倒逼规范司法、公正司法。如，河南省检察机关根据在审查办理群众信访案件中发现的突出问题，加强反向审视，有力地推进了规范司法、公正司法，提高了检察机关司法公信力。

信访突出问题解决效果明显：一批错案、瑕疵案得到纠正，扣押款物得到返还。曹建明检察长十分重视解决群众反映的信访问题，2016年，批阅重要群众来信摘编12期、接访动态专报41期，推动群众信访突出问题依法及时解决。各级院检察长坚持定期接待上访群众和包案制度，一批"骨头案"得到化解。各级检察机关积极构建信访案件交办督办机制，推动解决群众信访问题制度化、规范化。如，我院交办的安徽省杨德武申诉案，经多次督办，安徽省检察院发出再审检察建议，2016年11月3日，杨德武由死缓改判无罪。

3. 新情况、新问题

检察机关的信访形势虽然整体向好，但仍面临一系列困难和挑战：一是群众要求诉讼监督的司法需求日益增加，群众要求诉讼监督愿望强烈，同时也对检察机关人员力量和素质提出了更高要求。二是高检院群体性维权上访增加。虽然从整体上看信访形势趋稳向好，但2016年以来到高检院的群体性维权上访多发。三是依法打击违法上访行为存在"瓶颈"。

控告举报检察实务讲堂

4. 新要求、新方向

法制化：始终坚持法治对做好信访工作的引领、保障作用，密织法律之网、强化法治之力，依法依规协调处理群众诉求，引导涉法涉诉信访问题在法治轨道上妥善解决。一要树立规则意识；二要树立权利义务意识；三要树立程序意识。坚决杜绝选择性司法、运动式司法以及"找关系找门子"的处事方式。

规范化：信访制度是中国特色社会主义民主政治制度的有益补充，必须坚持、加强、创新和完善。当前控告检察制度体系基本建立，最主要的是抓好落实，严格规范司法。在实践工作中，一要正确处理维权与维稳的关系，涉及维权的维稳问题，首先是把群众合法诉求解决好，建立健全诉求表达、权益保障机制，努力让群众感到权益受到公平对待、利益得到有效维护；二要了解群众合理诉求和维护正常信访秩序的关系，做到诉求合理的解决问题到位、诉求不合理的思想教育到位、生活困难的帮扶救助到位、行为违反的依法处理。工作重点是，加大群众反映的司法不规范、司法不公等问题的交办督办力度，督促解决问题；加强检察机关违法行使职权行为、公检法三机关阻碍律师依法履职行为的审查办理；群众信访是反映社情民意的晴雨表，要充分发挥反向审视职能，加强社情民意分析研判，提出改进工作、完善政策的建议，从源头上防范不规范司法问题的产生；在日常办信、接访、受理举报等工作中，要严格按照规定范围、程序审查办理。

信息化：新科技革命成果已深入到人民生活的方方面面，我们要主动拥抱新科技革命，以信息化革新控告检察工作。要加强信访信息系统的建设应用。网上信访系统建设是高检院确立的重点改革任务，提出把来信、来访、12309举报平台等不同形式反映的信访事项，把受理流转、督查督办、答复反馈、进展查询、统计分析、监督评价等各业务环节，把各级检察机关的信访业务，统一纳入网上信访系统运行，实现网上管理、网上受理、网上流转、网上答复。同时，依托网上信访系统对所有信访形式、工作过程、工作范围进行全覆盖，逐步形成检察机关信访信息大数据库，运用现代信息技术将信访业务流、信息流、管理流有机融合，对信访工作模式、流程和管理等进行科学再造，实现信访业务标准化、接派行为规范化、工作责任明晰化、处理流程透明化、统计分析智能化、过程监督社会化、工作管理信息化、控告检务公开化。目前，检察机关信访信息系统正在全国部署。同时，加快推进全国检察机关信访动态展示及应急指挥平台建设，多角度、全方位、立体式展示全国检察机关实时信访动态，构建统一指挥、统一调配、统一管理的应急联动防控体系。

人性化：信访工作是党的群众工作的重要平台，是送上门来的群众工作，要坚持以人民为中心的发展理念，进一步增强宗旨意识，带着感情疏导和化解社会矛盾，不断夯实群众基础。进一步建设"阳光检务"，提升服务群众工作水平和能力。积极推动集控告申诉、查询案件信息和办理有关事项等功能于一体的检察服务大厅建设，为群众提供更加高效便捷的"一站式"服务。优化文明接待窗口创建战略，推动各地强化服务意识，增强服务效果，塑造检察机关良好形象。加快推进12309检察服务中心建设，建立集检察宣传、检务公开、检察服务、监督评议等功能于一体的检察机关统一对外服务窗口，为群众提供更加高效便捷的服务。

二、涉法涉诉信访改革情况

（一）改革背景

一是中央的决策部署。党的十八大报告明确提出完善信访制度，畅通和规范群众诉求表达、利益协调、权益保障渠道。十八届三中全会指出，改革信访工作制度，实行网上受理信访制度，健全及时就地解决合理诉求机制。把涉法涉诉信访纳入法治轨道解决，建立涉法涉诉信访依法终结制度。十八届四中全会指出，把信访纳入法治化轨道，保障合理合法诉求依照法律规定和程序就能得到合理合法的结果。二是破解实践难题的需要。出现一些新情况，如，信访职业化、商业化。再如，入口不畅：立案难，控告申诉难、多头受理（不受理）；程序空转：纠正难、形式审查多；出口不顺：诉求过高或者无理、终结退出牵头单位落实难、息诉息访协议缺乏强制性。三是内外部衔接配合机制不完善。缺乏信息共享平台、缺乏衔接互动机制、缺乏共同问题解决机制，信访工作合力难以形成。四是一些信访工作经验成果需上升为制度，推动信访工作健康发展。

（二）主要改革制度及重点内容

1. 出台纲领性文件

最高人民检察院制定了关于进一步加强新形势下涉法涉诉信访工作的意见。

主要思路：改变经常性集中交办、过分依靠行政推动、通过（行政）信访启动法律程序的工作方式，把解决涉法涉诉信访问题纳入法治轨道，由政法机关依法按程序处理，依法纠正执法差错，依法保障合法权益，依法维护公正结论，保护合法信访、制止违法闹访，努力实现案结事了、息诉息访，实现维护人民群众合法权益与维护司法权威的统一。

基本原则：坚持诉讼与普通信访相分离。坚持程序公正与实体公正并重。

坚持司法公正与司法效率并重。坚持标本兼治、源头治理。强化法律监督和强化自身监督并重。

基本要求：严格依法办事。依法按程序解决实际问题。维护司法权威。

组织领导和执法保障：加强组织领导。明确各级检察机关涉法涉诉信访工作的重点和责任。优化机构设置和办案力量。加强队伍专业化建设。全面加强来访接待场所等基础建设。加强法制宣传和舆论引导。

2. 导入制度

最高人民检察院出台《人民检察院受理控告申诉依法导入法律程序实施办法》。

主要内容。六个方面：基本原则、诉访分离标准和要求、受理范围和受理条件、诉类事项导入检察机关相应法律程序的具体情形、对其他司法机关管辖和共同（交叉）管辖事项的处理、导入机制的保障措施。

导入机制应遵循的原则。一是诉访分离原则；二是统一受理原则；三是分类导入原则；四是保障诉权原则；五是及时高效原则。

检察机关受理控告申诉的范围。根据该《实施办法》，检察机关受理范围分为"涉检事项"、"诉讼监督事项"两大类。

涉检事项是指：不服人民检察院刑事处理决定的；反映人民检察院在处理群众举报线索中久拖不决，未查处、未答复的；反映人民检察院违法违规办案或者检察人员违法违纪的；人民检察院为赔偿义务机关，请求人民检察院进行国家赔偿的。

诉讼监督事项是指：不服公安机关刑事处理决定，反映公安机关的侦查活动有违法情况，要求人民检察院实行法律监督，依法属于人民检察院管辖的；不服人民法院生效判决、裁定、调解书，以及人民法院赔偿委员会的赔偿决定，反映审判人员在审判程序中存在违法行为，以及反映人民法院刑罚执行、民事执行和行政执行活动存在违法情形，要求人民检察院实行法律监督，依法属于人民检察院管辖的。

应当告知向公安机关提出的有：（1）当事人和辩护人、诉讼代理人、利害关系人认为公安机关及其工作人员有刑事诉讼法第115条规定的行为，未向办理案件的公安机关申诉或者控告，或者办理案件的公安机关在规定的时间内尚未作出处理决定，直接向人民检察院申诉的；（2）被害人及其法定代理人、近亲属认为公安机关对其控告应当立案侦查而不立案侦查，向人民检察院提出，而公安机关尚未对刑事控告或报案作出不予立案决定的；（3）控告人、申诉人对公安机关正在办理的刑事案件，对有关办案程序提出复议、复核，应当由公安机关处理的；（4）对公安机关作出的行政处罚、行政许可、行政强制措施等决定不服，要求公安机关复议的；（5）对公安机关作出的火灾、交通事故认定及委托鉴定等不服，要求公安机关复核或者重新鉴定的；（6）因公安机关及其工作人员违法行使职权，造成损害，依法要求国家赔偿的；（7）控告公安民警违纪的；（8）其他属于公安机关职权范围的事项。

应当告知向人民法院提出的有：（1）当事人和辩护人、诉讼代理人、利害关系人认为人民法院及其工作人员有刑事诉讼法第115条规定的行为，未向办理案件的人民法院申诉或者控告，或者办理案件的人民法院在规定的时间内尚未作出处理决定，直接向人民检察院申诉的；（2）当事人不服人民法院已经发生法律效力的民事判决、裁定和调解书，未向人民法院申请再审，或者人民法院在法定期限内正在对民事再审申请进行审查，以民事诉讼法第209条第1款规定为由直接向人民检察院申请监督的；（3）当事人认为民事审判程序中审判人员存在违法行为或者民事执行活动存在违法情形，未依照法律规定提出异议、申请复议或者提起诉讼，且无正当理由，或者人民法院已经受理异议、复议申请，在法定期限内正在审查处理，直接向人民检察院申请监督的；（4）控告法官违纪的；（5）其他属于人民法院职权范围的事项。

控告申诉的受理条件。受理的共性条件：（1）属于检察机关受理案件范围；（2）本院具有管辖权；（3）控告人、申诉人具备法律规定的主体资格；（4）控告、申诉材料符合受理要求（主要指材料齐备）；（5）控告人、申诉人提出了明确请求和所依据的事实、证据与理由；（6）不具有法律和相关规定不予受理的情形。

对共同管辖事项的受理。"共同管辖"是指两个以上司法机关对同一控告申诉都有管辖权的情况。对人民检察院和其他司法机关均有管辖权的控告、申诉，人民检察院应当依法定职权审查受理，并将审查受理情况通知其他有管辖权的司法机关。如发现其他有管辖权的司法机关已经受理立案的，可以告知控告申诉人在已受理立案的司法机关作出法律结论后，再依法向检察机关提出控告申诉。对控告申诉既包含检察机关管辖事项，又包含其他司法机关管辖事项的，应当依职权及时受理检察机关管辖事项；对其他事项，应当告知当事人向主管机关提出。

3. 纠错制度

"司法瑕疵"概念。即人民检察院在立案侦查直接受理的案件、批准或者决定逮捕、审查起诉和提起公诉以及实行诉讼监督过程中，在事实认定、证据采信、法律适用、办案程序、文书制作以及司法作风等方面不符合法律和有关规定，但不影响案件结论的正确性和效力的相关情形。

（1）司法瑕疵的具体情形。瑕疵处理办法对检察环节司法瑕疵主要类别作了规定，即事实认定瑕疵、证据采信瑕疵、法律适用瑕疵、法律程序瑕疵、法律文书瑕疵、司法作风瑕疵以及其他司法瑕疵。具体如下：

事实认定瑕疵：是指认定事实或者情节有遗漏、表述不准确等情形，不影响定罪量刑或者全案处理的情形。

证据采信瑕疵：是指证据的收集、调取、保存、移送、使用等程序不符合法律和有关规定，但依法可以补正或者作出合理解释，并且不属于应当依法排除的非法证据的等情形。如物证、书证在收集程序、方式等方面存在的下列瑕疵：①勘验、检查、搜查、提取笔录或者扣押清单上没有侦查人员、物品持有人、见证人签名，或者对物品的名称、特征、数量、质量等注明不详的；②物证的照片、录像、复制品，书证的副本、复制件未注明与原件核对无异，无复制时间，或者无被收集、调取人签名、盖章的；③物证的照片、录像、复制品，书证的副本、复制件没有制作人关于制作过程和原物、原件存放地点的说明，或者说明中无签名的，等等。证人证言在收集程序、方式存在的下列瑕疵：①询问笔录没有填写询问人、记录人、法定代理人姓名以及询问的起止时间、地点的；②询问地点不符合规定的；③询问笔录没有记录告知证人有关作证的权利义务和法律责任的，即没有记录告知证人应当如实提供证言和有意作伪证或者隐匿罪证要负法律责任内容的；④询问笔录反映出在同一时段，同一询问人员询问不同证人的等情形。讯问笔录存在的下列瑕疵：①讯问笔录填写的讯问时间、讯问人、记录人、法定代理人等有误或者存在矛盾的；②讯问人没有签名的；③首次讯问笔录没有记录告知被讯问人相关权利和法律规定的。

法律适用瑕疵：是指引用法律条文不准确、不完整、不规范，但不影响定罪量刑的情形。如漏引、错引法律条文；引用与案件无关的法律条文等。

法律程序瑕疵：是指受理、办理、告知、听取意见、送达等程序不符合法律和有关规定，但不影响案件结论的正确性和效力的情形。如：①依照法律和有关规定应当对诉讼权利义务等内容履行告知义务，没有告知或者告知后没有记录在案的；②妨碍当事人及其辩护人、诉讼代理人等依法行使诉讼权利，但程度轻微，未严重妨碍司法公正的；③采取、解除或者变更强制措施程序不规范，但未严重侵害当事人诉讼权利，未严重妨碍司法公正的；④执行讯问职务犯罪嫌疑人全程同步录音录像规定不规范，未严重妨碍司法公正的；⑤查封、扣押、冻结、保管、处理涉案财物不符合法律和有关规定，但未严重侵害当事人合法权益的；⑥违反法定期限要求，但未严重侵害当事人人身自由及诉讼权利，未严重妨碍司法公正的；⑦送达法律文书不及时，受送达人错误或者未予送达，但未严重侵害受送达人诉讼权利，未严重妨碍司法公正的；⑧未依法履行诉讼监督职责，但对诉讼程序和案件结论未造成实质性影响的。

法律文书瑕疵：是指法律文书的名称、类型、文号、格式、文字、数字、语法、符号等存在不规范、遗漏、错误等情形，或者存在未依照法律规定签名、盖章、捺手印、注明时间等情形，不影响案件结论的正确性和效力的情形。如：①法律文书名称、文号错误，文书类型选择不当，文书格式不规范的；②法律文书有漏字、错字、别字等文字疏漏，姓名、名称、性别、身份、地址、数字、日期以及标点符号等书写错误或者语法错误的；③通知书、决定书、书面说明等各类文书，没有依照规定签名、盖章（捺手印）、注明时间的；④法律文书内容矛盾，语义不清，逻辑混乱，说理不充分的。

司法作风瑕疵：是指人民检察院工作人员在执法办案中存在态度粗暴、蛮横，作风拖沓、怠慢，语言不当等不规范行为的情形。

（2）司法瑕疵的补正措施。具体如下：

说明解释。证据的收集、调取、保存、移送、使用等程序存在司法瑕疵的，办理案件的人民检察院或者相关办案部门可以就收集、调取等过程作出书面说明或者合理解释。

补正原法律文书。对原法律文书进行补正的适用情形为事实认定、法律适用、法律文书等存在的司法瑕疵。补正的方式有两种：一是重新印制法律文书，送达当事人，并将撤销原法律文书的情况告知当事人；二是在审查、复查法律文书中作出重新认定。

赔礼道歉。根据案件和司法瑕疵具体情况，必要时应当向当事人赔礼道歉，消解当事人的不满，以取得当事人的谅解。

司法救助。根据 2014 年 1 月 17 日印发的《关于建立完善国家司法救助制度的意见（试行）》的相关规定，对通过法律途径难以解决，且生活困难，符合司法救助条件的，可以告知控告人、申诉人申请司法救助。

4. 律师参与化解和代理涉法涉诉信访案件制度

（1）必须坚持四项原则：自愿平等、依法据理、实事求是、无偿公益。

（2）三项任务：维护公正结论，劝解息诉；对瑕疵错误，建议推进解决；对生活困难的，符合救助规定，帮助申请救助。

（3）方式方法：接谈信访人、评析信访案件、做好释法劝导工作、提出处理意见、引导信访人依法申诉、帮助申请救助。

（三）开展情况及存在的问题

党的十八大以来，中央政法委作出了一系列涉法涉诉信访改革的重大决策。最高人民检察院坚决贯彻落实党中央有关部署要求，从推进法治中国建设、创新社会治理体系、实现国家长治久安、建立公正高效权威司法制度的大局出发，坚持不懈地统筹推进各项改革措施，全国检察机关涉法涉诉信访改革取得预期成效。

1. 改革架构及制度体系已基本建立

全国检察机关按照中央和高检院的部署要求，加强领导，精心组织，为扎实推进改革提供保障。一是积极构建改革领导体系。高检院党组高度重视涉法涉诉信访改革，曹建明检察长多次做出重要批示，多次专门听取汇报，并成立了以常务副检察长为组长的涉法涉诉信访改革领导小组，研究解决重大改革问题，统筹推进全国检察机关改革工作。各级检察院也成立改革领导小组，把涉法涉诉信访改革纳入党组推进的重点工作，省、市检察院一把手多次深入基层调研。目前，全国检察机关已建立了统筹部署、左右互动、上下一体的改革组织领导体系，形成了院党组最终决策、领导小组具体负责、成员单位充分参与的工作格局，为深入推进改革奠定了坚实基础。二是积极构建改革制度体系。确立改革基本构架、目标任务和主要内容，发挥方向性和纲领性作用。随后，陆续出台依法导入、瑕疵补正、国家司法救助、律师代理等一系列配套文件。各省级检察院结合本地实际，出台改革实施细则，建立内外部工作机制。目前，全国检察机关已初步形成较为完备的改革制度体系，为全面深化改革提供了有力的制度保障。三是积极构建改革保障体系。高检院进一步健全了《人民检察院文明接待室评比办法》、《人民检察院文明接待室评比标准》，开展全国检察机关文明接待室评比活动，以此为抓手，推动深化改革，强化为民服务意识和服务能力。进一步建设"阳光检务"，推动建立集控告申诉、案件信息查询和办理有关事项等功能于一体的检察服务平台，为群众提供更加高效便捷的"一站式"服务。扎实推进网上信访工作模式，实现网上管理、网上受理、网上流转、网上答复，着力以信息化破解信访难题，提高信访工作科学化水平。按照"调结构、充力量、提能力、转作风、树形象"的思路，将具有较高法律业务水平、多部门工作经历和较为丰富群众工作经验的干警充实到信访部门，进一步优化了信访队伍。

2. 各项改革措施稳步推进

习近平总书记强调，一分部署，九分落实。要抓实，再抓实。不抓实，再好的蓝图只能是一纸空文，再近的目标只能是镜花水月。我们把抓落实放在更加突出位置，主要采取了以下措施：一是积极统筹部署。高检院把涉法涉诉信访改革纳入《"十二五"时期检察工作发展规划纲要》，作为一项全局性、战略性工作统筹部署推进，并成立统筹全国检察机关改革的领导小组，落实专门机构、人员具体负责。对每一项改革措施，都制定具体实施方案、时间表、路线图。各省级检察院根据中央和高检院要求，制定了细化措施，对目标任务、工作措施、责任主体、阶段步骤等进行了规划部署，确保中央和高检院的改革要求落到实处、落到基层。二是加强理论研究和调研督导。高检院积极搭建涉法涉诉信访改革理论研究平台，将"检察机关涉法涉诉信访改革研究"列为全国检察机关重要科研课题；开展控告举报检察理论研究征文活动，加强改革基础性、全局性、前瞻性问题研究；30 余次调研论证，20 余次督导检查，10 余次组成专班研究，梳理并解决了一系列重大改革理论和实践问题。各省级检察院也不断通过调研督导研究解决本院、本条线存在的突出问题，推动涉法涉诉信访改革扎实深入开展。三是加强培训和宣传引导。高检院始终把培训和宣传作为涉法涉诉信访改革的重要任务，每年制定专题培训和宣传工作方案，做出具体安排部署。高检院组织培训 20 余次，省市检察院组织培训 700 余次，对全国控申干警进行全员轮训，深化对改革的理解和把握。各级检察机关不断拓宽宣传渠道、创新宣传方式，全方位、多角度、立体式宣传改革。一些检察院还制作涉法涉诉信访改革专题节目，以案释法，以法说访，发挥典型引领作用，树立正确工作导向。通过系列宣传报道，有效引导群众依法按程序表达诉求，推进信访法治化建设，树立司法权威。经过不懈努力，各项改革措施稳步推进，依法导入、纠错、国家司法救助、律师参与化解和代理涉法涉诉信访案件等各项改革制度全面落地见效。2014 年以来，受理渠道进一步畅通；审查办理机制更加健全，办案质量进一步提高；律师参与化解和代理涉法涉诉信访案件 25000 余件，律师等第三方在化解矛盾纠纷中的独特优势逐渐显现，化解合力正逐步形成；国家司法救助全面展开，党和政府的人文关怀得到体现。以上数据逐年增加，充分表明入口不畅、程序空转、出口不顺等长期制约检察机关信访工作发展的实践难题，正在逐步得到破解。

3. 改革成效初步显现

总体看来，随着涉法涉诉信访改革的深入推进，群众信访工作出现一系列向好势头，改革成效逐步显现。一是推动解决了一大批群众反映的实际问题。曹建明检察长十分重视解决群众信访问题，定期批阅群众来信，推动群众信访突出问题依法及时解决。各级院检察长坚持定期接访和包案制度，一批"骨头案"得到化解。各级检察机关积极构建信访案件交办督办机制，健全发现报告、审查指导、督促纠正、依法赔偿等长效机制，推动解决群众信访问题制度化、规范化。还以改革为契机，把积案化解进度和质量作为检验涉法涉诉信访改革成果的重要标准，积极开展积案化解活动，减少存量、控制增量，依法化解了一大批疑难信访案件。从中发现海南陈满案、新疆谭新善案、甘肃"沈六斤"案、吉林刘吉强案、安徽杨德武案等重大冤错案件，向人民法院提出抗诉或再审检察建议，依法推动纠错，有力地维护了群众合法权益。二是信访法治化观念正逐步形成。随着涉法涉诉信访改革的深入推进，信访法治化观念逐渐深入人心，用法治思维、法治方式开展信访工作的观念正在逐步形成，一方面通过深化改革破解入口不畅、程序空转等难题，另一方面也加大了依法处理违法信访力度，与此同时群众依法逐级信访趋势初步显现，呈现出"弃访转法"的好势头。如，河南省检察机关进一步健全案件导入机制，依法及时受理案件，防止当事人告状无门、无序信访，对不符合启动法律程序的，不因当事人反复申诉或缠访闹访，降低标准。三是创新了一批可复制可推广的经验做法。推行涉法涉诉信访改革以来，各级检察机关积极探索，务实创新，涌现出一批可复制可推广的经验做法。如，河南省检察机关充分发挥反向审视职能，对审查办理的控告申诉案件，通过专项分析、评查通报、剖析座谈、定期讲评、发整改建议等方式，回看原案办理全程，着力查找并推动解决办案部门在司法执法理念、行为、方式、环节等方面存在的突出问题，倒逼司法规范、司法公正，从源头上、根本上预防信访问题的产生。再如，四川省仪陇县检察院积极采取向社会募捐资金、创设救助专门账户、精准救助对象和项目、跟踪回访服务、融入国家精准扶贫、社会帮扶等措施，不断拓宽资金来源渠道，丰富救助方式，取得良好社会效果，在当地形成了互帮互助的良好社会风气，促进了社会和谐稳定。又如，河南省开封市检察机关积极推行"一单式"工作法，通过信访诉求代理单，将诉访分离、依法导入、纠错补正、答复反馈、律师代理、案件终结等各项改革措施落在实处，进一步强化了首办责任、部门责任以及上级部门的督导检查责任，形成了一级抓一级，层层抓落实的工作局面，有效推动问题解决，引导群众依法按程序反映诉求、解决问题，取得了明显效果。开封市检察院从2014年推行化解信访案件"一单式"工作法以来，成功化解一批涉检信访案件。

　　虽然检察机关涉法涉诉信访改革取得了明显成效，但是仍存在以下主要问题：一是在导入制度方面。普通信访事项与涉法涉诉信访事项、诉类事项与访类事项交织叠加，在判定信访诉求性质和类别时难以把握。对不服公安机关不立案、控告侦查活动违法、不服法院生效裁判等共同管辖事项，存在多头受理、互相推诿等问题。一些群众对法律规定不理解，对检察监督权的认识存在偏差，引导分流难。二是在纠错制度方面。从统计情况看，纠错案件数量不多。一些地方特别是市县级政法单位认为，一旦纠错，考核成绩受到影响，甚至受到责任追究，取消文明先进单位资格，因此一般不愿对案件进行复查，纠正后也不愿意统计上报。三是在律师参与化解和代理涉法涉诉信访案件方面。群众对律师参与化解和代理涉法涉诉信访案件制度认识不足，有的不理解、不支持、不愿意，代理工作有时显得被动。律师对代理工作积极性不高。律师代理内容普遍单一，有的只是安排律师坐班接待，作用发挥有限。一些地方律师

控告举报检察实务讲堂

名录还未建立，安排到接访场所坐班的律师，助理律师多。四是在信访信息化方面。信息化建设薄弱，与公安、法院等政法机关之间仍存在信息不畅、消息不灵等问题，资源共享存在壁垒。信息化应用不足，业务流、管理流、信息流还未深度融合，运用大数据进行智能分析、研判信访形势的能力还不强。视频接访数量相对较少，视频接访常态化机制还未形成。

以上这些问题，已成为我们推进改革的"拦路虎"、"绊脚石"，严重影响了改革的扎实深入推进和整体效能，必须下大力气解决。攻坚克难、解决突出问题已成为摆在我们面前的重要课题。一是坚持问题导向和目标导向相结合。深化改革的过程就是不断发现问题、认识问题、解决问题的过程。目前，涉法涉诉信访改革已进入深水区、攻坚期，今后遇到的困难和问题还会越来越多、越来越复杂、越来越难解决。我们要做好心理预期，不管遇到什么问题、多少困难，对中央的决策部署，对改革的法治化目标，要咬定青山不放松，敢于担当，坚定不移。在困难和问题面前，不要止步不前，不要绕道走，更不可半途而废，而要在解决问题上下实功夫。各省级检察院要始终坚持问题导向和目标导向，结合工作实际，认真梳理本部门、本条线存在的问题和困难，列出详细清单，研究解决问题的思路、对策，制定具体路线图和时间表，一项一项解决，一项一项落实。对认识不到位、制度不落实等问题，要进一步统一思想，改进工作作风；对改革措施把握不准、落实偏差等问题，要进一步加强培训学习，把准精神；对制度不适应、不健全等问题，要进一步加强调查研究，尽快研制完善。切实通过发现问题、解决问题，推动改革、深化改革，确保改革取得扎实成效，让人民群众在每一起控告申诉案件中都感受到公平正义。二是坚持顶层设计与实践创新相结合。习近平总书记反复强调，要推动顶层设计与基层探索良性互通，有机结合。基层是改革的原始动力，我们要充分尊重基层和群众的首创精神。中央和高检院出台的涉法涉诉信访改革措施，立足全国、全局，基于整体性考虑，是系统性设计。各地情况各异，墨守成规、生搬硬套，将直接影响改革整体效能。因此，各省级检察院要在顶层设计指导下，充分激发基层能动力，大胆创新实践，开拓性工作，才能使改革措施真正落地、实践难题得到真正破解。河南、四川、江苏、湖南等地检察机关积极探索，务实创新，创新了一批可复制可推广的经验做法，得到了中央政法委的充分肯定，值得我们学习借鉴。三是坚持业务指导和督导检查相结合。目前在推进改革中存在的问题多。各省级检察院要进一步加强对下业务指导，采取工作推进会、座谈会、集中培训、专家讲座等方式，加深对改革的再认识、再理解和再把握，切实厘清问题、吃透精神。要定期进行专题调研和专项督导检查，持续跟踪问责问效，压实领导责任、部门责任、基层责任，研究分析和督促解决本条线存在的问题和困难，杜绝问题长期积累、不解决，切实通过破解难题深化改革。

（四）下一步工作意见建议

涉法涉诉信访改革集导入、纠错、司法救助、律师参与化解和代理涉法涉诉信访案件等各项措施于一体，是一项复杂的系统工程，相互之间紧密关联，互相作用、互相促进，共同发力、增效。因此，我们要统筹推进，狠抓各项措施落实，决不能顾此失彼，绝不允许打折扣、做选择、搞变通，要以踏石留印、抓铁有痕的劲头抓下去，以钉钉子精神，不断钉下去，才会有大成效，才能实现改革目标。

当前和今后一个时期，我们必须抓实以下改革措施：

1. 深入推进导入制度

围绕健全审查受理机制、畅通入口等重点改革内容，在原有四位一体群众诉求表达渠道基础上，积极推进远程视频接访常态化，加快网上信访系统建设，进一步规范和拓展群众诉求表达渠道，切实保障公民诉权。认真贯彻中央政法委和高检院导入制度规定，进一步明确受理范围、标准、程序和工作职责，坚持诉访分离、统一受理、分类导入、保障诉权、及时高效的原则，依法开展审查受理、及时导入工作，严禁提高受理门槛、附加受理条件、推延受理时间。认真学习最高人民法院、最高人民检察院、公安部、司法部《关于依法处理涉法涉诉信访工作加强衔接配合的规定》，对两个政法单位都有管辖权的信访事项，按照该规定，互通信息，有序引导，依法受理。

2. 依法开展纠错制度

围绕完善控告申诉案件办理机制、破解程序空转难题等核心改革内容，进一步完善依法纠错和瑕疵补正机制，健全案件质量及错案责任追究机制，建立疑难复杂信访案件复查评查机制。充分发挥检察机关法律监督职能作用，加强刑事、民事、行政诉讼监督案件的审查办理，依法采取抗诉、检察建议、纠正违法通知书等手段，推动原办案单位依法纠正错误、补正瑕疵。充分发挥控告申诉检察内部监督职能作用，加强控告申诉案件的交办转办督办，加强不服不起诉等刑事申诉案件、检察机关违法行使职权行为、司法机关及其办案人员阻碍律师依法行使职权行为的审查办理，切实维护群众合法权益，规范司法行为，促进司法公正。

3. 全面推开律师参与化解和代理涉法涉诉信访案件工作

律师参与化解和代理涉法涉诉信访案件工作是推进涉法涉诉信访走向法治的重要途径，是形成良好信访秩序的制度保障。要全面推开律师参与化解和代理涉法涉诉信访案件工作，省市两级检察机关推行律师值班制度，积极邀请律师接待信访群众、评析信访案件、做好释法劝导、引导依法申诉、帮助申请救助，形成化解矛盾工作合力。建立健全与当地财政、司法行政和律师协会等部门的协调沟通机制，建立律师名录，落实专门经费，为开展该项工作提供基础保障。加强调查研究和检查指导，重点解决群众认识不到位、制度机制不健全、经费不落实、律师不到位、效果不明显等问题，积极推动该项改革措施全面推开。推动信访群众树立邀请律师参与化解矛盾意识，加强对该项制度的认识理解，促进信访群众主动自愿邀请律师参与化解和代理其信访案件。

4. 进一步夯实基层基础工作

基础保障措施事关改革成效、成败。一直以来，信访信息化、内外部工作机制、宣传引导等基础性工作为扎实深入推进涉法涉诉信访改革提供了强有力保障。但是，目前仍存在"瓶颈"问题，必须下大力气破解。

一要加强信访信息化建设。加快信访信息化建设，推进网上信访工作模式，用信访信息化破解实践难题、补齐共享应用短板，既是改革要求，也是实践需要。当前，我们要以检察机关网上信访信息系统建设为依托，全力推进信访信息化建设。检察机关网上信访信息系统目前高检院正在研发中，即将在全国推广使用。各省级检察院要带头推广应用，并抓实本地区的学习培训、数据集中录入、实践应用等工作，同时，要以此为契机，通过该系统将所有信访渠道、信访业务、工作流程全面覆盖，将信访信息流、业务流、管理流深度融合，实现信访业务标准化、处理流程透明化、统计分析智能化、过程监督社会化、工作管理信息化。

二要建立健全内外部工作机制。近年来，根据中央政法委和高检院部署要求，各级检察机关结合工作实际，建立了一系列内外部工作机制，有力地推动了检察机关内部相关部门、检察机关与公安、法院和政府信访部门的衔接互动，促进了矛盾纠纷化解，维护了群众合法权益。最高人民法院、最高人民检察院、公安部、司法部联合下发《关于加强依法处置涉法涉诉信访工作衔接配合的规定》，各级检察机关要加强学习、认真贯彻。进一步与公安、法院以及本院相关业务部门之间，建立分工明确、配合有力、流转顺畅的衔接配合机制。建立定期召开联席会议制度，研究解决共同管辖信访事项处理、息诉息访等实践难题。建立健全政法机关横向互动、纵向联动的信访信息交流沟通机制，破解信访信息共享应用难题，消除信息壁垒，形成工作合力。

三要进一步加强宣传引导。法治是治国理政的基本方式，是涉法涉诉信访改革的目标方向。我们要在全面推进各项改革措施的同时，充分利用新闻媒体宣传报道、面对面讲解、发放宣传资料等方式，加强宣传引导，推进信访法治化建设。首先，要加强法律规定以及改革措施、目标任务和成效的宣传，引导群众树立法治意识，在法治的轨道上、法律的框架内、法定的渠道中反映问

控告举报检察实务讲堂

题、解决问题，形成办事依法、遇事找法、解决问题用法、化解矛盾靠法的法治环境，有效维护司法权威和群众合法权益。其次，要加强正面典型案例宣传，为社会确立是否对错标准、明确行为底线方向，充分发挥好司法在规范社会行为、引领社会风尚中的重要作用，建立"法治信访"新业态，形成崇法尚法的社会氛围。最后，要适时对处置违法信访行为进行宣传教育，引导群众正确认识信访权利和实现权益的途径，提高群众尊法守法的意识，逐步消除"信访不信法"、"信上不信下"、"花钱买平安"等现象，树立司法权威。

专题二　检察机关涉法涉诉信访改革研究

刘太宗[*]

2013 年全国政法工作会议将涉法涉诉信访改革确定为政法系统"四项重点改革"之一。十八届四中全会明确提出，把信访纳入法治化轨道，保障合理合法诉求依照法律规定和程序就能得到合理合法的结果，落实终审和诉讼终结制度，实行诉访分离，保障当事人依法行使申诉权利。对此，在创新社会治理体制语境下，立足检察机关法律监督工作全局，深入开展检察机关涉法涉诉信访改革，努力实现涉法涉诉信访问题的法治化治理，是在检察环节贯彻落实全面实现依法治国方略的重大举措，也是摆在各级检察机关面前的一项紧迫任务。

一、检察机关涉法涉诉信访工作整体情况分析

推进检察机关涉法涉诉信访改革，应当深入分析、全面把握检察机关涉法涉诉信访工作面临的新形势和问题产生的原因。

（一）当前检察机关涉法涉诉信访工作的形势和特点

推进检察机关涉法涉诉信访改革，应当正确认识和全面把握检察机关涉法涉诉信访面临的形势和特点。

1. 从信访数量看，总量激增态势明显。近年来，随着修改后刑事诉讼法、民事诉讼法和行政诉讼法的贯彻实施，检察机关涉法涉诉信访工作面临更加严峻的形势和挑战。可以预测，随着涉法涉诉信访改革的深入推进，大量涉法涉诉信访事项将按照"诉访分离"和"依法律按程序处理"的要求转入检察机关，检察机关涉法涉诉信访工作的压力将进一步加大。

2. 从诉求分类看，诉讼监督类占比大幅上升。修改后三大诉讼法赋予了检察机关更多的诉讼监督职责，使得检察机关接收的诉讼监督类诉求在信访总量中的占比大幅上升。

---

[*]　最高人民检察院控告检察厅副厅长，法学博士。

3. 从诉求性质看，利益诉求是焦点所在。就当前检察机关涉法涉诉信访反映的诉求内容来看，主要集中在贪污贿赂、私分国有资产等职务犯罪的举报，不服检察机关不批捕、不起诉等处理决定，以及不服法院生效民事行政判决、裁定，要求检察机关履行诉讼监督职责等。

4. 从信访主体看，弱势群体所占比重较大。从检察机关涉法涉诉信访工作实际看，信访人涉及的群体比较广泛，但大多数当事人属于社会的弱势群体，这些人员在自身权益受到侵害后，由于法律知识等的局限性，往往倾向于通过信访上访、获取领导关注等方式来寻求权利救济。

5. 从行为方式看，过激冲突倾向日益严重。从检察机关涉法涉诉信访工作实际看，一些信访人因诉求长期得不到解决，容易导致心理失衡、言语失范、行为失常，并采取打横幅、呼口号、穿状衣、砸门窗、拦截车辆、静坐、围堵机关大门等方式表示诉求。

6. 从信访规模看，群体聚合参与情形明显。随着市场经济的深入发展，逐步形成了不同的利益群体和阶层。"各个利益群体实现自身利益的期望与现实之间、需求量和保障力之间、合理性与合法性之间都存在诸多冲突，极易引发利益群体抱团信访。"①

7. 从处置化解看，矛盾连锁交错难以控制。以涉法涉诉信访案件形式进入检察机关的部分社会矛盾，经济因素与法律因素相互交集，新诉求与老矛盾相互交杂，个体利益与公共利益相互交融，境内因素与境外因素相互交织，虚拟空间炒作与现实社会推动相互交错，连锁互动、勾连交错，使化解工作增添了复杂性和不确定性。

（二）检察机关涉法涉诉信访问题产生的原因

检察机关涉法涉诉信访问题的产生，其原因是多方面多层次的，既有历史传统的影响，也有当下社会矛盾多发、司法公信力不高、信访机制错位等因素的影响。

1. 社会转型期公民权利意识的不断增强。随着依法治国方略的深入推进，人民群众的权利意识、民主意识、公平公正意识不断增强，越来越多的社会矛盾纠纷以案件形式进入诉讼渠道，司法已经成为解决社会矛盾纠纷的终极途径。人民群众对司法工作的要求也越来越高，不仅要求实体公正，而且要求程序公正；不仅要求结果公正，而且要求及时高效；不仅要求严格司法，而且要

---

① 高屹：《化解特殊疑难信访问题的对策研究》，载《信访与社会矛盾问题研究》2015 年第 4 辑。

求保障人权。

2. 信访制度功能的不当扩张。中国有着悠久的信访历史传统。新中国成立后，作为人民群众通过来信、来访等形式表达诉求和意愿的一种政治参与形式。信访"究其本质应当属于政府行政和民众参政议政的范畴，其并不具备司法制度所具有的定分止争的确权功能"。但随着我国社会转型的深化，社会矛盾日益凸显，信访制度被赋予了权利救济、化解矛盾、维护稳定的诸多功能，性质定位的不明确，导致人们对信访抱有过高的期许，把信访看成优于司法救济的手段，许多本来应当由司法机关依法律按程序处理的涉法涉诉信访问题，都通过行政信访来解决。

3. 三大诉讼法修改后通过诉讼监督程序维护权益成为公民的重要选择。修改后的刑事诉讼法、民事诉讼法和行政诉讼法强化了检察机关的法律监督职能，将检察监督确立为重要的权利救济程序。可以说通过诉讼监督程序反映诉求、维护权益已经成为案件当事人的重要选择。

（三）检察机关涉法涉诉信访工作机制存在的问题

1. 内部工作机制亟须完善。检察机关涉法涉诉信访案件的处理涉及侦监、公诉、侦查、刑事执行检察、民事行政检察、控告申诉检察等部门，但内部职责分工尚需细化，协调配合机制还需进一步健全。如：司法办案风险评估预警机制执行不到位，对可能引发信访风险的案件没有预警或预警不准确；首办责任制、息诉责任制不够完善，"做息诉工作的不了解案情、了解案情的不参与息诉工作"的矛盾比较突出；受理、办理、管理相分离，强化内部监督制约的工作机制需进一步健全；对承办部门、承办人员不按时按质办理信访案件的责任追究程序需要规范和细化；等等。

2. 外部协调配合机制亟须健全。从工作实际看，检察机关与其他政法机关、信访部门的协调配合机制亟须完善。按照中央关于涉法涉诉信访改革的相关要求，检察机关依法终结的信访案件需要移交地方党委政府及其基层组织做好教育疏导、救助帮扶等工作，亟待建立健全与党委、政府相关信访部门的移交衔接机制，确保终结案件出口顺畅等。

二、检察机关涉法涉诉信访改革的总体思路、原则和基本要求

在社会发展的转型期，信访制度发挥了社会"减压阀"、"安全阀"的作用，对维护社会和谐稳定作出了积极贡献。但从全面实现依法治国长远目标来看，"信访和司法依各自制度定位实现角色的矫正和回归，权利的保障、秩序

的维护才具有稳固的法治基础"①，信访工作本身最终应当回归参政议政和权力监督上来，对权利的救济应当依靠更为规范的司法途径。因此，应当坚持问题导向，以信访问题的法治化治理为目标，协调有序地推进检察机关涉法涉诉信访改革。

（一）明确检察机关涉法涉诉信访改革的总体思路

根据《关于依法处理涉法涉诉信访问题的意见》、修改后三大诉讼法、国家赔偿法等法律和相关规定，最高人民检察院制定出台了《关于进一步加强新形势下涉法涉诉信访工作的意见》，明确了检察机关涉法涉诉信访工作改革的总体思路，主要涵括了三个方面的含义：

1. 依法按程序办理案件是核心任务。对于接收的涉法涉诉信访案件，诉求受理不受理，法律程序启动不启动，实体问题如何解决，都应当由检察机关根据案件事实和证据情况，严格依照法律规定和法律程序在法定期限内公正办理，这样既有利于实现维护群众合法权益与维护司法权威的统一，也有利于倒逼检察机关和检察干警不断提升司法办案水平和能力。

2. 完善内外部工作机制是路径选择。涉法涉诉信访工作改革是一项长期任务和系统工程，需要一系列的内外部配套机制作支撑，才能确保改革有序推进、取得实效。修改后三大诉讼法实施以来，检察机关涉法涉诉信访工作形势愈加严峻，亟须针对内外部工作机制的薄弱环节，加强顶层设计和制度建设，力求进一步健全完善内外部工作机制，提升涉法涉诉信访案件办理质量、效率和效果。

3. 维护群众权益与维护司法权威相统一是目标追求。办理涉法涉诉信访案件所具有的监督和救济功能，决定了既要坚决维护正确裁判的稳定性和既判力，维护司法权威，又要坚持实事求是、依法纠错原则，把依法纠错作为衡量办案质量和效果的重要标准，通过审查、复查等程序，对群众诉求是否有事实和法律依据进行审查判断并作出法律结论，依法纠正司法错误、补正司法瑕疵，及时公正解决人民群众的合理合法诉求，努力实现维护人民群众合法权益与维护司法权威的统一。

（二）检察机关涉法涉诉信访改革应当遵循的基本原则

1. 坚持诉访相分离的原则。"信访人将其诉讼中或已经审结的案件信访到党政部门、人大、上级法院等，将归属于司法管辖的案件引入权力的干预，使本属于诉讼空间内两审终审的格局演变为权力竞技的博弈场，背离了程序正义

---

① 刘旭：《信访法治化进路研究》，载《政治与法律》2013 年第 3 期。

的司法理念。"① 面对诉访不分的问题，应当按照中央关于涉法涉诉信访改革的要求，将诉访分离作为检察机关涉法涉诉信访改革的一项重要内容，把涉及刑事、民事、行政等诉讼权利救济的信访事项从普通信访中分离出来，严格按照法律的管辖规定和诉求性质进行审查分流，分级归口办理属于检察机关管辖的控告、申诉案件。

2. 坚持程序公正与实体公正并重的原则。公正是法治的生命线。司法公正对社会公正具有重要的引领作用，司法不公对社会公正具有致命的破坏作用。在推进检察机关涉法涉诉信访改革中，应当坚持程序公正与实体公正并重，努力克服和避免轻程序、重实体，适用程序不规范、不严格等问题。

3. 坚持司法公正与司法效率并重的原则。司法公正和司法效率都是司法所追求的理想目标，在大多数情况下，二者是相辅相成的。对进入检察机关相应诉讼环节的案件，只有在法律规定的期限内作出公正的处理，才能真正使当事人感受到公平正义，树立司法权威。因此，在推进检察机关涉法涉诉信访改革过程中，应当正确处理维护司法裁判的稳定性与依法纠错的关系，提高依法纠错的效率，及时高效地实现司法公正，切实保障当事人合法权益。

4. 坚持标本兼治、源头治理的原则。要实现检察机关涉法涉诉信访形势的根本好转，在加强末端治理，下大力气化解已经发生的涉法涉诉信访问题的同时，还应当加强源头治理，在确保案件依法正确处理的基础上，主动把司法办案工作向化解社会矛盾延伸，最大限度预防和减少涉法涉诉信访问题的发生，实现信访减存量、控增量的目标。

（三）检察机关涉法涉诉信访改革应遵循的基本要求

1. 严格依法办案的要求。这是从源头上解决涉法涉诉信访问题的治本之策。严格按照法定权限和程序履行职责、行使权力，努力使每一起案件的事实认定符合客观真相、办案结果符合实体公正、办案过程符合程序公正，让群众体会到公平正义、信服法律权威。

2. 切实解决实际问题的要求。这是开展涉法涉诉信访改革、把涉法涉诉信访纳入法治轨道解决的必然要求。对群众反映的每一个属于检察机关管辖的涉法涉诉信访问题，都应当及时审查办理，该纠正错误的应当依法及时纠正，该给予国家赔偿的应当依法足额赔偿，该追究责任的应当依纪依法追究责任。通过解决问题的实际效果，让群众相信，合理合法的诉求，只要依法按程序来办，就能够得到合理合法的结果。

---

① 赵力军：《化解社会矛盾之略》，中国人民公安大学出版社 2010 年版，第 158 页。

3. 切实维护司法权威的要求。这是涉法涉诉信访改革取得成功的重要保障。对依法按程序作出的处理结论，无论是检察机关还是普通公民，都应当严格执行。对在合理合法诉求解决后，为了实现个人目的，无理取闹、扰乱公共秩序的，应当依法严肃处理，努力扭转"法不责众"、"大闹大解决、小闹小解决、不闹不解决"等不良风气，努力使信访人认识到法律既是保障自身权利的有力武器，也是必须遵守的行为规范，以此来树立和维护法治权威，维护正常社会秩序。需要注意的是，在维护司法权威过程中，应当坚持处理违法信访行为与依法解决合理合法诉求并重。

三、检察机关涉法涉诉信访改革应关注的关键环节

推进检察机关涉法涉诉信访改革，应当抓住关键环节、主要矛盾，有的放矢、以点带面，协调有序地推进检察机关涉法涉诉信访改革。

（一）健全完善内部工作机制

1. 健全"诉访分离"工作机制。从检察机关涉法涉诉信访工作实际看，"诉""访"不分、涉法涉诉信访与普通信访交织、信访人多头信访、多部门重复受理办理等问题还比较突出。在推进检察机关涉法涉诉信访改革过程中，应当按照"诉访分离"的要求，认真执行《人民检察院受理控告申诉依法导入法律程序实施办法》，把涉及刑事、民事、行政等诉讼权利救济的诉讼类事项从普通信访中分离出来，凡是属于刑事诉讼法、民事诉讼法、行政诉讼法管辖范围的刑事、民事、行政案件，都应导入相应的法律程序，由有管辖权的司法机关严格按诉讼程序来处理。"即使是诉讼裁判有问题，也仍由有关司法机关按诉讼法规定的程序去处理，而不允许其回流到普通信访。"①

2. 完善控告申诉案件办理机制。进一步完善控告申诉案件的办理机制，应当充分利用检察机关统一业务应用系统，建立办案信息共享网络平台，实现司法办案信息的纵向互通、横向共享；应当建立控告申诉案件一体化办理机制，强化上级检察机关的交办、督办职能，强化首办部门的按期办结和共同息诉职能、案件管理部门的流程监控和质量评查职能、控告检察部门的内部制约和催办督办职能，确保案件办理质量和效率。特别是应当完善控告申诉案件的审查、复查机制，对导入法律程序的控告申诉案件，将依法纠错作为衡量案件办理质量和效果的重要标准，在依法维护正确裁判和处理决定的同时，加大审查复查和法律监督力度，确保原裁判或处理决定确有错误的案件，依法及时得

---

① 朱孝清：《完善信访制度的几点思考》，载《人民检察》2013年第3期。

到纠正；对于原裁判或处理决定没有实体性错误，但存在司法瑕疵并损害当事人合法权益的案件，还应当依法做好或协调相关部门做好瑕疵补正和善后息诉工作。

3. 完善息诉化解工作机制。实现案结事了、息诉息访是涉法涉诉信访工作的重要目标。应当完善控告申诉案件公开审查制度，采取公开听证、公开示证等形式加大公开审查力度，通过公开来促进公正、赢得公信；应当积极构建息诉化解双责机制，落实首办责任部门的联合接访、共同息诉责任，努力解决"做息诉工作的不了解案情、了解案情的不参与息诉工作"的突出问题；应当健全息诉化解上下级检察院的联动机制，整合资源，协调各方，实现矛盾联调、问题联治、工作联动、平安联创；应当积极探索第三方参与化解机制，邀请人大代表、政协委员、人民监督员、人民调解员、心理咨询师、律师、学者以及基层群众等共同参与息诉化解工作，增强息诉化解工作的社会公信力和支持度。

4. 完善案件依法终结工作机制。应当按照中央关于涉法涉诉信访改革的精神要求，准确把握法的正义性、程序安定性和司法资源有限性之间的平衡，坚持依法纠错与维护程序安定性、生效法律结论确定性并重，按照监督程序、救济程序有限性的原理，认真贯彻《人民检察院控告申诉案件终结办法》，严格把握案件终结的标准和程序，确保终结案件质量，畅通终结案件出口。

（二）建立健全外部协作配合机制

1. 建立重大涉法涉诉信访案件报请党委政法委协调解决机制。十八届三中全会提出，要改进社会治理方式，必须坚持系统治理，加强党委领导。作为创新和改进社会治理体制的一项重要内容，检察机关在开展涉法涉诉信访改革中，应当把握正确的政治方向，积极争取党委政府的理解、支持，协助解决相关困难，尤其是对重大疑难复杂信访案件，应当及时报请党委政法委协调解决。

2. 建立与其他政法机关协助配合机制。修改后刑事诉讼法、民事诉讼法和行政诉讼法实施以来，强化了检察机关的法律监督职能，原来归公安、法院管辖的一部分控告申诉案件也转入检察机关，申请检察监督类信访案件大量增加，息诉服判工作难度很大。为了更有效地做好化解矛盾纠纷、维护和谐稳定工作，各级检察机关应当主动作为，积极推动建立与公安、法院的联席会议制度、案件信息共享平台和共同息诉机制，构建依法处理涉法涉诉信访问题的外部合力。

3. 建立依法维护信访秩序协调机制。近年来，检察机关面临的缠访闹访、扰乱信访秩序的问题日益突出，依法处理违法上访行为、维护正常的信访秩序是摆在检察机关面前的一个紧迫问题。在推进涉法涉诉信访改革进程中，应当主动加强与公安机关的协调配合，依法及时处理上访中的违法犯罪行为，引导信访人依法理性反映诉求，树立和维护法治权威，维护正常社会秩序和信访秩序。

专题三　全面推进诉访分离的制度改革

——以检察机关涉法涉诉信访改革为视角

刘太宗[*]

改革涉法涉诉信访工作机制，依法处理涉法涉诉信访问题，是贯彻落实党的十八大和十八届三中全会精神的要求，也是贯彻实施修改后的刑事诉讼法、民事诉讼法的实际行动，对于全面推进依法治国和维护群众合法权益意义深远。2013 年中央部署开展涉法涉诉信访改革，其中一项重要改革内容就是实行诉讼与信访分离制度，不断提升涉法涉诉信访工作的法治化水平。近年来，各地检察机关大胆实践和积极探索，在建立健全诉讼与信访分离制度方面取得了初步成效。从检察机关涉法涉诉信访改革实践的视角看，构建诉访分离机制极具必要性和可行性。

一、健全完善诉访分离制度的必要性

（一）破解诉讼与信访交织的司法困惑

近年来，随着我国经济社会快速发展，依法治国进程明显加快，人民群众的法律意识、权利意识、公平公正意识不断增强，很多社会矛盾纠纷以案件形式进入诉讼渠道，司法已越来越成为解决社会矛盾纠纷的终极途径。特别是修改后的刑事诉讼法、民事诉讼法和行政诉讼法强化了检察监督职能，案件当事人寄望于通过检察监督来维护自身权益，相当一部分涉法涉诉信访事项涌入检察机关。与此同时，诉访交织问题日益突出，本来诉讼与信访社会功能不同，其诉求也应当由不同的部门依照法律法规确定的管辖范围处理，但是由于实践中诉讼与信访相互交织、司法机关与政府信访部门多头受理问题的存在，导致一些普通信访也涌入检察机关。诉讼与普通信访不分，信访人多头信访、检察机关超管辖范围被动接收普通信访事项，法内处理与法外解决并存，不利于检察机关发挥法律监督职能和依法办理涉法涉诉信访。秉承法律精神和法律思

---

*　最高人民检察院控告检察厅副厅长，法学博士。

维，从维护群众合法权益出发，必须完善相关制度，实施诉讼与信访分离制度的改革。

（二）厘清诉与访的不同内涵和外延

由于诉讼与信访具有完全不同的社会功能，二者在内涵和外延上也有着明显差异。但是实践中长期存在的诉访不分问题，影响了当事人诉权的实现，影响了司法裁判的稳定性，也影响了司法资源的有效利用。① 因此，厘清诉与访的内涵和外延，是辨析群众的不同诉求，并交由不同部门按照相关法律法规规定进行处理的基本前提。从中央改革的有关文件规定来看，所谓的"诉"，应是符合法律法规规定，属于司法机关管辖，可以通过司法程序或相应法定救济途径解决的事项。也就是说，诉类事项应当具备三个特征：一是具有诉讼权利救济性质；二是属于三大诉讼法、国家赔偿法等法律调整范围，并且法律和相关规定对控告申诉事项的解决规定了相应的救济途径；三是属于司法机关管辖。只有具备上述三个特征的诉求才属于诉类事项，进而按照相关要求导入司法程序办理。而所谓的"访"，则是指对司法机关不能通过司法程序或其他法定救济途径解决的信访事项，以及公安机关、司法行政机关应当依照《信访条例》处理的信访事项。对于访类事项，则应按照管辖分工分流到政府相关部门处理。另外，对诉类事项相关法律程序的启动和处理，三大诉讼法、国家赔偿法等法律法规均有明确的规定。访类事项的程序启动和处理方式则具有较大的不确定性，信访的条件、资格、时限、次数、层级等均无明确限制。

（三）诉与访相互交织影响司法权威

诉访分离制度改革以前，部分案件当事人倾向于通过行政信访、获取领导批示来启动法律程序，边打官司边上访，对司法机关施加压力，导致"信访不信法"、"信访挟制司法"的现象愈演愈烈，造成司法权威不断消解。有的地方信访部门在向政法机关交办信访件时，对案件裁判是否已经生效、当事人的诉求是否合理、是否还有法定救济程序等考虑得不多，重点关注的是信访行为对于社会稳定的影响程度；有的司法机关对交办件的办理主要是从息诉息访和社会稳定的角度出发，在解决信访问题时忽视对法律程序的遵守，以特殊的方式加以解决，这对社会公众形成了不遵守程序也能解决问题的错误导向，客观上也助长了缠访缠诉、越级访现象的发生。这种诉讼与普通信访相交织、法内处理与法外解决并存的工作模式，在解决部分信访群众正当诉求、化解社会

---

① 苏泽林：《在全国法院立案审判暨涉诉信访工作座谈会上的讲话》，载《立案工作指导》（2008 年第 1 辑），人民法院出版社 2008 年版，第 10 页。

矛盾、维护社会和谐稳定的同时，也在一定程度上损害了司法权威，误导了社会风气，不利于从根本上维护人民群众的合法权益，不利于在全社会形成依法治国、维护司法权威的良好氛围。

二、诉访分离制度基本要求和检察机关改革的基本情况

（一）诉访分离的基本要求

党的十八届三中全会通过的《中共中央关于全面推进依法治国若干重大问题的决定》提出，落实再审和诉讼终结制度，实行诉访分离，保障当事人依法行使申诉权利。中央政法委《关于建立涉法涉诉信访事项导入法律程序工作机制的意见》提出，实行诉讼与信访分离制度。把涉及民商事、行政、刑事等诉讼权利救济的信访事项从普通信访体制中分离出来，由政法机关依法办理。最高人民检察院在相关改革意见中提出，要坚持诉讼与普通信访相分离的原则，将通过信访渠道反映的涉及刑事、民事、行政等诉讼权利救济的控告、申诉案件与普通信访相分离，严格按照法律的管辖规定和诉求性质审查分流，分级归口办理管辖内控告和申诉案件。结合诉访分离制度的改革，同时要建立涉法涉诉信访事项导入司法程序机制，严格落实依法按程序办理制度，建立涉法涉诉信访依法终结制度，健全国家司法救助制度，畅通信访渠道，进一步提高执法司法公信力。

（二）目前检察机关诉访分离制度改革的基本情况

检察机关认真贯彻落实中央关于涉法涉诉信访改革的精神和部署，坚持全面把握诉访分离制度改革的要求和目标，同时把握依法导入、审查办理、息诉化解、终结退出等关键环节，不断创新和完善工作机制，改革取得了新进展。

1. 拓宽和畅通诉访分离后的群众诉求表达渠道。一是检察机关全面推进远程视频接访系统建设和应用，目前全国检察机关已基本实现了远程视频接访四级联通，并进一步强化认知认同，扩大使用覆盖面、增强应用效率效果、健全应用制度规范，扎实推进远程视频接访常态化。二是探索建立网上信访渠道，有的地方建立了综合性受理接待中心网络平台，开通了网上信访渠道，有的依托门户网站建设网上检察为民服务中心，实现线上线下同步运行。三是积极推进综合性受理平台建设，逐步整合信访接收、案件信息查询、行贿档案查询、律师接待等工作，推动实现网上网下"一站式"服务。四是健全下访巡访机制，一些地方发挥派驻检察室的职能作用，建立了控告申诉检察部门与派驻检察室工作对接机制。

2. 规范审查受理工作，分类导入相应法律程序。一是各级检察院控告检

察部门把审查受理工作作为一项核心业务和基础工作来抓，强化审查受理工作的法律属性，按照《人民检察院受理控告申诉依法导入法律程序实施办法》规定的诉访认定标准和分离程序，将符合本院受理条件的控告申诉事项分类导入相应法律程序。二是很多省级检察院制定了受理导入实施细则，进一步细化控告申诉事项类别划分、诉访认定情形和导入的业务部门。三是有的省检察院还与省高级法院、省公安厅等部门联合下发加强协作配合、完善涉法涉诉信访导入工作的办法，进一步明确了各司法机关受理导入涉法涉诉信访案件的管辖范围及职责。

3. 坚持办理质量和效率并重，不断完善控告申诉案件办理机制。一是进一步规范控告申诉案件办理程序和标准，一些省级检察院制订检察机关职能部门办理涉法涉诉信访案件工作规定，有的制定本院内设机构处理涉法涉诉信访事项分工协作办法，有的还制定了控告申诉举报案件办理质量标准等。二是积极推行控告申诉案件一体化办理机制，合理调配有限的办案力量，锻炼和提高基层干警办案能力。三是积极探索刑事申诉案件异地审查机制，贯彻落实刑事申诉案件公开审查制度，对不服检察机关处理决定的申诉案件进行公开审查，同时将公开审查活动向不服法院生效刑事判决裁定的申诉案件延伸。四是加强办理控告申诉案件期限监督，在办理期限届满前进行提醒，对超期未结的发函催办，并推动业务部门落实办理结果书面反馈制度。五是最高人民检察院制定了关于对检察机关办案部门和办案人员违法行使职权行为纠正、记录、通报及责任追究的规定，以进一步规范检察机关司法办案活动，加强内部监督制约，及时纠正办案中发生的违法行使职权问题，促进公正廉洁司法，落实司法办案责任制。

4. 坚持综合施策，多元息诉化解。一是把息诉化解作为办理控告申诉案件的必经环节，建立上下级检察院、各部门之间化解涉法涉诉信访案件联动机制。二是加强释法说理，制定完善各类控告申诉案件书面答复格式，有的地方推行检察宣告制度，向双方当事人宣告刑事申诉复查决定、国家赔偿决定等审查结论。三是积极推进律师参与化解涉法涉诉信访案件工作，稳步探索律师代理申诉制度，建立人大代表、人民监督员、律师等社会第三方参与化解涉法涉诉信访案件机制。四是开展检调对接工作，积极探索刑事被害人申诉案件和解机制，以和解促化解。五是完善司法救助机制，注重司法救助、法律援助、心理扶助、社会救助相衔接。六是加强源头治理，认真落实执法办案风险评估制度，有效减少涉检信访发生，开展涉法涉诉信访案件评查活动，推行控告申诉案件讲评机制，从中发现司法不规范问题，促进司法水平的提高。

三、诉访分离制度改革中存在的难点问题

（一）诉与访的区分标准问题

从检察机关涉法涉诉信访工作实际看，在诉与访的区分方面还存在难点。特别是普通信访事项与涉法涉诉信访事项交织叠加，诉类事项与访类事项交织叠加，不同种类的诉类事项交织叠加，有的形式上是诉类事项但实质是访类事项，有待建立准确有效的审查甄别标准和导入机制。如有的拆迁类信访事项中反映的问题，既包括对政府部门违法拆迁、法院违法办案的控告，又有对故意毁坏财物、政府工作人员利用职权非法拘禁等的控告举报，还有不服法院行政判决的申诉，对于拆迁安置和补偿款的投诉等，多种诉求交织，如何确定信访事项的性质，导入哪一个政法机关或业务部门办理，实践中还需建立有效的审查甄别标准和工作机制。

（二）信访事项引导分流问题

对不属于检察机关管辖的信访事项引导分流较难。一是对一些因不服法院生效裁判转而控告法官渎职的事项引导难。有的信访人不服法院生效裁判，在检察机关作出不支持监督申请决定后，转而控告法官渎职，其控告理由主要源于原案件事实，不能提供具体违法事实和证据线索，对此类信访引导分流难度较大。二是对检察监督程序已完结的诉讼监督类事项引导难。如按照民事诉讼法和行政诉讼法规定，检察机关对民事行政诉讼监督案件作出提出或者不予提出检察建议或者抗诉的决定后，当事人继续向检察机关申请监督。三是对有的信访人对于检察监督权的认识误区引导难。部分信访人对检察机关法律监督性质和范围的认识存在泛化、扩大化等误区，只要认为其他司法或行政机关处理错误，就要求检察机关实施法律监督，很难引导其向主管机关反映诉求。

（三）依法受理导入、纠错与补正瑕疵问题

由于实践中对诉与访标准的理解不同，有的将不该受理的事项导入相应审查程序，将访类事项或者不属于检察机关管辖的涉法涉诉信访事项予以受理，造成后续审查办理工作的被动。有的对诉讼监督案件的受理条件有模糊认识，认定把握不准，依法导入复查、审查程序过于慎重，而将主要精力放在劝解和救助上。有的因迫于申诉人缠访闹访压力，对申诉人不符合法律规定的诉求也予以支持。司法瑕疵的发现、认定和补正机制还需要完善和深入实践。

（四）访类事项依法终结问题

依法终结是诉访分离制度设计中的一项重要内容，对依法经过多次复查裁决、法定救济途径已经穷尽的案件，信访人继续缠访缠诉的访类事项，应当依

法按程序予以终结，以维护司法权威，推动信访人尽快回归正常的生产生活。"正义的要求和法的安定性的要求，往往反映出法律对立的一面。"① 法的程序安定性也要求，争议纠纷一旦被作出终局性裁决，诉讼当事人不应随意就同一个争执要求反复启动法律程序。此外，在处理涉法涉诉信访案件时，还应当考虑到司法资源的有限性问题。因此，司法机关在办理控告申诉案件时，应当准确把握法的正义性、程序安定性和司法资源有限性之间的平衡，坚持依法纠错与维护程序安定性、生效法律结论确定性并重，实行监督程序、救济程序的有限性，依法开展控告申诉案件终结工作，不断提高涉法涉诉信访工作法治化水平，努力解决无限控告申诉问题。目前在案件终结工作中还存在认识不统一、建议终结机制不完善、案件终结决定效力不足以及终结退出机制不畅通等问题，依法终结机制还需进一步研究和完善。

四、进一步健全诉访分离制度的建议

诉访分离机制改革是涉法涉诉信访改革的核心内容，建设法治国家，更好地维护人民群众合法权益、维护司法权威、维护社会和谐稳定，必须充分认识诉访分离制度改革的重要性。改革不会一蹴而就，要坚持以法治为引领，坚持维权与维稳相统一，尊重司法规律，持续改革创新，着力推动诉访分离制度改革进程。

（一）健全诉与访的审查甄别机制

从司法实践看，诉访分离是在审查受理过程中，通过准确甄别控告、申诉的性质和类别，严格按照管辖规定，经过多个层次的分离来实现的。一是将涉及刑事、民商事、行政等诉讼权利救济的涉法涉诉信访事项与普通信访分离开来；二是在涉法涉诉信访事项中，按照诉类事项认定标准，将可以通过法律程序或其他救济途径解决的诉类事项与程序已经终结或没有其他救济途径解决的访类事项分离开来；三是根据不同司法机关的管辖范围，将检察机关管辖的诉类事项与其他司法机关管辖的诉类事项分离开来；四是对检察机关管辖的诉类事项，将本院管辖事项与其他检察院管辖事项分离开来，主要是根据地域管辖和级别管辖的要求，进行甄别分流。另外，对普通信访事项或不属于检察机关管辖、不属于本院管辖的诉类事项，应当告知控告人、申诉人向主管机关或有管辖权的检察机关反映；或者将控告、申诉材料转送主管机关或有管辖权的检

① 三月章：《日本民事诉讼法》，汪一凡译，台湾五南图书出版有限公司1997年版，第29页。

察机关并告知控告人、申诉人，同时做好相关的解释说明和引导疏导工作。

（二）健全对纳入司法程序诉类事项的办理机制

依法按程序办理控告申诉案件应当是诉访分离改革的核心工作。办理控告申诉案件所具有的监督和救济功能，要求检察机关必须坚持实事求是、依法纠错原则，把依法纠错作为衡量办案质量和效果的重要标准，通过审查、复查等程序，对信访人诉求是否有事实和法律依据进行审查判断并作出法律结论，依法纠正司法错误、补正司法瑕疵，及时公正解决群众的合理合法诉求，努力实现维护人民群众合法权益与维护司法权威的统一。一是坚持准确认定、依法纠正司法错误。对于原执法办案认定事实错误或事实不清、适用法律不当、办案程序严重违法、处理结果明显不公等，依法应当通过启动法律程序予以纠正或重新作出处理的案件，都应当依法按程序予以纠正，不能以维护司法裁判的稳定性、既判力为由，在法律程序上"兜圈子"，导致错误不纠正、问题不解决。二是妥善补正司法瑕疵。从司法实践看，涉法涉诉信访有一部分是由司法瑕疵而引发的，正是由于司法瑕疵的发生，导致当事人对案件处理结果的公正性产生合理怀疑，并信访上访要求对司法瑕疵给个说法。因此，应当按照中央的要求建立健全司法瑕疵的发现、认定和补正机制，妥善补正司法瑕疵，及时公正地解决人民群众合理诉求。

（三）完善息诉化解工作机制

实现案结事了、息诉息访是涉法涉诉信访工作的重要目标。应当完善控告申诉案件公开审查制度，采取公开听证、公开示证等形式加大公开审查力度，通过公开来促进公正、赢得公信；应当积极构建息诉化解双责机制，落实首办责任部门的联合接访、共同息诉责任，努力解决"做息诉工作的不了解案情、了解案情的不参与息诉工作"的突出问题；应当健全息诉化解上下级检察院的联动机制，整合资源，协调各方，实现矛盾联调、问题联治、工作联动、平安联创；应当积极探索第三方参与化解机制，邀请人大代表、政协委员、人民监督员、人民调解员、心理咨询师、律师、学者以及基层群众等共同参与息诉化解工作，增强息诉化解工作的社会公信力和支持度。

（四）健全对访类事项的依法终结工作机制

"如果没有信访终结制度，诉讼作出的裁判结果在任何时候、任何情况下都可以通过信访的方式被质疑，裁判的稳定性一直处于不确定状态，司法权威没有保障。"① 完善依法终结机制是诉访分离机制改革的要求。一是明确终结

---

① 白雅丽：《诉讼与信访分离的司法意义》，载《人民司法》2011 年第 1 期。

应当具备的要件。终结应具备三个方面要件：（1）程序要件，从当事人角度看，当事人的救济权利应当已经充分行使、放弃行使或者已经丧失；从司法机关角度看，应当从程序上为当事人救济权利的行使提供了充分保障。（2）实质要件，司法机关对当事人的控告申诉应当是已经依法律按政策公正处理，司法机关的审查结论应当做到客观公正，执法错误已经依法纠正，执法瑕疵已经补正，善后工作已经落实，执法责任已经依法追究，对符合条件的给予了必要司法救助，进行了释法说理等工作。（3）信访要件，在具备程序和实质要件的情况下，信访人仍反复控告申诉、缠访缠诉，继续坚持没有事实和法律依据的诉求或不合理诉求，不愿意不接受审查复查结论和善后工作方案。二是明确终结案件的范围。对检察机关来说，终结案件的范围主要包括检察机关自行决定终结的控告申诉案件和建议法院、公安机关等原办案单位按程序依法终结的诉讼监督案件。三是严格把握案件终结的条件。从审查复查程序、案件实体处理、纠正错误、责任追究、教育疏导和司法救助等方面严格把握。四是畅通终结案件移交机制。加强与信访联席会议、党委政法委、综治办等单位的沟通协调，推动建立明确顺畅的移交退出机制。

专题四　检察机关群众来访工作实务研究

王光月[*]

接待群众来访工作，是坚持党的群众路线、密切联系群众的具体体现；是党的群众工作的重要平台，是送上门的群众工作；是了解社情民意、了解检察机关办案环节容易出现的问题以及执法思想、执法理念、执法作风、执法行为的有效途径；是正确处理涉检矛盾纠纷、提高控告检察工作能力的重要形式，是检察机关发挥内部监督制约机制、提高办案质量的有效举措，对于深入贯彻落实统筹推进"五位一体"总体布局和"四个全面"战略布局，坚持立检为公、执法为民，促进社会主义和谐社会建设，具有十分重要的意义。

一、来访接待工作的基本理念

（一）坚持尊重和保障人权的理念

2012年修改后的刑事诉讼法第2条增加尊重和保障人权的任务，具有提纲挈领的作用，适应我国参加的国际条约、宪法原则和党章的要求，符合人民的期待，也是现实工作的需要。我们在实践中必须实现尊重保障人权和惩治犯罪的有机统一，保持动态平衡，才能在执法办案中实现法律效果、社会效果和政治效果的有机统一。从目前我们受理的群众控告、举报或申诉来看，有许多都是事实清楚、定性准确、适用法律正确的案件，但由于办案或接访过程中，只注重了案件事实和实体部分，忽视了当事人的知情权、申辩权、参与权等诉讼权利，虽然案件本身正确，但当事人也怀疑、不满意，从而导致信访。所以我们在实践工作中，要牢固树立人权理念，充分保障和尊重当事人及相关诉讼参与人的知情权、参与权、控告申诉权，及时受理群众合理诉求，杜绝控告难、申诉难的问题。来访接待工作的目的之一就是畅通群众诉求表达通道，尊重和保障群众权利。

（二）坚持以人为本、执法为民的理念

控告检察部门是检察机关的前沿哨所，是检察机关联系人民群众的桥梁和

---

[*]　最高人民检察院控告检察厅副厅长。

窗口，是受理人民群众控告申诉的重要渠道。所以，我们要进一步转变执法观念，树立宗旨意识，把依法解决好人民群众的愿望和诉求作为工作的落脚点和出发点，热情接待，及时依法受理，妥善处理，把化解矛盾、促进和谐作为新时期控告检察干警的根本职责。在工作中，要进一步畅通信访渠道，以便民、利民、为民办实事为主线，不管上访是否属于检察机关管辖，都要依法热情文明接待，及时分流，对属于检察机关管辖的，要切实依法及时解决；对不属于检察机关管辖的，也应做好析理说法工作，并按照"推一推"、"促一促"、"动动嘴"、"跑跑腿"的要求，促进有关问题的解决。

（三）坚持群众路线的理念

我们要切实将群众路线的理念贯穿于接待来访工作的始终。（1）开展群众观点再教育，牢固树立群众观念。实践证明，群众观念淡薄既是引发涉检信访的根本原因，也是涉检信访问题化解不到位的根本原因；只要抓住群众路线这个纲就能找到信访问题源头治理和矛盾纠纷化解工作之本。最高人民检察院已把加强和改进群众工作列为"十二五"时期检察工作发展规划的主要内容。今后要结合正在开展的核心价值观实践教育活动，进一步加强群众路线教育，教育和引导控告干警牢固树立群众观念、密切联系群众、了解群众、依靠群众、服务群众。（2）进一步探索在执法办案和涉检信访工作中贯彻群众路线、实行专群结合、接受群众监督的新途径、新机制；通过举报宣传周活动、乡镇检察接待室、文明接待窗口创建评比等，积极开展进社区、进企业、进学校、进农村活动，收集社情民意、倾听群众意见，为群众提供便捷服务。（3）拓宽群众监督渠道。毛泽东同志说，只有让人民来监督政府，政府才不会松懈；只有让人人起来负责，才不会人亡政息。党的十八大报告也明确提出，让人民来监督权力。可见群众监督的重要性。首先，进一步拓宽"12309"、网络信访、远程视频接访等民意诉求表达渠道，及时受理群众控告、举报、申诉和批评建议；其次，逐步开展群众对控告检察干警的满意度评价工作，适时征求群众对信访工作的意见；最后，在文明接待室评比标准时，增加听取群众意见内容，把群众满意的单位作为优先评选对象。（4）进一步把来访接待室作为选拔培养干部的基地；积极推进新进干部和新提拔处级干部到来访接待室锻炼的机制，增加群众感情。（5）关注民生，优先解决群众反映强烈的问题。把事关群众切身利益，可能引起集体访或群众性事件的事项，作为检察机关优先解决的问题。

（四）坚持理性、平和、文明、规范执法的理念

近年来，最高人民检察院党组和曹建明检察长反复强调，要坚持理性、平

和、文明、规范执法，这不仅是新形势下党中央对政法机关的明确要求，也是从源头上预防和减少群众上访、预防因接待不当产生新的矛盾基本要求。一些越级上访、集体访和极端事件的发生，与在接待中不理性、不平和、不文明、不规范有一定的联系。所以，我们在严格公正廉洁处理涉检信访的同时，接待人员应始终保持理性、冷静；始终以平和的心态接待来访，既依法办理来访事项又要注重人文关怀；始终坚持文明接待，自觉做到语言文明、行为文明、作风文明，尊重上访人人格尊严；始终坚持规范接待，严格遵循接访有关规定的程序和要求，接待过程和事项处理要符合法律政策。

（五）坚持化解矛盾的理念

各级检察机关认真贯彻落实中央司法体制改革和涉法涉诉信访改革的部署，立足检察职能抓源头、清积案、建机制，在化解社会矛盾方面做了大量工作。但是，释法说理不到位、矛盾化解不及时，仍然是引发上访的一个重要原因。所以，在来访接待处置的各个环节都要把化解矛盾贯穿始终，坚决防止和纠正"为了接待而接待"、"瞒、骗、哄"的机械接待方法，从而激化矛盾或滋生新的矛盾。要主动把接待每一件来访作为化解矛盾、析理说法、宣传法律政策的有效手段和阵地。要改进涉检舆情应对引导工作，及时回应社会关切，防止涉检敏感问题发酵成舆论热点、燃点。要积极开展司法救助，对法律程序已经穷尽，仍然不能得到合理赔偿、补偿，生活陷入困顿的上访人，协调有关部门给予救助，彰显人文关怀。要主动加强分析研判，积累经验、总结规律，提高化解矛盾纠纷的能力和水平，使上访人通过接待过程既解开"法结"又解开"心结"。

二、来访接待工作的基本功能

检察信访具有四个功能价值：一是法律监督程序引导功能。检察机关通过涉检信访启动控告、申诉诉讼程序，挖掘和发现其背后的职务犯罪线索和执法不公等问题，把控告和申诉引入司法诉讼程序解决渠道，强化检察监督职能。二是映射功能。"涉检"信访是检察机关乃至公安司法机关执法状况的晴雨表，是执法水平的一面镜子和映象，是对执法状况的真实写照和客观反映。通过对"涉检"信访研究分析和总结，剖析公安司法机关在执法思想、执法作风、执法水平、执法能力以及在机制和法制等方面存在的缺失，以便及时纠正和救济。三是救济功能。检察机关通过处理涉检信访，切实解决群众反映的实际问题，并通过检察建议等形式，建议相关部门对机制和法制等方面的问题进行制定、修改、补充和完善，建议对执法过错进行纠正。四是矛盾释放化解功能。涉检信访是民怨的释放通道和解决矛盾的有效途径，也是群众矛盾纠纷发现和化解的正常通道，这条通道不能削弱，必须加强。所以，我们在平时接待中，要按照这四大功能接待每个具体来访，从而提高接待工作质量和水平。

（一）程序引导功能：依法及时受理

1. 及时受理。高检院立足检察职能，制定《人民检察院受理控告申诉依法导入法律程序实施办法》。首先，明确了检察机关受理控告申诉的范围：（1）涉检事项受理。包括不服人民检察院刑事处理决定的；反映人民检察院在处理群众举报线索中久拖不决，未查处、未答复的；反映人民检察院违法违规办案或者检察人员违法违纪的；人民检察院为赔偿义务机关，请求人民检察院进行国家赔偿的。（2）诉讼监督事项受理。包括不服公安机关刑事处理决定，反映公安机关的侦查活动有违法情况，要求人民检察院实行法律监督，依法属于人民检察院管辖的；不服人民法院生效判决、裁定、调解书，以及人民法院赔偿委员会的赔偿决定，反映审判人员在审判程序中存在违法行为，以及反映人民法院刑罚执行、民事执行和行政执行活动存在违法情形，要求人民检察院实行法律监督，依法属于人民检察院管辖的。

同时，根据三大诉讼法和国家赔偿法等法律规定，该实施办法明确了引导控告人、申诉人向公安机关、人民法院提出请求的若干情形。（1）应当向公安机关提出的有：①当事人和辩护人、诉讼代理人、利害关系人认为公安机关及其工作人员有刑事诉讼法第 115 条规定的行为，未向办理案件的公安机关申诉或者控告，或者办理案件的公安机关在规定的时间内尚未作出处理决定，直接向人民检察院申诉的；②被害人及其法定代理人、近亲属认为公安机关对其控告应当立案侦查而不立案侦查，向人民检察院提出，而公安机关尚未对刑事控告或报案作出不予立案决定的；③控告人、申诉人对公安机关正在办理的刑事案件，对有关办案程序提出复议、复核，应当由公安机关处理的；④对公安机关作出的行政处罚、行政许可、行政强制措施等决定不服，要求公安机关复议的；⑤对公安机关作出的火灾、交通事故认定及委托鉴定等不服，要求公安机关复核或者重新鉴定的；⑥因公安机关及其工作人员违法行使职权，造成损害，依法要求国家赔偿的；⑦控告公安民警违纪的；⑧其他属于公安机关职权范围的事项。（2）应当告知向人民法院提出的有：①当事人和辩护人、诉讼代理人、利害关系人认为人民法院及其工作人员有刑事诉讼法第 115 条规定的行为，未向办理案件的人民法院申诉或者控告，或者办理案件的人民法院在规定的时间内尚未作出处理决定，直接向人民检察院申诉的；②当事人不服人民法院已经发生法律效力的民事判决、裁定和调解书，未向人民法院申请再审，或者人民法院在法定期限内正在对民事再审申请进行审查，以民事诉讼法第 209 条第 1 款规定为由直接向人民检察院申请监督的；③当事人认为民事审判程序中审判人员存在违法行为或者民事执行活动存在违法情形，未依照法律规定提出异议、申请复议或者提起诉讼，且无正当理由，或者人民法院已经受理异议、复议申请，在法定期限内正在审查处理，直接向人民检察院申请监督的；④控告法官违纪的；⑤其他属于人民法院职权范围的事项。

其次，明确了检察机关受理控告申诉的条件。从现有法律和相关规定看，除申请民事行政诉讼监督、不服检察机关诉讼终结的刑事处理决定和不服法院生效刑事判决裁定的申诉、请求国家赔偿外，对其他涉检、诉讼监督事项的受理条件规定不明确，从而造成一些符合条件的控告申诉不能及时导入相应法律程序。为解决受理条件不明确等问题，经梳理、归纳《人民检察院刑事诉讼规则（试行）》（以下简称《刑事诉讼规则》）、《人民检察院民事诉讼监督规则（试行）》（以下简称《民事诉讼监督规则》）、《人民检察院行政诉讼监督规则（试行）》（以下简称《行政诉讼监督规则》）、《人民检察院国家赔偿工作规定》以及《人民检察院复查刑事申诉案件规定》等规定的受理条件，提炼出受理的共性条件：（1）属于检察机关受理案件范围；（2）本院具有管辖权；（3）控告人、申诉人具备法律规定的主体资格；（4）控告、申诉材料符合受理要求（主要指材料齐备）；（5）控告人、申诉人提出了明确请求和所依据的事实、证据与理由；（6）不具有法律和相关规定不予受理的情形。

2. 实行诉访分离原则。首先我们注意，在实践中，群众反映的问题有以下几类：（1）法律问题；（2）法律问题终结后或因法律问题引起的善后落实问题；（3）批评建议；（4）反映的问题不属于检察机关管辖。根据中央政法委《关于建立涉法涉诉信访事项导入法律程序工作机制的意见》规定，"对符合法律法规规定，属于司法机关管辖的信访事项，可以通过司法程序或相应法定救济途径解决的，作为诉类事项办理；对司法机关不能通过司法程序或其他法定救济途径解决的信访事项，以及公安机关、司法行政机关应当依照《信访条例》处理的信访事项，作为访类事项办理"。第一个问题是诉的问题，后面的问题应属于信访。

实际工作中，作为直接面对群众控告、举报和申诉的部门，不管是诉还是访，一般是按照有访必接、有信必拆的原则处理。但是，面对修改后的刑事诉讼法规定产生的大量控告、举报和申诉，依法、及时、高效、公正、妥善的处理是前提。所以，我们在首次受理时，就要坚持"诉访分离"的原则，所谓"诉访分离"就是对群众的控告、举报和申诉，尤其是初信初访，及时进行审查，界定是"诉"还是"访"，如是"诉"则为法律问题，"访"则绝大多数是善后问题，以及批评建议，或反映的是需要我们指明投诉方向的非检察机关管辖的问题的，并分别及时进行处理。如是"诉"就应及时引导进入法律程序，通过法律程序依法处理。如是"访"就应通过相应的行政手段尽快予以解决，不拖不落，把问题解决在初始阶段，避免矛盾激化。在目前最高人民检察院接待的群众中，有近90％在当地反映过，但当地初次受理时态度模糊，对群众诉求未明确是"诉"还是"访"，也未按照分类进行处理，错过了处理最佳时机和主动权，致使本应早就息诉罢访的控告、举报或申诉，仍一直上访，成为越级访甚至成为上访老户。例如，某省黄某案，属于25年前的案件，一直不定性下结论，导致其工作、生活无着落。最高人民检察院交办后，才纠正妥善处理。类似的还有湖南常德集体服毒事件。

3. 准确分流，加强诉讼程序的引导。要按照《刑事诉讼规则》、《民事诉讼监督规则》、《行政诉讼监督规则》以及《人民检察院受理控告申诉依法导入法律程序实施办法》等有关规定，控告检察部门或举报中心对接收的控告、举报或申诉根据不同情况和管辖规定，在7日内作出以下处理，属于人民检察院管辖的，按照相关规定分别移送本院有关业务部门或人民检察院办理；对不属于检察机关管辖的，移送有管辖权的机关处理，但对必须采取紧急措施的，应先采取紧急措施，然后移送主管机关；对案件事实或线索不明，应进行必要的调查核实，收集相关材料，情况查明后及时移送有管辖权的机关或部门办理。控告检察部门或举报中心可以代表本级人民检察院向下级人民检察院交办控告、申诉、举报案件。控告检察或举报中心对于送本院相关业务部门和向下级人民检察院交办的案件，应依照相关规定进行催办。

（二）映射功能：分析研判

群众信访是一面"镜子"，是检察机关执法状况的客观反映，我们必须加强信访的研判分析。进一步通过网上信访、日常办信、接访、"12309"检察热线等工作，主动挖掘背后可能出现的串联访、聚集访、集体访、极端事件等苗头性、倾向性问题，做到早发现、早报告、早控制、早解决。

1. 深入开展排查梳理矛盾纠纷。坚持要把矛盾纠纷排查梳理工作，作为做好来访接待工作的第一道工序来抓，着力构建重点明确、责任到位、协调联动的工作格局和常态化排查工作机制。通过日常接访办信、网上信访、电话反映、信息报送等信访网电渠道，对重信重访、缠访闹访和可能引发集体访或群体性事件进行综合排查，确定重点人员、重点案件、长期滞留高检院老户和集体访，建立相应台账。在日常排查和集中排查的基础上，适时滚动更新信息，并加以分析研判，精准把握信访隐患动态。在关键敏感时间节点，坚持两个"零报告"制度，即向中央有关部门零报告、向高检院领导零报告。遇有重点人员、重点案件等重大访情时，采取电话报告、书面专报、当面汇报等方式，及时向党委政法委、信访联席办报告。

2. 加强执法办案风险评估预警。承办业务部门要切实落实执法办案风险评估预警机制要求，对检察执法办案行为是否存在引发不稳定因素、激化社会矛盾等风险进行分析研判，特别是作出批准或不批准逮捕、决定逮捕或不予逮捕、起诉或不起诉、提请或不提请抗诉、立案或不予立案侦查、撤销案件等重点信访风险点，科学设定案件风险等级，及时制定《执法办案风险评估预警工作预案》，按照"谁评估，谁负责"的原则，严格落实风险化解责任。案件管理部门要加强对执法办案风险评估预警情况的组织协调和督促检查。

3. 深入推进司法民主与执法公开。拓宽人民群众有序参与司法的渠道，充分发挥人民监督员的作用，让人民群众更多地了解司法、监督司法。完善执法办案公开机制，引入第三方、社会参与的模式，邀请人大代表、政协委员、人民监督员、特约检察员等，运用公开听证、公开示证、公开辩论、公开宣告、公开答复等形式，增强执法办案透明度，使得执法公正以看得见的方式得以实现，确保检察权在阳光下运行。实践中，运用公开审查方式的有：对不起诉案件、不服检察机关处理决定的刑事申诉案件，进行公开审查；对羁押必要性审查案件进行公开听证；对逮捕案件嫌疑人社会危险性进行公开听审，以及对部分涉检疑难信访案件进行公开听证、公开答复。

4. 充分发挥控告申诉工作的反向审视和监督制约功能。充分发挥控申检察反向审视的"后视镜"功能，回看原案办理过程，查找司法理念、行为、作风、方法等方面存在的突出问题，倒逼规范司法。要对受理环节涉及申请监督、控告权利保障和检察机关及人员执法问题等涉法涉诉信访情况进行定期分析，对刑事申诉、国家赔偿案件做好年度办案监督情况报告，查找执法办案的薄弱环节和制度漏洞，不断提高检察机关执法办案规范化水平。通过个案监督和类案剖析，查找执法办案的薄弱环节，尤其是对司法机关办理的有错误、瑕疵的案件，要客观剖析原因、总结经验教训，充分发挥办案反向审视和监督制约功能，不断提高司法机关执法办案规范化水平。

（三）救济功能：切实解决合理的诉求

救济功能就是切实解决反映的实际问题。控告、申诉的根本目的是解决其反映的实际问题，所以始终要坚持在"事要解决"上下功夫。

1. 加强交办、督办、催办。要按照《刑事诉讼规则》、《人民检察院民事诉讼监督规则（试行）》、《人民检察院行政诉讼监督规则（试行）》有关规定，对符合条件应当交办的案件，及时交办。要适时催办督办。督察制度是落实信访工作责任制，推进信访事项办理进度，提高信访办理质量，保护信访人的合法权益的有效手段。督查工作是控告检察部门的一项重要职责，对防止信访事项转而不办、办而不决、决而不执具有重要意义。根据《人民检察院信访工作规定》，对信访案件，对相关业务应当受理而拒不受理的，未按规定程序办理的，未按规定的期限办结的，未按规定反馈办理结果的，涉及《交办信访事项处理情况报告》事实不清、证据不足、定性不准、处理不当的，不执行信访处理意见的等，可以采用发催办函、通报、提出改进建议等方式，进行督办催办，促进控告或申诉事项的解决。实践中，上级检察院派出工作组进行实地督查，会诊疑案，指导难案，纠正错案，取得了显著成效。依据三大诉讼法进行的控告、举报和申诉，控告检察部门要根据《人民检察院信访工作规定》，依法及时受理、移送、督办、催办、答复反馈，确保所有受理的控告、举报和申诉能依法、及时、高效地解决。

2. 实事求是，有错必纠。纠正人民群众反映的司法执法错误和瑕疵，是解决申诉难的根本要求。实践中，重点从案件的事实认定、法律适用、办案程序、实体处理、文书制作、执法作风等六个方面进行审查纠错：（1）认定事实有无错误或者不清；认定事实或者情节有无遗漏，事实表述是否准确等情形。（2）适用法律有无错误；引用法律条文是否准确、完整和规范等。（3）办案程序有无严重违法或者瑕疵。（4）处理结果是否存在明显不公。（5）法律文书名称、类型、文号、格式、表述以及签名、盖章、捺手印等有无错误、遗漏和不规范。（6）办案人员是否存在态度粗暴、作风拖沓、语言不当等不规范行为。对执法错误案件，即认定事实错误或者事实不清、适用法律不当、办案程序严重违法、处理结果明显不公等，依法应当予以纠错。对司法瑕疵案件，即存在执法瑕疵，即事实表述、证据收集、法律引用、办案程序、文书制作、执法作风等方面存在问题，但处理结果正确的案件，根据诉讼阶段及司法瑕疵具体情况，可以单独或者合并适用说明解释、通知补正、赔礼道歉、司法救助等处理措施。

3. 沟通协调，形成合力。建立健全依法处理涉法涉诉信访问题的内外部协作配合机制。（1）主动争取党委领导和政府支持，融入"大信访"格局。主动向党委政法委、人大、政府、信访联席办报告涉法涉诉信访工作的重大部署及工作情况，积极争取理解和支持，协调解决工作中的教育疏导、帮扶救助、终结退出以及执法保障等方面的困难和问题。（2）推动建立检察机关与法院、公安机关的涉法涉诉信访案件联席会议制度，召开不同层次的联席会议，通报案件信息，协调工作安排，共同研究解决工作中出现的突出问题，增强依法处理涉法涉诉信访问题的工作合力。（3）在确保信息安全的前提下，推动建立检察机关与法院、公安机关的涉法涉诉信访信息联网共享平台，明确移送涉法涉诉信访案件的标准、条件以及交叉管辖案件的处理原则，做好移送和衔接工作，努力实现涉法涉诉信访案件审查办理信息互通，并与全国信访信息、系统实现互联互通。(4) 加强检察监督与公安、法院内部纠错机制的紧密衔接和良性互动，提高抗诉、检察建议、纠正违法通知书等监督方式的刚性和效力。建立健全检察机关与法院、公安机关在调查核实涉法涉诉信访案件中的配合支持机制，着力解决调卷难、调查核实难、取证难等突出问题。(5) 加强检察机关内部协调配合，控告检察部门与其他有关业务部门建立联合接访、联合督导、联合会商机制，与新闻宣传部门、信息综合部门建立访情报送、舆情处置"直通车"机制，与法警部门建立信访维稳"双联动"机制，与计财装备部门建立人财物配强配齐配全的保障机制。(6) 建立健全依法处理违法上访行为的协调机制。密切与公安机关的沟通协调，依法处置违法上访行为。对各类违法上访行为，特别是一些过激行为，闹访滋事、严重扰乱社会秩序的行为，以及以上访为名制造事端、煽动闹事或者内外勾联、挟洋施压、抹黑党和政府形象的行为，要及时收集固定证据，移送公安机关依法处理。

(四) 矛盾释放化解功能：着力化解矛盾纠纷

1. 充分认识化解矛盾纠纷的重要性。党的十八大报告指出，"发展中不平衡、不协调、不可持续问题依然突出"、"一些领域消极腐败现象易发多发，反腐败斗争形势依然严峻"、"社会矛盾明显增多"。同时，群众的法律意识、监督意识、维权意识进一步增强，通过信访渠道提出的控告、申诉等可能进一步增加，今后一个时期仍是社会矛盾凸显期，涉检信访形势不容乐观，化解矛盾纠纷、维护社会和谐稳定的任务依然繁重。矛盾纠纷的化解需要有一个正常的通道、具体的场所、必要的过程和阶段。如果平时不注意化解矛盾，堵塞群众矛盾释放通道，敷衍塞责、互相推诿，不作为、乱作为，就可能会"小事变大，大事变炸"，导致群众矛盾激化升级，出现矛盾"井喷"或"堰塞湖"。

2. 始终坚持以人为本的理念，畅通渠道。不管是否属于检察机关管辖，反映的问题是否有道理，都要充分发挥信访通道的矛盾释放化解功能，耐心热情地接待，做好析理说法和稳控息诉工作。让信访渠道成为控告或申诉人冤屈诉说的途径、场所和对象，成为控告或申诉人释放怨气，诉说冤屈，表达诉愿，逐步化解矛盾的通道，最终促进矛盾纠纷的妥善解决，促进社会和谐、健康良性发展。

3. 要坚持"法"、"理"、"情"的综合运用。价值目标的设定，讲究严格规则下的治理，确保了充分的程序公正。但由于严格的依法而治，往往会产生实质的非正义与结果的不妥当，同时由于司法程序以手头的案件为服务对象，很少关注案件背后的社会模式或制度惯例，对一些违反规则的行为防范很难发挥作用，也难以避免有组织地规避法律行为。工作中，必须坚持"法"、"理"、"情"综合运用的理念。这里的"法"是现行的法律制度，"理"是法之外的道德、良好的社会习惯等，"情"是对人民群众的深厚感情。这里的"法"、"理"、"情"三者结合。不是用"理"、"情"去削弱"法"的运用和调节，或者用"理"、"情"代替"法"对控告和申诉问题的处理，"情"也不是徇私情，而是带着感情去处理群众的控告和申诉，真情感化，真心交流，促进矛盾化解。案中控告或申诉事项以"法"为基础，要依法治访；案外事项以及案结息诉要以"理"和"情"疏导。要做好每一件控告或申诉，既要处理法律实体事项，也要包括善后工作和息诉，属于一项综合工程。如果撇开"理"和"情"，只用"法"去调节和救济是无法真正化解矛盾纠纷的，尤其是一些"情理之中、法度之外"的控告和申诉，只有带着感情，坚持以人为本，在法度内，充分考虑人的情感、人性等因素，才能便于接受，促进息诉。实践中，大部分涉检信访问题实际上是通过调解沟通的方式解决的，在这种纠纷调解中，通情达理、合情合理是最重要的，将"法"、"理"、"情"三者兼顾，定能完美解决。

4. 要按时做好答复反馈，取信于民。办案部门应当在规定期限内办理案件，并向控告检察部门或者举报中心书面回复办理结果。回复办理结果应当包括控告、申诉或举报事项、办理过程、认定的事实和证据、处理情况和法律依据以及执法办案风险评估情况等。控告部门对业务部门的办理情况和结果，在法定时间内、以法律规定的方式向控告、申诉人进行答复反馈。坚持把释法说理、息诉平纷贯穿执法全过程，加强对不受理、不立案、不批捕、不起诉、不抗诉、不赔偿决定等"六不"案件释法说理，重点针对检察法律文书以及办案过程中诉讼参与人要求、质疑、控告、申诉的重点问题进行解释说明，引导和说服当事人正确处理法、理、情的关系。

三、来访接待工作的基本流程

经过不断实践，逐步形成了来访接待"两安检、两分流、两办理"工作流程，既维护当事人合法权益，也维护检察机关信访工作秩序。

（一）流程Ⅰ：第一次安检

在进入信访接待场所前，按照人、物分离原则，对上访人随身携带的物品及人身进行安检，确保信访接待场所安全。

1. 禁止带入物品。根据公安机关治安管理有关规定，信访接待场所禁止带入下列物品：（1）枪械、自制枪、仿真枪、打火枪等；匕首、三棱刀、弹簧刀、砍刀等管制刀具；剪刀、裁纸刀、水果刀、剃须刀片等其他刀具；钢管、尖头伞具等钝器或锐器。（2）弹药、瓶装液化气体；白磷、硝化纤维（含胶片）、油纸及其制品等自燃物品；金属钾、钠、电石等遇水燃烧物品；

汽油、酒精、松香油等易燃物品等。（3）氰化物、农药等剧毒物品。（4）放射性同位素等放射性物品。（5）硫酸、盐酸、硝酸、有液蓄电池、氢氧化钠、氢氧化钾等腐蚀性物质。

2. X光检测机安检。根据工作人员引导，上访人须将所有随身携带的物品放到X光检测机上检测。经检测，发现有危险品或违禁品的，一律交由公安机关依法处理。发现虽不属于危险品或违禁品，但属于禁止带入的其他物品的，符合没收条件的，予以没收；不符合没收条件的，应当要求上访人员将物品存储在指定场所，否则，不准进入接待大厅。凡拒绝接受安检的上访人，一律不准进入信访接待场所。

3. 安全门检测和人工安检。上访人通过安全门时，安全门发出报警声的，需要接受人工检测；安全门未发出报警声的，可以通行进入信访接待场所。

（二）流程Ⅱ：存储物品

要求上访人在信访接待大厅前，除了案件材料、贵重物品（不含相机、手机等物品）和其他必需品外，应当将其他物品存储在指定储物柜中。存储过程中，上访人妥善保存柜子钥匙及对应的号牌，待接谈完毕后，再取回物品。凡拒绝存储物品的上访人，一律不准进入信访接待大厅。整个存取物品过程实施全程同步录音录像。

（三）流程Ⅲ：第二次安检

因上访人存储物品后，第二次安检只需安全门检测和人工安检，不需要X光检测机检测。在进入信访接待大厅前，要求上访人人身接受安检，禁止带入的物品主要有照相机、摄像机、录音笔、手机、笔记本电脑、平板电脑等数码电子设备及所有的液体物品、打火机等物品，进一步保障信访接待大厅的安全。

（四）流程Ⅳ：两分流

1. 第一次分流。根据诉访分离和涉法涉诉信访管辖原则，检察官对上访人提供的材料及诉求进行初步审查，对不属于检察机关管辖范围或接谈范围的信访事项，直接引导上访人向有关机关反映。检察机关接谈范围包括：（1）控告接谈范围：①控告人民检察院违法办案或者检察人员违法违纪的；②犯罪嫌疑人投案自首的；③其他属于检察机关管辖的控告。（2）刑事申诉类接谈范围：①不服同级人民法院刑事判决、裁定的申诉；②不服下级人民检察院刑事处理决定的申诉；③不服人民法院死刑终审判决、裁定尚未执行的申诉，属于省级以上检察机关接谈范围。（3）国家赔偿申请接谈范围：①不服同级人民法院赔偿委员会决定的；②不服下级人民法院赔偿委员会决定的；③不服下级人民检察院赔偿决定的；④申请司法救助的。（4）民事行政诉讼监督申请接谈范围：①不服同级人民法院民事行政判决、裁定、调解书，且经上级人民法院驳回再审申请，或者逾期未对再审申请作出裁定，或者当事人认为同级人民法院决定再审后作出的再审判决、裁定有明显错误的；②当事人认为同级人民法院民事行政审判程序中审判人员存在违法行为的；③当事人认为同级人民法院民事行政执行活动存在违法情形的；④不服下级人民检察院作出的不支持监督申请决定的。（5）其他接谈范围：①集体访的；②敏感事项或者敏感人员的；③缠访闹访影响较大，或者重大活动期间缠访闹访的；④其他有必要接谈的。

检察机关不予接谈范围包括：（1）未进入法律程序的普通信访事项；（2）进入法律程序但不能提供法律文书的信访事项；（3）属于公安机关、人民法院管辖的信访事项；（4）应当属于下级人民检察受理的民事行政越级信访事项；（5）人民法院、人民检察院、公安机关等单位依法终结的信访事项；（6）接谈不满三个月的重复信访事项；（7）当天已经接谈完毕的信访事项；（8）其他不属于检察机关管辖的信访事项。

2. 第二次分流。检察官或书记员根据来访记录，重点审查上访人属于初访还是重复访。对初访者，通常发放接谈登记表；对重复访，接谈不满三个月的，不发放接谈登记表。

（五）流程Ⅳ：两办理

1. 第一次办理。来访接谈是对涉法涉诉信访审查办理的过程，重点审查是否符合受理条件。通常流程有：（1）审查相关材料。审查案件诉讼过程及相关法律文书，确认是否属于检察机关管辖以及是否属于本院管辖。属于本院管辖的，依法予以受理；属于检察机关管辖但不属于本院管辖的，告知上访人员到有管辖权的检察院表达诉求；属于公安机关或法院管辖的，引导上访人员向公安机关或法院反映诉求；属于普通信访的，引导上访人员向有关部门反映诉求。该审查主要采取形式性审查，必要时，也可以进行实质性审查。一人多案的，应当逐案进行审查。（2）倾听诉求。认真、耐心地听取上访人员诉求，从中捕捉新的有效信息，如签订息诉访协议、相关单位试图解决及上访人员身体健康状况、家庭生活情况等，形成接谈策略。对喋喋不休的上访人员，应当加以引导，改用"一问一答"方式进行。（3）录入信息。应当将下列信息录入管理系统：①登记表基本信息；②有关单位的意见；③处理意见及相关法律依据；④信访风险评估情况；⑤信访事件处置情况；⑥其他相关信息。（4）接收相关材料。对符合本院接收条件的，应当审查上访人员提交的材料是否齐全、份数是否符合要求。材料齐全且份数符合要求的，应当接收上访人员提交的相关材料，并出具接收清单及回执。材料不齐全或者不符合要求的，应当一次性告知上访人员补齐补足哪些材料，以及逾期不补齐补足材料的法律后果。

2. 第二次办理。对符合本院受理条件的，及时导入法律程序，制作相关法律文书，并在法律规定的期限内，移送有关业务部门办理。

四、来访接待工作的基本方法

在接待来访工作中，一些工作技巧对控制现场情绪、问题的解决甚至接访环境的安全都显得十分重要。总体来说要因人而异、因时而异、因事而异、因案而异，不管是在首次访还是重复访中，都坚持具体情况具体分析、不同情况不同对待的原则。

（一）上访基本类型及应对技巧

1. 面对"带有疑惑"的上访人，要用耐心的解释语答其疑。很多上访人是为咨询具体的法律和相关政策而来的。对此，接访人员要耐心讲解，在宣传法律与政策的同时，答疑问，消疑惑。特别要善于把法律与政策形象化，多用身边的事例，多用群众语言，多用对比思维，使法律与政策通俗易懂，使道理简单明了。争取在较短时间内缩短与上访者的心理距离，获得对方的认同，使之佩服你、信任你、接纳你。

2. 面对"带有期盼"的上访人，要用及时的协调语顺其盼。有些上访人可能已经找过有关方面，但一直没有如愿。这时，接访者一定要以高度的责任心和一副热心肠，扮演好协调员的角色，不管属于哪方面的问题，不管是不是自己的分内工作，都要提供帮助，及时协调，让上访群众感到有盼头，有希望。要真诚地帮助上访者解开思想的"结"，剪断感情的"愁"，通过心灵交融，层层引导，步步深入，驱赶走上访者心中的愁云，使之心情豁然开朗。

3. 面对"带有怨恨"的上访人，要用缓和的劝说语解其怨。有些群众上访，是由于他曾经或现在受到不公平对待，甚至可能是冤枉的，对此，接访人员要理解对方的心情，要仔细询问，认真调查。接访者要以冷静对不冷静，当好上访者的"出气筒"，多关心、多体贴、多忍让、多理解。要弄清对方"怨"在何处，"气"在哪里，引导上访者按程序反映情况，按规矩解决问题。要有始有终关注事情的办理情况，该出力的出力，该献策的献策，努力使上访者气顺怨消。对某些上访者对某人或某单位有"深仇大恨"的，接访者一定要先沉住气，用沉稳的话语缓和气氛，听上访者讲清事情的来龙去脉，让上访者宣泄仇恨。接访者必须根据第一信息，迅速作出应急反应，在稳住阵脚的同时，客观分析事态，帮助上访者找到合法的解"恨"之路，需要宽心一笑了之的，引导其乐观待之；需要讨个说法的，引导其进入司法程序。

4. 面对"带有横蛮"的上访人，要用巧妙的攻心语和威严的震慑语治其横。在接访中，有时会遇到极个别上访人耍横，让你有理说不清，并且根本无法进入解决问题的状态。对此，接访者要敏锐地观察上访者的"颜色"，把握对方心理，从中发现破绽，运用归纳推理、分析综合，提示其矛盾，采用论辩技法使其无话可说，巧妙地"操纵"、"控制"其心理，用攻心语挡住上访者的横蛮无礼，对那种纯粹无理取闹、胡搅蛮缠的上访者，一定要拿出威严。如果做思想工作不行，就搬出"法律语言"给予特别警告，使之明白干扰国家机关工作、阻挠执行国家公务和法律的严重后果。

5. 面对"带有绝望"的上访人，要用果断的安抚语挽其绝。这种极个别的上访人，往往是看不到解决问题希望的人，接待者一旦碰上这种已经到了"轻生"地步的人，一定要为他指出解决问题的可能，挽救绝望，唤起希望。人到绝望时，就很容易做出极端行为，所以，我们面对这类特殊的上访人，阻止要果断，安抚要到位，说服要有力。

（二）来访接待的工作技巧

1. 准备技巧。无论做任何工作，都要精心准备，不打无准备之仗，不打无把握之仗。由检察院工作的特殊性所决定，检察院所接待的大多数当事人、上访人都是抱着解决纠纷、讨个公道的想法，至少是希望通过接待能够妥善解决问题。即使在接待前，接访人不能拿出解决方案，但对于上访人的想法和要求，也要做到了然于胸。对于尚处于审判阶段的案件当事人，接访人应当了解案件情况，准备谈话提纲，准确掌握案件争论的焦点，这样才能在询问上访人时做到有的放矢。否则，如果因为案件多、工作忙，不做认真准备，仓促上阵，给上访人一个检察官脑子不清楚的印象，这就为处理结果不为上访人接受埋下伏笔。实践中，上访人一般对司法机关有抵触情绪，这就需要更加认真细致地做好准备工作。认真审阅来访登记材料，掌握上访人的基本情况及要反映的问题。对重点人、重点案件，要制定工作预案，调阅卷宗，在条件允许的情况下，向有关承办人了解案件情况，做到在接待前对案件情况及处理依据等有较为全面的了解，切忌心中无数。否则，面对情绪化的上访人，就很难有缓解气氛、解决问题的切入点。

2. 倾听技巧。要使自己尽快进入角色，必须注重倾听上访人反映的情况，掌握话中之话、话外之音。不管是年轻检察官还是资深检察官，都要掌握倾听的艺术，以表示对讲话人的尊重，并在倾听的同时考虑回答的内容与处理方式，善于用手势、语言等对上访人予以回应，以平等的心态对待上访人，消除上访人的对立情绪，拉近双方的距离，为进一步交谈和检察官向上访人释法说理打下基础。检察官应以认真诚挚的态度，让当事人感受到检察官在设身处地地为其权益着想，并表示出极大的耐心，认真听取当事人的意见和看法。实际上，检察官在倾听当事人意见的同时，也是将处理的论证理由、处理结果的推理过程，向上访人逐步渗透，乃至让他们接受检察官意见和建议的过程。做到倾听，不是一件容易的事情，也是考验检察官耐心的过程。检察官在接待上访人时，因性格、素养、文化层次各不相同，有的人好沟通，三言两语就能将案件的要点、焦点说清楚；有的人不能抓住案件的中心问题，还要对同一事实情况三番五次向检察官诉说，甚至表现出情绪冲动，遇到这种情况，检察官的修养就显得特别重要。

3. 语言技巧。在日常生活中，语言表达简洁明了，不讲究说话的方式，可能影响不大。但在控申工作中，语言的作用是生硬枯涩的法律条文、白纸黑字的处理书无法代替的，为什么在处理后，还要做息诉息访的说服劝导工作，其意义就在于此。语言能产生权威，也是一种无形的力量。同样的法律道理与语言，由不同检察官说出的效果则不尽相同，关键在于是否讲究语言的艺术。因此，在工作中要讲究说话的艺术，善于说话、会说话，并能够为对方所接受。司法能力中很重要的能力就是语言表达能力，它是传递双方意思表示的工具与载体。在接待过程中，要善于把党和国家的路线、方针、政策、法律规定解释清楚，落到实处，用正确的立场、观点、方法把办案的道理浅显易懂地表达出来，把抽象的法律概念讲得实实在在。

4. 心理技巧。上访人所涉及的案件情况不同，追求的利益不同，决定他们在上访过程中心理变化的复杂性。在接待时，要注重运用心理学知识，分析、揣摩上访人的心理。随着案件审理的不断深入，当事人对案件处理的心理预期目标也处于不断变化中，检察官要及时掌握当事人的心理变化，根据案情对症下药。只有摸透对方的心理，才能将方针政策、法律规定、法律概念讲到上访人的心里去，才能打动他们的心。一般情况下，上访人大多有孤独、无助、抑郁、暴躁等情绪，在接待时应十分注意他们的内心体验，善于察颜观色，以确保能够及时区别不同类型的问题及上访人的个性特点。尤其是多次来检察院要求解决问题的上访人，案件经历多次处理，即使纠纷解决得很好，由于与上访人的要求有差距，上访人再次来到检察院时的心理也是很复杂的，可能是失望中掺杂着无助、抵触，甚至对检察官有不理智的行为，这时平静上访人的心理是接访的头等大事。否则，接访无法顺利进行。

5. 疏导技巧。劝导、疏导、说理均要讲究方式方法。疏导的方法主要有：一是肯定法，即直接表明态度，不能给上访人以幻想或误导；二是互动法，征求上访人的意见，提供可接受的处理方案；三是引领法，对上访人的不合理要求及时予以正确的引导；四是建议法，为当事人直接提出问题处理的合理建议；五是迂回法，与情绪偏激的上访人不正面交锋，转移话题，旁征博引，缓解接待气氛；六是暂停法，中止话题、中止讨论以至中止接访，缓解上访人的情绪性反应。讲究疏导艺术，不仅仅表现在受理的案件处理上，而且对于不符合受理条件，人民群众针对矛盾问题求助的情况，也要尽力疏导，为上访人提出解决纠纷的途径和方案，便于上访人选择更为便捷高效的解决方式。

6. 动情技巧。工作中，要善于讲究动情的艺术，理解、体谅、感动上访人，对于他们没有想到的问题也要替他们充分考虑，以平息他们激愤的心情，抚慰受害人及其家属受伤的心灵。接待上访人谈话，要去将心比心，善待上访人，体谅他们的疾苦、困难，应时刻牢记群众利益无小事的道理。凡是涉及上访人切身利益的事，再小也是大事；凡是涉及上访人实际困难的事，再难也要努力去办。对于上访人确有实际困难的，在能力范围内，要积极协调、配合国家机关及社会力量，或者寻求上访人所在单位的支持，协助解决上访人的实际困难。通过办案人员大量耐心细致的工作，让上访人感受到是在设身处地为他着想，是在接待工作之外带着浓厚的感情为其做外围工作，使其感受到党和社会的温暖，以此有效地抵消、缓解上访人因对检察机关处理的成见所产生的偏激情绪，对自己的缠闹行为有清醒的认识，最后达到息诉息访的效果。

7. 决断技巧。要对问题做到三个"不放过"，即不查清问题不放过，不解决问题不放过，不息诉息访不放过。对上访人的实际问题，要尽心竭力地去解决，不能以"请示"来回避，不可用"报告"来敷衍，不能拿"研究"来推诿，以及不得用各种理由拖延问题的解决。要敢于承认存在的不足，不能推诿问题、回避矛盾。对确有错误的案件，一定要坚决依法纠正。对无理取闹扰乱国家机关工作秩序的极个别上访人，要坚持原则，果断采取措施，依法处理，依法维护法律权威及检察机关信访工作秩序。

8. 塑造形象技巧。有良好的个人修养与品格，高水平的法律知识与职业道德素养，能够增强检察官的个人魅力，对于案件处理有重要意义。语言、行为、素质底蕴等人格魅力，在案件处理过程中能够起到意想不到的效果。实践中，检察官的个人修养高低，不仅仅决定运用法律的能力高低，而且检察官的人格魅力，是决定当事人能否信服处理的重要因素之一。

（三）来访接待工作的行为规范

1. 语言规范。（1）在语气方式方面，少用批评式、纠问式、责备式、盛气凌人式，语言应该平和，尽量用一些征求意见式、商量式、拉家常式的语气，防止出现闻过则怒、闻过则骂，甚至闻过则打的不文明行为；防止居高临下、盛气凌人的官僚主义作风；防止形式主义式的官话、套话和大话。（2）在语言文明方面，多用文明语言，禁止用忌语。要严格按照《检察机关文明用语规范》等规定要求，安排有专人接待，不得推诿塞责。杜绝"门难进、话难听、脸难看、事难办"和"冷、硬、横、推"。禁止说"快点说"、"简单点"、"别啰嗦了"、"话真多"等接待忌语。（3）在语言表现形式方面，多用通俗语言，多用当地群众语言、形象语言，多用对比思维、多用事例。少用法言法语、政策语言、官话套话。例如，一上访人就民事调解上访，接待人员声称，调解是双方"意思自治"，不是涉检调解范围，上访人对"意思自治"感到不理解、很茫然。（4）在语言内容方面，一要真实，讲真话、实话。防止空话、套话、假话。如有一上访人来找领导，接待人员刚说完不在，结果领导就出现了，上访人就说你们老骗我。二要就事论事，紧扣群众反映的问题，防止漫无边际，不知所云；防止指桑骂槐，打击一片，伤害群众感情。如一个上访人来访，接待人员不经意说你们省的人都爱上访，上访人一下就急了，大吵大闹要求更换接访的人；防止"扣帽子"、"打棍子"。三要语言要温和，言辞得当，言之有理，以理服人、以情感人，以促进息诉罢访。避免用盛气凌人的语言，摆架子、居高临下、以势压人、激化矛盾。（5）在语言语气方面，对情况不明的或善后要求过高的，要杜绝表态性语言，应留有余地。对情况十分清楚的，该决断的要决断，谨防拖泥带水，给上访群众留下希望。对情绪激动的，要用模糊、平和安抚式语言，防止激化矛盾。

2. 行为规范。接待人员应按要求着检察装、挂牌接待；举止文明、态度和蔼、语言规范。对属检察机关管辖的，要及时办理；对不属于检察机关管辖的，热情接待后，为其指明投诉方向或帮助协调有关部门处理。例如，在一次接待中，上访人看到接待人员的胸牌，有姓名、职务、编号、照片、所在部门，上访人马上产生敬畏并说，从接待人员的胸牌增加了信任和敬意：一是胸牌有单位和部门证明代表公权力机关来接待；二是胸牌上有姓名、照片，证明会认真对待其诉求；三是胸牌上有接待人员职务，上访人更感到踏实可靠。

五、特殊来访的接待

根据不同的标准，对上访有不同的分类，同时对不同类别的上访，接待中也应有所区别和侧重。

（一）初访接待

及时有效地处理初访问题，将矛盾纠纷解决在始发阶段，化解在萌芽状态，对于防止矛盾纠纷扩大、升级甚至酿成重复访及群体性事件，至关重要。接访中，对新出现的信访案件，一定要采取切实有效的措施，及时有效地予以化解，坚决避免初访变成重复访。发生初信初访问题的部门和单位要及时掌握有关情况，迅速采取有针对性的措施，对上访人的要求合法合理的，要及时加以解决；对因客观原因暂时无法解决，或者上访没有道理的，要耐心做好说服、解释工作，对上访人的继续上访行为进行劝阻，并及时向上级有关部门汇报，以便有关部门采取相应措施，防止上访问题扩大、升级。实践中，接待初访应以"五要"为标准：一要"通"，就是渠道要通畅，保证人人都能得到接谈；二要"细"，抓细节，找关键；三要"透"，就是要把问题问透、案情吃透；四要"准"，就是对反映的问题要看准；五要"妥"，就是问题要处理妥当，标准就是让老百姓满意，解开法结、心结，打开情结。

（二）告急访接待

要根据告急访的种类和不同情况，采取相应的方法。一般情况下告急访有两种情形：一是告诉紧急情况；二是突发事件。

1. 告诉紧急情况。实践中，主要表现为：（1）自首，要按照修改后的《刑事诉讼规则》做好笔录、固定好证据，通知并协助当地公安部门采取相应措施。（2）紧急控告，要仔细甄别、及时汇报、及时核实、及时决定、及时采取措施。（3）敏感或能引起群众性事件的信息。如威胁可能自杀、跳楼、爆炸等信息，要按照"宁可信其有，不可信其无"的原则，及时处置、报告。解决方式和程序主要是：报告；解释，析理说法、解开心结；采取相应的应急、稳控措施。

2. 突发事件。坚持"三个及时"：（1）及时发现，对上访人的过激行为有一个初步预判、预知。（2）及时处置，对自伤、自残的，应采取果断措施迅速制止或救护，必要时拨打"120"送医院抢救；对威胁跳楼、自杀的，要组织有经验人员劝解疏导，同时应采取相应的保护措施；对威胁爆炸或发现疑似爆炸物的，一方面及时通知公安等相关部门和单位，采取紧急措施控制事态；另一方面组织有关相关专业知识的安保人员及现场处置人员，采取临时防护措施。（3）及时报告，对上访人基本情况，随时报告领导，并适时通报上访人所在地相关部门。

（三）上访老户接待

上访老户反映的问题，有的不属于法律范畴，或不属于检察机关管辖，或虽属于检察机关管辖，但走完法律程序后，始终不服；有的属于办案有瑕疵，但不影响实体结论；有的属于法度之外、情理之中；有的属于时过境迁，或已过时效，或涉及新法和旧法的适用；等等。他们一般要求过高，思想固化，性格偏执，固执己见，难以息诉罢访。处理的原则和方法有：（1）定期接待，教育感化。最高人民检察院一般是一个月接待两次，以了解心理动态。尤其是重大活动和重要会议期间的稳控工作。（2）按照"谁主管，谁负责"的原则，重点放在解决问题上，对上访老户反映的问题，应该依法解决而又能够解决的，尽量尽快解决；对因检察机关执法原因引起的，应按照"有损害必有救济"的原则，及时协调有关部门采取救助等方式予以解决；对属于法度之外、情理之中的，应该创造条件依法解决；要把上访行为和诉求分开处理，对违法上访行为应依法处理，对该解决的诉求应及时认真解决，不能因上访行为违法而不积极解决问题。（3）可以通过信访听证、公开答复、联合接访、领导包案等方法措施，并利用人大代表、政协委员、人民监督员、基层组织、上访人亲属、律师等共同做好上访老户的息诉工作。

（四）"三跨三分离"访接待

"三跨三分离"案件，是指跨地区、跨部门、跨行业以及人户分离、人事分离、人事户分离的案件。涉及"三跨三分离"案件的来访，跨地区的上级检察院是协调责任主体，跨部门的当地党委政法委是协调责任主体，对来访事项的解决由案发地检察机关负责解决；教育稳控由上访人户籍地检察机关负责，如户籍地和居住地不一致的，由居住地检察机关负责解决。

专题五　互联网＋检察信访工作模式若干问题

王光月[*]

党的十八大以来，以习近平同志为核心的党中央高度重视科技创新工作，先后作出实施创新驱动发展战略、网络强国战略等重大决策。习近平总书记就科技创新发表的系列重要讲话，特别是关于"把深化司法体制改革和现代科技应用结合起来，不断完善和发展中国特色社会主义司法制度"的重要指示精神，为信息科技在政法工作、检察工作中的发展应用指明了方向。

最高人民检察院党组高度重视"互联网＋检察工作"、检察大数据工作，曹建明检察长撰写《做好互联网时代的检察工作"＋"法》署名文章，率先在政法机关提出"智慧检务"。智慧检务是依托大数据、人工智能等技术手段，进一步发展检察信息化建设的更高形态；是遵循司法工作规律和检察权运行规律，从科技保障到科技支撑到进一步上升为科技引领，实现检察工作全局性变革的战略转型；也是影响深远的检察工作方式和管理方式的重大革命。就控告检察工作而言，具有点多、线长、面广、量大的突出特点，涉及各项检察业务工作，持续不断地产生渠道多样、种类丰富、规模巨大的数据信息。每年全国检察机关信访量约100万件次，既包括诉讼办案信息，也包括涉法涉诉信访工作信息。这给控告检察工作带来前所未有的机遇和挑战。传统"各自为政"的工作模式制约了控告检察工作的发展，难以适应互联网时代新要求。因此，顺应"智慧检务"的时代要求，树立"互联网＋"理念，充分挖掘、分享和应用海量数据资源，推进检察网上信访信息系统（以下简称"检察网上信访系统"）建设。

一、网上信访的时代背景

（一）"大数据"时代到来

英国著名数据科学家维克托·迈尔－舍恩伯格在《大数据时代》中指出，

---

[*]　最高人民检察院控告检察厅副厅长。

大数据是人们获得新的认知，创造新的价值的源泉，大数据还是改变市场、组织机构，以及政府与公民关系的方法。[①] 在社会各领域内，"大数据"均将发挥重要作用。（1）大数据引领工作变革。数据爆炸将影响未来行业的竞争模式，使竞争更趋于精细化，这种精细化就体现在数据的收集和分析上。纵观全球，各行各业都在出现以数据分析为竞争能力的企业，它们大部分已是业内佼佼者，而它们的成绩与企业内部"循数管理"的文化氛围密不可分。（2）大数据引领生活变革。当人们行走在大街上时，会有监控摄像头记录下行踪；去医院看病时，会有电子病历记录下病情，在社交网络上发布内容时，会透露人们的想法及朋友圈。当所有的痕迹被汇编、整理时，通过数据同步方式回传至云端，就会形成对某个人、某个群体的完整刻画，使得对个体的生活轨迹、思想状态的了解，甚至是预测成为可能，大数据时代对每个个体的影响已悄然开启。（3）大数据引领思维变革。在大数据时代，人们拥有分析更多甚至全部数据的能力，使人们对事物的认识更符合事物发展规律和方向。乔布斯在抗癌过程中，对自身所有 DNA 和肿瘤 DNA 进行排序，据此得到的包括全部基因密码的数据文档，使得医生们能够基于特定基因组成按需用药，如果癌症病变导致药物失效，医生可及时更换另一种药，这种方法使他生命延长了好几年。

（二）"互联网 +"模式要求

在全球新一轮科技革命和产业变革中，互联网和各领域的融合发展具有广阔前景和无限潜力，已成为不可阻挡的时代潮流。（1）"互联网 +"并不是互联网与各个传统行业一加一的简单、机械叠加，其想象空间巨大、未来空间无限。可以说，"互联网 +"是一个极具想象力和创意的新理念新模式，是网络环境下极具战略意义和实践价值的战略行动计划，也是中国经济社会和信息化深度融合的成果和标志。它要求我们站在互联网这样一个平台上，更加准确把握好传统与创新的关系，以更加开阔的视野，更加重视运用互联网思维，使用云计算、大数据、移动互联网、物联网等现代信息技术，推动互联网与经济社会生活各领域的深度融合，推动技术进步、效率提升和组织变革，激发全社会创新智慧与创造活力，不断提升自己的创新力、生产力和竞争力，不断催生衍生新产品、新业务、新模式。[②]（2）"互联网 +"具有综合性、渗透性、前沿性和实践性的特点，涉及经济、社会、文化乃至政治、军事、法律等各领域。就司法工作而言，飞速发展的互联网信息技术是加强司法管理、提升司法效能

---

① 彭默馨、张璐：《大数据时代要有大方略》，载《学习时报》2012 年 7 月 9 日

② 曹建明：《做好互联网时代的检察工作"＋"法》，载《检察日报》2015 年 8 月 8 日第 1 版。

的重要支撑，也是深化司法公开、提升司法公信力的重要手段，同时互联网的广泛运用也带来了纷繁复杂的社会管理问题和法律问题。因此，司法机关必须顺势而为，以开放包容的姿态，与互联网主动融入、主动互动、相向而行，既充分运用信息网络技术，提升司法工作现代化水平，又重视数据收集与共享，加强司法工作的无缝衔接；既依托互联网打造阳光司法，又充分履行职能，维护网络信息安全；既自觉接受网络媒体的舆论监督，又紧紧依靠网络媒体凝聚司法工作正能量。

（三）公民民主法治意识增强

恩格斯曾指出，外部世界对人的影响主要表现、反映在人的头脑中，成为感觉、思想、动机、意志，总之称为"理想的意图"，并且通过这种表现形式转变成"理想的力量"。① 公民民主法治意识能够深刻地影响着人们对社会上一系列政治现象的看法和态度，从而极大地影响着人们的政治行为。公民民主法治意识正随着市场经济、改革开放和民主政治的发展不断增强，且日益作用于社会政治生活。"中国公民社会的成长，从根本上说是社会变迁的产物。"② 公民不断增强的民主法治意识与网络巧妙结合，而网络以其独特的高效便捷畅通性，营造了一个公民表达意见和提出诉求的空间，公民逐渐开始借助网络发表自己内心的心声，甚至开始影响到政府的公共决策的制定，使得公民在网上直接提出诉求、提出意见建议、进行监督和网络问政成为可能，形成了网络民意。公民民主法治意识的不断增强，一方面保障了公民的政治权利得到有效实现，推动了我国政治文明的进程；另一方面，促使转变社会治理模式，形成良性的互动，即有利于提升国家机关在公民心中的公信力，增强公民对公权力的信赖感；同时也有利于有关机关改进工作方式，利用新兴科学信息技术提升自己的执政能力和工作效率，切实为人民办实事。

（四）网络问政兴起

中国互联网虽然起步较晚，自1994年正式接入国际互联网，20多年来，互联网在我国得到日新月异的发展。早在2008年，我国网民数量就超过了美国，跃居世界第一，2016年已经达到了7.31亿，相当于欧洲人口总量；互联网普及率53.2%，手机网络用户数量也达到了10.04亿户，农村网民占比27.4%，规模达2.01亿。③ 互联网的逐渐普及使得它成为人民生活中十分重

---

① 《马克思恩格斯选集》（第4卷），人民出版社1995年版，第232页。
② 文昭：《推进民主政治：网络公民社会的定位》，载《探索与争鸣》2010年第6期。
③ 《2017年中国网民数量、互联网普及率及网民结构分析》。

要的一部分，互联网的作用也开始体现在在政治、经济、文化生活的各个方面，影响着人们的生活，互联网同时成为社会公众行使政治权利的重要渠道。所以，正是由于互联网的逐步普及，对人民生活的影响逐步加大，网络成为人民表达意见、看法的重要平台，网络问政应运而生，网络问政逐渐成为人民进行政治参与的重要方式，在中国开启了一个方兴未艾的"网络问政"时代。2008年6月20日，中央主要领导同志通过人民网强国论坛问候网友并同网友在线交流，实现了党和国家领导人与网民的"第一次亲密接触"，将网络问政推向一个新的高潮。2010年1月25日，"网络民意"首次被写进政府工作报告并强调指出："加快参事参政咨询工作，发挥院士专家等咨询研究机构和社会听证、网络民意在决策中的作用。"

二、网上信访的应运而生

（一）网上信访的提出

1995年《信访条例》第2条规定："本条例所称信访，是指公民、法人和其他组织采用书信、电话、走访等形式，向各级人民政府、县级以上各级人民政府所属部门反映情况，提出意见、建议和要求，依法应当由有关行政机关处理的活动。"2005年修改后的《信访条例》第2条第1款规定："本条例所称信访，是指公民、法人或者其他组织采用书信、电子邮件、传真、电话、走访等形式，向各级人民政府、县级以上人民政府工作部门反映情况，提出建议、意见或者投诉请求，依法由有关行政机关处理的活动。"首次明确了通过电子邮件进行的"网上信访"活动。

其实，早在2013年云南省德宏州就率先开始试行"网上信访"制度，3年中收到、处理电子邮件5000余件，大量问题因此得到解决，取得了良好的社会效果。与此相对应的是传统信访的数量不断下降，在一定程度上为破解信访困境提供了新的思路。2007年3月，中央主要领导同志就《云南德宏网上信访筑成化解矛盾新渠道》做出重要批示，由此"网上信访"的经验开始在全国推广。之后，国家信访局制定网上信访试点工作实施方案，2008年12月网上信访在全国全面推开。据统计，"到2009年上半年，全国31个省、自治区、直辖市全部建成了政府信访网站，而且信访网站基本可以覆盖所有政府热点部门和重点行业，与此同时，国家28个部委网络举报实现了全覆盖"。①

网上信访是指信访人利用现代互联网技术，通过即时通讯工具、电子邮

---

① 《从中央到地方"网上信访"实现了全覆盖》，载《领导决策信息》2009年第7期。

控告举报检察实务讲堂

件、网站信息交流系统等方式向党政组织表达诉求，并由后者或相关组织依法依规予以处理的活动。①

（二）理论基础

1. 新公共服务理论。20 世纪 90 年代掀起以 "新公共管理" 理论为主导的 "政府再造" 运动，在风靡欧美取得巨大成就的同时，也因为理论本身的固有缺陷，遭到各方质疑。在反思和批评声中，美国著名行政学家登哈特夫妇的新公共服务理论应运而生。② 新公共服务理论是关于公共行政在以公民为中心的治理系统中所扮演的角色的一套理念，包括：（1）服务于公民，而不是服务于顾客。公共管理者不仅要关注顾客的需求，更要关注公民并且在公民之间建立信任和合作关系。（2）追求公共利益。公共行政官员要创立共同的利益和共同的责任。（3）重视公民权胜过重视企业家精神。致力于为社会做出有益贡献的公务员和公民要比具有企业家精神的管理者能够更好地促进公共利益。（4）思考要具有战略性，行动要具有民主性。满足公共需要的政策和项目可以通过集体努力和合作过程得到最有效并且最负责的实施。（5）承认责任并不简单。公务人员关注的不仅仅是市场，还应关注法令和宪法、社区价值观、政治规范、职业标准以及公民利益。（6）服务，而不是掌舵。对于公务人员来说，越来越重要的是要利用基于价值的共同领导来帮助公民明确表达和满足他们的共同利益需求，而不是试图控制或掌握社会新的发展方向。（7）重视人，而不只是重视生产率。

2. 社会治理理论。社会治理理论于 20 世纪 80 年代末期在西方国家和一些国际性组织中兴起，现已成为公共管理的重要价值理念和实践追求。20 世纪 90 年代，西方学者赋予 "治理" 以新的含义，使之与 "统治" 的概念区分开来，并在此基础上形成了西方治理理论。③ 社会治理理论的核心理念：（1）社会治理主体的多元化。社会治理的主体既包括在社会管理中一直承担重要甚至主导角色的政府，也包括作为政府重要补充力量的市场、企业、非政府组织以及其他各类公民组织等。（2）社会治理模式的多样化。社会治理模式不是一成不变的，应该根据情势的变更而变更，更符合社会治理的需求，达到最佳治理的效果。（3）社会治理活动的协作化。有关机关与其他治理主体的关系从

---

① 张宗林：《信访与社会矛盾问题研究》，中国民主法制出版社 2016 年版，第 60 页。

② ［美］珍妮特·V. 登哈特、罗伯特·B. 登哈特：《新公共服务：服务而不是掌舵》，丁煌译，中国人民大学出版社 2010 年版，第 124 页。

③ 崔海龙：《公安机关社会矛盾化解机制研究——基于社会治理理论》，载《广西警官高等专科学校学报》2016 年第 2 期。

单方强制走向自愿平等的协作关系，达到社会建设和治理活动良性发展的目的，共同促进社会治理活动的顺利开展。（3）社会治理活动的制度化。制度具有系统性、非随机性，能够给人民的活动带来某种秩序，让人们可以预见未来，从而能够彼此更好地合作。制度是人际交往和社会发展的"软件"，在各种治理活动中必须用法律、制度来约束各方的行为，明确彼此的责任，保障社会治理工作的有序开展。

（三）政策依据

2007年中共中央、国务院《关于进一步加强新时期信访工作的意见》指出，完善信访诉求表达方式。要充分尊重和保护人民群众的信访权利，对群众来访要坚持文明热情接待，对群众来信要认真负责办理，坚决纠正限制和干涉群众正常信访活动的错误做法，确保信访渠道畅通。要通过开通信访绿色邮政、专线电话、网上信访等多种渠道，引导群众更多地以书信、传真、电子邮件等书面形式表达诉求，确保民情、民意、民智顺畅上达。建立全国信访信息系统，设立国家投诉受理中心，为群众反映问题、提出意见建议、查询办理情况提供便利条件，为督查信访工作提供工作平台，确保群众诉求得到及时反映和有效处理。

2009年8月，最高人民检察院印发的《2009—2013年全国检察信息化发展规划纲要》指出，"建立控告举报申诉数据库，通过控告举报信息系统、刑事申诉信息系统和刑事赔偿信息系统，实现网上办理控告举报、刑事申诉和刑事赔偿案件"。2013年党的十八届三中全会把信访工作制度改革纳入国家治理层面，放到中央深化改革总体布局中进行部署。《中共中央关于全面深化改革若干重大问题的决定》明确指出，要"改革信访工作制度，实行网上受理信访制度，健全及时就地解决群众合理诉求机制"。2013年12月中共中央办公厅、国务院办公厅《关于创新群众工作方法解决信访突出问题的意见》指出，"进一步畅通和规范群众诉求表达渠道，实行网上受理信访制度，大力推行阳光信访，全面推进信访信息化建设"。2014年8月《人民检察院受理控告申诉依法导入法律程序实施办法》规定，"人民检察院应当进一步畅通和拓宽群众诉求表达渠道，积极推进网上信访、视频接访，整合来信、来访、电话、网络、视频等诉求表达渠道，推进集控告、举报、申诉、投诉、咨询、查询于一体的综合性受理平台建设"。2015年7月国务院《关于积极推进"互联网＋"行动的指导意见》指出，"深入推进网上信访，提高信访工作质量、效率和公信力"，进一步打通纵向横向数据壁垒，利用大数据分析手段，提升社会治理能力。

（四）基本特征

1. 主体的广泛性。网上信访作为信访的一种重要形式，其主体包含信访的所有主体。每一位网友，不论年龄、性别、职业、民族、信仰、党派、文化程度、社会地位等，只要会上网都可成为信访人，向政府职能部门反映诉求、提出建议。但由于网络的虚拟性特点，网上信访中实际存在着一些非实名主体所进行的信访行为，对此究竟应当是开放还是限制，除了控告之外，应当有所限制。因为，信访本身是一项严肃的政治制度，信访行为将导致相应行政程序的启动，对于非实名主体的开放将影响网上信访的秩序，并造成行政资源的浪费，同时也不利于信访的规范化、法制化。

2. 形式的多样性。不同于传统的依托书信、电话、走访、电子邮件等作为手段的信访形式，网上信访活动的形式具有多样性，它主要依托互联网作为平台来实现公民与政府的双向在线交流，在以互联网作为平台的基础上，可以通过网上领导信箱模式、视频信访模式、QQ 交流模式、论坛发帖模式、网络中心模式、手机短信模式等方式予以交流。但需要指出的是，网上信访的渠道具有特定性，其受理平台是由特定机构主动设立的，非经指定平台所进行的建议意见或投诉请求等行为，不应被认定为网上信访行为，譬如，在网络论坛上反映的问题不能视为网上信访。

3. 方式的便捷性。网上信访过程大为简化，既不像写信那样要通过漫长的邮路、焦急的等待才能到达有关职能部门，也不像走访那样要经过异地辗转、长途跋涉才能到达固定的接待场所。群众根据需要，无论在什么时间、什么地方，只要能上网，就可以通过网络向有关党政部门提交信访诉求，非常方便快捷。有关部门也可即时倾听群众心声，了解社情民意，中间几乎没有时间差。因此，它打破了时空的限制，在第一时间内向群众敞开了"言路"，可以及时疏导群众情绪，有效释放社会压力，这是传统信访方式所无法比拟的。

4. 过程的透明性。网上信访不同于传统的信访形式，国家机关与信访人之间的沟通过程是公开透明的，全过程是接受信访人监督的。目前中央到各地都严格按照《信访条例》的要求，尽力争取做到在网络上公开信访案件的受理、办理程序和受理、办理结果，主动接受社会公众的监督。为了增强其工作的透明度，网民只需要打开网上信访网站，就能清晰明确地了解"信访平台"版块的设置，操作便捷简单，完全不需要繁杂的注册登录程序就可以直接进入到信访栏目，信访人可以根据自己的需求选择自己要进入的版块，信访人的信访内容填写简单方便，能清晰明了地反映问题。同时在网站上，信访人所投诉的问题及解决反馈进度均一目了然。

三、检察机关网上信访的必要性与可行性

控告检察工作具有点多、线长、面广、量大的突出特点，涉及各项检察业务工作，持续不断地产生渠道多样、种类丰富、规模巨大的数据信息。每年全国检察机关信访量约 100 万件次，既包括诉讼办案信息，也包括涉法涉诉信访工作信息。这给控告检察工作带来前所未有的机遇和挑战。传统"各自为政"的工作模式制约了控告检察工作的发展，难以适应互联网时代新要求。因此，检察机关应该顺应时代要求，树立"互联网＋"理念，充分挖掘、分享和应用海量数据资源，推进检察网上信访信息系统建设。

各地检察机关就涉法涉诉信访信息资源收集、利用等方面做了一些尝试和探索，取得了一定成效，但在工作力度、工作成果方面还有待进一步加强和巩固。为充分发挥控告检察部门为检察通盘决策服务的职能作用，有必要整合检察网上信访平台、远程视频接访系统、"12309"检察服务平台、信访大数据应用展示（应急指挥）平台等资源，构建衔接内外网、上下级、网络空间与物理空间的全国检察机关网上信访系统。这既是对现有资源的有效整合，也是对控告检察工作发展的战略性、系统性谋划，既是必要的，也是可行的。

（一）打造便民利民的权利保障"高地"

从便捷角度看，传统来信来访受制于物流渠道和交通工具，均有一定时间的"在途周期"，提交信访事项所需时间相对较长。网上信访既不像写信那样要通过漫长的邮路、焦急的等待才能到达有关职能部门，也不像走访那样要经过异地辗转、长途跋涉才能到达固定的接待场所，[①] 它基于快速高效的互联网平台，信访人在网上写好信访事项文本后，只需鼠标点击提交，即可瞬间完成诉求表达。从成本角度看，传统走访成本较高，主要涉及交通费、住宿费、餐饮费、误工损失等，而网上信访仅涉及网费和电费开支，一次网上信访的成本基本上可以忽略不计。

检察网上信访系统建设，着眼于程序公正的内在价值和实体公正的外在价值，坚持让人民群众在每个司法案件中都感受到公平正义、让人民群众感觉到好用管用，为信访人足不出户提交信访事项、了解处理过程以及查询处理结果等提供便利条件，大大减低因书信、走访所产生的信访成本，切实保障其诉求得到依法及时导入、办理和答复，最大限度地实现对当事人作为诉讼主体地位的尊重，实现当事人及时参与诉讼的程序价值，实现信访矛盾依法及时就地得

---

① 孙小平：《对网上信访的理性认识和正确引导》，载《秘书之友》2011 年第 11 期。

控告举报检察实务讲堂

到解决。

（二）以提高工作效率促进司法为民

以往传统的信访工作往往会导致信访案件的处理层层转送，部门之间权责模糊不清，造成效率低下，网上信访的实施有助于上下级、内部部门之间实现网络信息资源共享，避免信访案件被重复处理或针对同一信访事项造成办理结果不同情况的发生，提高信访工作效率。检察网上信访系统坚持"让群众少跑路、让数据多跑腿"原则，将控告检察业务工作流程全面数字化运转，通过收集全国检察机关信访接待场所、信访活动中产生的文字资料、音视频信息，进行数据化、网络化加工存储检索，并对全国检察机关信访视频、语音、文本大数据的云计算，实现全过程的跟踪、问效和查究。这使得控告检察部门能够运用大数据思维和机制，及时发现、解决信访突出问题及控告检察工作中存在的问题，提高信访事项办理的质量和效率，大大缩短信访事项办理周期，及时地回应群众的合法诉求，提高群众的满意度。

（三）以科技和信息化倒逼执法规范化

司法规范化是针对司法活动中实际或潜在的共性问题，制定、实施共同的和重复使用的规则，并监督保障其落实。其目的是为了获得最佳司法秩序和效果，提高司法活动的应变能力，强化司法活动的透明度，更好地满足社会的需求，确保司法公正，提高司法公信。① 网上信访能够清晰记录信访人的诉求、信访人的时间和空间上的移动轨迹以及各级各部门的处置情况，从受理、处理到办理，每一个阶段，每一个节点，都可通过网络及时将过程性信息告知信访人，在第一时间回复信访人处理结果，让信访人明白不予受理的依据、清楚处理的责任主体、了解办理进程以及最终的处理意见等。这样及时地公开信息，主动接受接受民众、上级组织和主管部门的监督，可极大地增强执法的规范化和解决问题的透明度。

依托检察网上信访系统，将全国检察信访接访活动场景、音影以及相关工作资讯，集成到一个可视、可控、可公开的平台予以展示，便于对不规范、不文明等接待行为，以及执法错案、瑕疵案，开展个案讲评、类案分析，审视和整改执法过程中存在的问题，倒逼规范执法、公正司法，从源头上预防和减少涉法涉诉信访问题发生；便于上级检察机关、主管部门加强指导和监督，可以常态化地促进各地依法规范文明接访，珍惜"文明接待室"品牌，维护检察机关良好形象；便于接受人大代表、政协委员视察，加强检查和监督。

---

① 侯建军：《司法规范化建设的探索与发展》，载《山东审判》2015 年第 2 期。

（四）形成立体化、抗风险的信访工作新机制

通过检察网上信访系统及信访大数据平台，极大地提升了司法办案效率，缩短了信息传输的时间和空间距离，促进了资源的跨区域流动、调配与整合，很大程度上实现了管理的扁平化，这就要求缩短管理组织机构的纵深，尽可能减少管理中间环节，确保管理过程的严密和效率。如在应急指挥系统中，高检院实时、全面地掌握全国检察机关信访工作信息，可以通过"点对点"式的指挥模式直接将指挥、调度、管理、监督送达应急处置一线，客观上减少了中间审批管理的环节。同时，通过应急指挥系统可以迅速便捷地实现不同地域处置力量的统筹和联动，对于强化检察一体化建设具有重要影响；进一步加强分析预测及预警，有利于提升信访风险防控与应急指挥能力，切实做到"访情可知、风险可控、指挥可视"，依法及妥善处置信访事件以及网络舆情。

（五）主动融入信访信息化工作大格局

借助全覆盖的网上信访平台，将检察信访突出问题，主动纳入党政信访"大盘子"来解决；将检察信访工作，主动融入党政"大信访"格局来谋划、来推进。紧盯"纵向到底、横向到边"的目标，快速推进，"纵向到底"是要延伸到省、市、县四级，"横向到边"是要联通到有权处理信访事项的责任部门，打通中央政法单位之间的信息壁垒，同时接入国家信访信息系统，实现联网互通，信息共享。目前，中央有关部门已建成包括涉法涉诉信访信息在内的大数据平台，国家信访局专门开发出了全国信访大数据系统，政法机关信访信息纳入全国信访大数据平台是必然趋势。上海、江苏等地检察机关在这方面做了有益的探索，积累了有益经验。从检察系统整体看，需要进一步加强顶层设计，加大工作力度，乘势而为，迎难而上，早日建成具有检察特色的网上信访系统及信访大数据平台。

四、检察网上信访的框架结构与运行模式

"网上信访"虽然具有许多优点，但正所谓"利之所在，弊亦随之"，也存在一些局限与不足。譬如，"数字鸿沟"的问题①，即在信息产业迅猛发展背景下，以互联网为代表的新兴通讯信息技术在普及和应用上的不平衡现象，具体体现在不同地区之间、城市与农村之间以及不同的社会阶层之间。由于"网上信访"建立在互联网络的技术基础之上，必然要受到"数字鸿沟"的影

---

① 何生根：《信息近用权：数字鸿沟的解决之道》，载《中国社会科学报》2013年11月20日第A07版。

响。又如，"网上信访"安全和信息垃圾问题，信访人通过网上信访系统发送大量垃圾邮件、恶意攻击网站、利用电子邮件对工作人员进行谩骂、侮辱等，因网络系统普遍存在安全性和稳定性问题，信访工作的保密问题也是一个隐患等。

针对这些局限与不足，检察网上信访系统依托检察专网，集"信、访、网、电"于一体，覆盖"所有信访渠道采集的数据信息"、"所有层级检察院信访的数据信息"、"所有信访办理过程的数据信息"，形成"1245"框架结构。该框架体系正如"一般系统论"创始人贝塔朗菲认为，"任何系统都是一个有机的整体，它不是各个部分的机械组合或简单相加，系统的整体功能是各要素在孤立状态下所没有的性质"，① 具有倒逼司法规范、人性化互动、风险防控、记忆储存等系统功能，实现了"1＋1＞2"的良好效果。

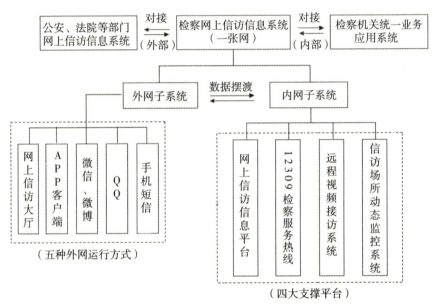

图 5.1　检察网上信访信息系统"1245"构架结构

（一）检察网上信访的框架结构

1. "一张网"。检察网上信访系统是由"内网子系统"和"外网子系统"两部分组成的"一张网"。内网子系统依托于检察专网，外网子系统则依托于互联网，两个子系统之间采取物理隔离，各自在独立部署和运行的状态下，共

---

① 参见［美］冯·贝塔朗菲：《一般系统论：基础、发展和应用》，林康义、魏宏森等译，清华大学出版社 1987 年版，第 10 页。

同实现检察机关网上信访业务的闭环，并形成以内网子系统数据库为基础、外网服务需求为导向、内外网运行为支撑的全地域、全天候、全业务的统一平台。两个子系统之间的关系是，内网服务并服从于外网终端服务群众功能的需要，两者之间通过定期（一天一次或两次）摆渡实现数据同步，从而将外网接收、预约等信息导入到内网，再将内网处理结果情况推送到外网。

2. "两个对接系统"。中央政法委领导同志强调，"要以更加开放心态推进政法数据资源共享共用，更加注重设施互联、数据开放、资源共享，更加注重地区部门联动，不断增强政法综治工作系统性、整体性、协同性"。① 对外，检察机关通过检察网上信访系统与其他政法机关对接交换，实现信息共享，访情互通；对内，检察网上信访系统与统一业务应用系统对接，其对接的主要数据信息是：其一，经审查，符合受理条件进入工作程序的案件，包括直接办理、首办移送、转办交办、民行诉讼监督等案件受理，经审批后自动在统一业务应用系统办理；其二，统一业务应用系统上相关案件的办理结果，自动反馈到检察信访内网平台。

3. "四大支撑平台"。检察网上信访系统也是大数据系统，其支撑平台是指用于采集处理数据信息的子平台和子系统，包括"检察网上信访信息平台"、"12309检察服务热线"、"远程视频接访系统"和"检察信访场所动态监控系统"等四大平台，实时采集处理各渠道、各级院、各环节、各类型的数据信息，自动统一汇集到检察信访内网平台。其中，（1）检察网上信访信息平台，是主体支撑平台，用于采集和处理检察信访外网信访文本数据信息，以及窗口接访、来信办理和统一业务软件对接融合等文本数据信息。（2）12309检察服务热线，用于采集和处理电话渠道信访的语音数据信息。（3）远程视频接访系统，用于采集和处理远程视频接访渠道的音视频数据信息，也包括有关业务学习培训的音视频数据信息。（4）检察信访场所动态监控系统，通过摄像监控设备采集和处理各级检察院信访场所音视频数据信息。

4. "五种外网运行方式"。除了传统的来信、来访、来电反映诉求外，检察信访外网平台将为信访人提供更为便捷的诉求表达和结果查询接收渠道，包括：（1）网上信访大厅，信访人可以登录人民检察院网上信访大厅，经过实名认证后，反映有关诉求，并上传相关附件材料；（2）APP手机客服端，信访人可以下载"检察网上信访"手机客户端，通过客户端直接反映诉求；（3）微信微博，信访人可以通过"检察信访"官方微信、微博反映诉求；

① 参见孟建柱：《创造性运用大数据提高政法工作智能化水平》，载《人民日报》2016年10月22日第4版。

（4）QQ，信访人可以登录 QQ 直接反映诉求；（5）手机短信，主要用于接收检察网上信访反馈结果情况。

（二）检察网上信访外网子系统运行模式

检察信访外网子系统不受时间、空间、人数的限制，具有反映诉求的便捷性、处理过程的互动性、信访主体的开放性、信访成本的低廉性、解决问题的透明性等优点。

检察信访外网子系统应有独立域名网站，基准色调以淡蓝色为主，并体现检察特征，可以在最高人民检察院门户网站、正义网等设置链接，实行"专网、专人、专责"管理。

检察信访外网子系统还接收手机短信、微信、QQ、手机 APP、"两微一端"等相关信访信息。如开通"检察信访"微信公众号和手机 APP，信访人在手机上安装"检察信访"APP 或在微信上添加"检察信访"微信公众号，就可以实现网上信访，而相关信访数据集成到检察信访外网子系统。

在内容上，检察信访外网子系统包括网上信访须知、网上信访接收、网上信访预约、网上信息查询、信访社会监督评价、网上法律咨询以及法律法规、典型案例查询等 7 个子模块。

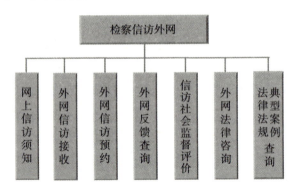

图 5.2

1. "网上信访须知"子模块。包括：（1）操作流程。检察网上信访操作流程，包括注册和认证、网上信访接收、网上信访预约、网上信息查询、信访社会评价以及短信、微信、手机 APP、QQ 以及最高人民检察院"两微一端"等基本操作。（2）注意事项。检察网上信访注意事项，包括检察机关受理控告、申诉等各类信访的范围，当事人的权利义务，以及控告、申诉等各类信访须提交的相关材料，以及如何在网上填写等内容。

2. "信访接收"子模块。信访接收是对检察信访外网子系统所有信访信息进行集中接收，然后通过数据摆渡的方式，进入检察信访内网相对应的控告、举报和申诉的类型，进行审核。但信访人提交的信访材料或网上留言含有以下内容的，由后台工作人员予以删除，并视情况给予警告、停止提供服务等处罚措施：（1）泄露国家秘密，损害国家利益的；（2）散布谣言，扰乱社会秩序，影响社会稳定的；（3）侮辱诽谤他人，进行人身攻击、谩骂、诋毁的；（4）广告；（5）与案件无关的其他信息；（6）法律、法规禁止的其他内容。

3. "信访预约"子模块。根据相关规定，对于不适合网上接收的信访，可依据信访内容、信访地点及时间，提供信访预约，如信访窗口预约、预约远程视频接访、预约律师接访等，预约完成后可提供预约号或者二维码以供信息查询等。工作人员对接收到的网上信访预约进行审核，并根据实际情况安排时间和地点，通知相关部门和人员后，给出预约安排。如果预约相关情况发生变化的，可以临时调整预约。

4. "反馈查询"子模块。网上反馈查询分为"网上反馈"与"网上查询"两个阶段。其中，网上反馈是指根据需要，检察信访内网将相关办理过程和结果推送至检察信访外网的过程，而网上查询则是指信访人可以通过检察信访外网查询相关反馈信息，两者内容一致。网上反馈查询包括"过程"反馈查询与"结果"反馈查询。其中，"过程"反馈查询为：（1）信访预约审核情况。经工作人员审核，符合信访预约条件，且其他相关条件成熟的，及时反馈信访人。（2）不予受理分流情况。经审查，不符合受理条件的，引导向有管辖权的检察机关或其他机关反映。（3）受理后分流情况。受理后，及时反馈分流移送相关部门办理的情况。（4）办理过程情况。根据信访人的问询，案件尚未有结果的，及时反馈案件正在办理。"结果"反馈查询为：（1）即时反馈。对于不服检察机关管辖的，当即告知信访人向有关机关反映。（2）受理答复。经审查，符合受理条件的，告知信访人予以受理。（3）办理结果答复。经审查办结的，及时反馈相关的办理结果。（4）咨询答复。针对信访人的法律咨询进行答复。（5）留存反馈。对于性质不明，无实质内容，且精神智力异常人员信访、重信重访的，作登记留存处理。

5. "信访社会监督评价"子模块。开展信访社会监督评价，特别是群众满意度评价，把信访工作评价权交给群众，保障群众的知情权和监督权。群众满意度评价包括：（1）评价范围。限于通过检察信访内网首次登记受理的信访事项。对不属于检察机关管辖的信访事项，以及其他依法不宜公开的信访事项，不纳入满意度评价范围。（2）评价内容。一方面对控告检察工作人员的服务态度和工作效率等方面进行评价，另一方面对有权处理的其他检察业务部门工作人员的服务态度和工作效率、在规定期限内作出告知、依法解决信访问题、按期出具文书并送达等方面进行评价。（3）评价标准。设立"满意"、"基本满意"和"不满意"三项评价指标，指标选项为三选一。（4）评价结果运用。群众不满意的信访事项实行网上督查，对信访数据实行分类识别统计，对及时受理率、按期办理率、群众满意率等实行即时监测，推动及时就地解决问题。

6. "法律咨询"子模块。信访人提交重要的视频、音频、文字等法律咨询问题，根据不同情况，可以现场答复，如电话咨询；也可以按期答复。要求将相关附件（无附件的咨询、答复转化为文字）录入检察信访外网，便于数据推送至检察信访内网。法律咨询应当自动按照属地进行办理。

7. "法律法规、典型案例查询"子模块。该子模块是根据实际工作需要，整理信访相关的法律法规，精选典型的案例，供信访人查阅，引导群众依法信访。

（三）检察网上信访内网子系统运行模式

检察信访内网子系统模块，设置"实时信访动态"、"内网控告、申诉审查受理业务"、"内网信访风险应对"、"三跨三分离信访处置"、"内网信息查询"、"内网统计分析"、"内网满意度测评"、"综合指导"等8个子模块。

图 5.3

1. "实时信访动态"子模块。该子模块包含：全国（省、市）信访接收、受理总体情况；涉法涉诉信访接收、受理；涉检信访接收、受理；举报省部级、厅局级、县处级（设置权限）；重大、敏感信访；信访场所自杀伤亡等严重过激事件；网络舆情等重要情况。各信息通过点击下级链接，可以追溯到具体个案办理情况。同时，除了实时信访动态之外，还需设置历史查询功能，包括具体时间如 2016 年 5 月 26 日，或者时间段如 2015 年 3 月 3 日至 3 月 16 日，以及通过悬浮窗的形式，设置"春节期间"、"两会期间"、"党代会期间"等特殊时间节点的信访动态情况。在该模块中，凡是涉及比较分析、趋势发展等相关动态信息，应能够自动生成相应的曲线图、柱状图及表格等，以便于查看。包括如下内容：（1）全国信访接收、受理情况，包括高检院和各省信访接收、受理情况，以及控告、申诉和初信初访、重信重访等相关情况。（2）全国涉法涉诉信访接收、受理情况，包括涉及公安机关、检察机关、法院的涉法涉诉信访情况，以及民事、行政、刑事、国家赔偿和其他涉法涉诉信访事项的接收、受理情况。（3）全国涉检信访情况，包括不服人民检察院刑事处理决定；反映人民检察院在办理案件中久拖不决，未查处、未答复；反映人民检察院违法违规办案或者检察人员违法违纪；人民检察院为赔偿义务机关，请求人民检察院进行国家赔偿等接收、受理情况。（4）全国涉公益诉讼、涉农信访情况，包括涉及环境污染等公益诉讼信访情况，以及涉及侵害农民、农资等信访案件。（5）全国重大敏感信访，包括集体访、告急访、老访户情况，以及一些重大敏感案件的信访情况，如"e租宝"、"泛亚"等。（6）全国信访场所突发事件情况，包括全国信访场所突发事件情况，特别是信访人伤亡和工作人员伤亡等情况。（7）全国（省、市）信访网络舆情，包括舆情基本情况、态势以及相关处理等情况。同时，对于网络舆情进行具体化描述，形成上下级院统一的判断标准。（8）全国远程视频接访，包括全国远程视频接访的情况，并可以实时点击观摩现场远程视频接访的相关情况。等等。

　　2. "控告、申诉审查受理业务"子模块。该模块包含控告类、举报类、刑事申诉类、民事行政类、国家赔偿类和其他类。包括：（1）控告类。包含来访、来信、12309电话、12309网络、上级交办等信访来源；登记接收版面；受理分流版面。其中，登记接收版面包含控告人信息、代理人信息、被控告人信息、信访信息特别是控告事项，以及审查受理结果，包括受理、不受理、直接答复、直接分流、留存等信息。受理分流版面包含承办信息、文书制作、领导审批以及分流处理等信息。（2）刑事申诉类。包含来访、来信、12309电话、12309网络、上级交办等信访来源；登记接收版面；受理分流版面。其中，登记接收版面包含申诉人信息、代理人信息、被申诉人信息、信访信息特别是公安机关、检察机关、法院相关法律文书，以及审查受理结果，包括受理、不受理、直接答复、直接分流、留存等信息。受理分流版面包含承办信息、文书制作、领导审批以及分流处理等信息。（3）民事行政类。包含来访、来信、12309电话、12309网络、上级交办等信访来源；登记接收版面；受理分流版面。其中，登记接收版面包含申诉人信息、代理人信息、被申诉人信息、信访信息特别是检察机关、法院相关法律文书，以及审查受理结果，包括

控告举报检察实务讲堂

受理、不受理、直接答复、直接分流、留存等信息。受理分流版面包含承办信息、文书制作、领导审批以及分流处理等信息。（4）国家赔偿类。国家赔偿类分为两大类，即检察机关作为赔偿义务机关和申请检察机关监督法院赔偿委员会作出的赔偿决定。包含来访、来信、12309电话、12309网络、上级交办等信访来源；登记接收版面；受理分流版面。其中，登记接收版面包含申诉人信息、代理人信息、被申诉人信息、信访信息特别是公安机关、检察机关、法院相关法律文书，以及审查受理结果，包括受理、不受理、直接答复、直接分流、控申留存等信息。受理分流版面包含承办信息、文书制作、领导审批以及分流处理等信息。（5）其他类。上述五类以外的其他控告、举报申诉、审查受理业务，如信访人提出建议意见，以及性质不明、无实质内容的信访等。

3.“信访风险应对”子模块。该子模块包括风险识别、风险评级、风险预警、风险防控四部分内容。同时，要求坚持“每案必评”，实现案件范围全覆盖；坚持“动态评估”，实现处理过程全覆盖。包括：（1）风险识别。承办人对信访事由、网络舆情动态、信访人及其近亲属等相关人员的言行举止、情绪，以及以往诉讼行为表现等信息按照事态的轻重缓急程度进行搜集识别，并如实记录相关风险点。（2）风险评级。要按照既定的评估标准和参考体系，将存在风险的信访分为一级信访事件、二级信访事件和三级信访事件，形成风险评估意见。其中，一级信访事件：①采取自焚、跳楼、服毒等自杀行为，造成伤亡的；②因信访问题引发群体性围攻、打砸接访场所的；③采取放火、爆炸、投毒、故意杀人、故意伤害等行为，严重影响公共安全和人身安全的。二级信访事件：①集体访。五人以上集体访的。②非法携带枪支、弹药、弓弩、匕首等管制器具，或者爆炸性、毒害性、腐蚀性等危险物质的；在接访场所停放尸体的；冲击接访场所大门、围堵工作人员，严重妨害正常工作秩序的；侮辱、威胁、殴打工作人员，人身安全受到威胁、伤害的；故意毁坏公私财物，造成严重损失的；采取自伤、自残等极端行为，造成人身伤害的；利用网络媒体，负面炒作信访问题的。三级信访事件：①缠诉缠访。张贴散发材料、呼喊口号、穿状衣、打横幅、贴标语、摆地状的；滞留、搭建帐篷、摆设床铺、生火做饭的。②滋事闹访。拦车、堵门、打砸门窗、污损大门、故意裸露身体的；煽动、串联、诱使、胁迫他人采取过激方式表达诉求的；弃留年老、年幼、体弱、患有严重疾病、肢体残疾等生活不能自理的人的；摆放花圈、骨灰、遗像、祭品、焚烧冥币的。（3）风险预警。根据风险评估等级，自动预警，便于相关责任单位和部门发出风险预警。相关责任单位和部门收到预警信息后，及时制定相应工作预案，抓早抓小，切实将矛盾化解在当地和基层。（4）风险防控。坚持“属地管理、分级负责”原则，针对信访风险点、风险等级和风险预警，依据法律法规以及工作职责、工作标准，制订有针对性、可操作性、具体管用和切实可行的风险防控措施，特别要突出对高等级风险的防控。属于制度机制方面的，按照涉法涉诉信访改革的要求，建立健全相关制度机制并提高执行力；属于司法规范方面的，依法纠正并追究相关人员的责任；属于信访人方面的，积极稳控，并配合公安机关、基层组织做好安全防范工作。

4.“三跨三分离”信访处置。“三跨三分离”是指跨地区、跨部门、跨行业以及人户分离、人事分离、人事户分离。涉及“三跨三分离”信访案件，跨地区的上级院是协调责任主体，跨部门的当地党委政法委是协调责任主体；对信访事项的解决，由案发地检察机关负责解决；教育稳控由信访人户籍地检察机关负责，如户籍地和居住地不一致的，由居住地检察机关负责解决。

5.“信息查询”子模块。提供快捷的查询功能，通过输入任意关键词，如信访人、被信访人姓名、性别、年龄、文化程度、地区、具体案件类型、信访事由相关内容、信访时间、承办人姓名、法律文书等，点击搜索按钮即可查询所有相关内容。根据查询的相关结果，能够自动编排生成图表。

6.“统计分析”子模块。在检察机关统一业务应用系统的“检察统一报表”之外，控告检察工作因特殊需求，还需要通过检察信访内网“统计分析”模块，报送其他相关图表，以及分析研判相关信访趋势、信访风险、信访突出问题等。统计分析模块包括：（1）自动生成“检察统一报表”、“各专项统计图表”以及控告检察基本数据填报。（2）统一统计口径，如“一人多案”的，接收环节应坚持“一案一填”原则；上级院流转下级院的同一信访案件，不得重复统计；接收环节统计单位用件次，受理、办理、答复环节统计单位用件；初信初访、重信重访含义等。（3）源头数据管理，严格按照信访事项的原始记录，将所有渠道信访基础数据全部完整录入检察信访内网，确保数据真实、完整、全面、准确。（4）分析应用，加强信访数据的综合分析、要素分析、结构分析，建立智能化、数字化、图表化的数据分析模型，深入挖掘信访大数据资源，总结发现相关规律，了解掌握工作动态，梳理分析工作中存在的薄弱环节，用于指导工作。（5）日报采编，每日对信访基础数据和专项数据进行汇总，形成反映信访基本情况和重点情况的统计报告，服务领导决策。

7.“满意度测评”子模块。在来访接待窗口，信访人对工作人员进行现场满意度评价，与检察信访外网满意度评价一致，具体包括：（1）评价范围。限于通过检察信访内网首次登记受理的信访事项。对不属于检察机关管辖的信访事项，以及其他依法不宜公开的信访事项，不纳入满意度评价范围。（2）评价内容。一方面对控告检察工作人员的服务态度和工作效率等方面进行评价，另一方面对有权处理的其他检察业务部门工作人员的服务态度和工作效率、在规定期限内作出告知、依法解决信访问题、按期出具文书并送达等方面进行评价。（3）评价标准。设立"满意"、"基本满意"和"不满意"三项评价指标，指标选项为三选一。（4）评价结果运用。群众不满意的信访事项实行网上督查，对信访数据实行分类识别统计，对及时受理率、按期办理率、群众满意率等实行即时监测，推动及时就地解决问题。

8. "综合指导"子模块。该子模块包括控告检察工作综合信息、内部刊物、重要会议、系统通知、规范性文件、请示答复，以及教育培训、经验分享、法律法规等相关内容。

五、检察网上信访的品牌创新与展望

自 2009 年启用和开通"12309"全国检察机关统一举报电话以来，"12309"品牌已深入人心。随着互联网大数据时代的到来，以及有关改革对于检察职能管辖的调整，"12309"这一品牌举报电话面临转型服务和升级改造，届时宜将检察网上信访系统冠以"12309"之名，通过强大的数据支持、专业支持和技术支持，加快推动检察信访工作业务流、信息流、管理流的有机融合，打造"便民化"、"智慧化"、"标准化"、"可视化"检察信访工作，进一步增强检察信访满意度和检察机关公信力，更好地体现检察为民服务的宗旨。

（一）便民化信访

便民化是检察网上信访系统建设的重要目标。该系统把服务群众与科技创新和社会治理紧密融合起来，实现双向互动、多方参与、共建共享的良好效果。主要包括：（1）实现服务流程再造。建立网上提交信访信息，简化工作流程，破除地域限制，实现全国范围的跨地域信息交换和网上服务，由"服务跟着管辖属地走"转变为"服务跟着群众走"，方便群众异地办理业务。（2）适应差别化服务需求。检察网上信访系统将提供网页、手机 APP、微信、短信、QQ 等多种方式，最大限度地扩大服务对象覆盖面，针对不同年龄阶段、不同文化层次、不同习惯偏好、不同生活环境群体的服务需求，实行多样化、个性化服务。不会上网、没有条件上网，只要有电话，也可享受平台带来的便捷服务。（3）打造统一服务品牌。检察网上信访系统使用全国统一的"12309"专用域名，在实现全国范围内互联互通的同时，将通过加强防护和规范管理等有效措施，实行精细化服务，方便信访人咨询、查询和监督，并依法保护个人信息安全。

（二）智慧化信访

"数字信访"是"智慧化信访"的基础，在"数字信访"基础上运用先进的信息技术进行感测、分析、整合检察信访工作中的各项信息，从而对包括信访人诉求、案件办理以及信访秩序在内的各种需求做出智能响应，实现智能管理、服务和研判。主要包括：（1）引入"语音转化文字"技术系统。将信访窗口、12309 检察服务电话、远程视频接访、信访场所动态监控系统，以及微信、微博、QQ 等信访语音信息，实时转化为文字信息。（2）引入 OCR 文字识别技术，将每年大约 20 万件的印刷版和手写版信访信件，以及网上信访上传的图片、PDF 等格式文本，转化为文字数据信息。（3）引入人脸识别技术，通过身份证信息认证系统、信访场所动态监控系统等抓取信访人面部特征，对上访老户、缠访闹访、集体访，以及教唆、煽动、串联上访人的轨迹进行跟踪识别、预报预警，并收集固定相关证据。（4）研发"信访机器人"，实时开展人机对话。根据信访人的需求及信访工作的需要，将网上信访信息系统的纯文本数据信息，实时转化为语音数据信息，智能播报动态和历史信访情况，自动预警信访风险和答复信访人等。

（三）标准化信访

针对信访过程中执法标准不统一、执法行为不规范等问题，依托检察网上信访系统，建设检察信访案件标准化处理支持系统，形成标准化"知识图谱"，制定共同的、可供反复使用的规则，促进思想、理念、作风、行为等转变，推动构建良好信访秩序和规范司法行为。主要包括：（1）概念标准化。规范检察信访有关基础概念，如"诉"、"访"、"控告"、"受理"、"涉检访"、"越级访"、"初信初访"、"重信复访"等。（2）答复标准化。信访人不论通过哪种信访渠道表达诉求，检察网上信访信息系统都能够实时、准确地抓取"标准化答复意见"，包括是否属于检察机关管辖、属于哪级检察机关管辖，以及对应的法律、司法解释等有关规定，避免因人而异、因时而异、因地而异，体现平等对待原则。（3）案件质量标准化。针对控告申诉案件，通过比对检察网上信访信息系统和对接的其他数据系统，准确地发现执法错案和瑕疵案，切实解决涉法涉诉信访案件办理程序空转的问题。（4）统计标准化。统一检察信访统计口径，如一人多案，上级院向下级院的交办、转办的信访案件，以及登记数、接谈数、重信重访数等统计。

（四）可视化信访

鉴于防控处置信访风险和信访突出问题的客观需要，大力推进可视化信访。通过"应用展示（应急指挥）平台"建设，将检察信访文本、语音、视频等数据信息，根据需要实时转换成图形或图像在大屏幕上显示出来，实现"访情可知、风险可控、指挥可视"。主要包括：（1）集中展示信访大数据。多角度、全方位、立体式集中展示检察网上信访系统（包括调整改造后12309检察服务平台等）信息化成果，展示检察机关接待窗口为民服务形象。例如，实时和回溯展现全国检察机关信访动态、变化趋势、分布情况、数据结构，信访接待场所及重大信访事件处置实况，以及反映的突出信访问题和信访事项办理情况等信息。（2）实时远程应急指挥。应用展示（应急指挥）平台同步连接全国各级检察机关信访场所外围、大厅及接谈室等视频。通过该平台，对正在发生的信访应急事件，实现上下、多地联动，快速响应，扁平化指挥；对信访资源信息、风险源信息、网络舆情等各类数据进行综合研判，提前介入指挥处置，避免事态蔓延扩大。（3）远程防控信访风险。对可能引发赴省进京访、大规模聚集、极端缠访闹访行为倾向等情报信息，及时通过该平台预警、通知、通报，做到早发现、早通报、早预防、早处置。

专题六　审查办理阻碍辩护人、诉讼代理人依法行使诉讼权利行为的控告或申诉

李高生[*]

一、充分认识审查办理阻碍辩护人、诉讼代理人依法行使诉讼权利行为的重要意义

（一）贯彻中央政策要求和宪法原则的具体体现

人权被认为是当代国际社会获得普遍承认的价值和政治道德观念，是否尊重和保障人权已经成为评判一个国家民主法治的标杆。我国一贯重视人权发展事业，在民主革命时期，《中华苏维埃共和国宪法大纲》、《陕甘宁边区施政纲领》、《陕甘宁边区宪法原则》等宪法性文件，都规定了保障人民权利的内容。1949 年，《中国人民政治协商会议共同纲领》确立了保障人民权利的原则。1954 年，新中国第一部《中华人民共和国宪法》，对"公民基本权利和义务"进行了专章规定。1991 年，国务院发表《中国的人权状况》白皮书，首次以政府文件的形式正面肯定了人权概念以及人权保障在中国社会主义民主政治发展中的地位。1997 年，"尊重和保障人权"首次写入中国共产党第十五次全国代表大会报告。2004 年，第十届全国人民代表大会第二次会议通过宪法修正案，明确规定"国家尊重和保障人权"，"尊重和保障人权"首次由政策和文件规定上升为国家根本大法的一项重要原则，体现了社会主义民主的本质要求。为贯彻落实党的政策及宪法"尊重和保障人权"原则，2012 年，全国人民代表大会《关于修改〈中华人民共和国刑事诉讼法〉的决定》在坚持惩罚犯罪与保障人权并重的指导思想下，着力加强了人权保障，修改后刑事诉讼法第 2 条规定："中华人民共和国刑事诉讼法的任务，是保证准确、及时地查明犯罪事实，正确应用法律，惩罚犯罪分子，保障无罪的人不受刑事追究，教育

---

[*]　最高人民检察院控告检察厅办公室主任。

公民自觉遵守法律，积极同犯罪行为作斗争，维护社会主义法制，尊重和保障人权，保护公民的人身权利、财产权利、民主权利和其他权利，保障社会主义建设事业的顺利进行。"这是我国第一次将"尊重与保障人权"载入程序性法律中，意义深远、重大。刑事诉讼法素有"小宪法"之称，它是公民依法行使和保障刑事诉讼权利的重要依据和保障，与人民群众息息相关。把"尊重和保障人权"作为修改后刑事诉讼法的主要任务，起着提纲挈领的作用。正是在这一原则任务的指导下，修改后刑事诉讼法在辩护制度、证据制度、强制措施、侦查程序、特别程序、审判程序、执行程序等方面进一步完善了对当事人、辩护人、诉讼代理人等诉讼参与人相关诉讼权利的保障措施。主要体现如下（辩护制度在本节第二部分专门阐述）：

1. 规定了非法证据排除及证人保护等制度。修改后刑事诉讼法明确规定不得强迫任何人自证其罪，要求依法收集证据。采用刑讯逼供等非法方法收集的犯罪嫌疑人、被告人供述和采用暴力、威胁等非法方法收集的证人证言、被害人陈述，应当予以排除。收集物证、书证不符合法定程序，可能严重影响司法公正的，应当予以补正或者作出合理解释；不能补正或者作出合理解释的，对该证据应当予以排除。在侦查、审查起诉、审判时发现有应当排除的证据的，应当依法予以排除，不得作为起诉意见、起诉决定和判决的依据。规定了证人保护制度，对于危害国家安全犯罪、恐怖活动犯罪、黑社会性质的组织犯罪、毒品犯罪等案件，证人、鉴定人、被害人因在诉讼中作证，本人或者其近亲属的人身安全面临危险的，人民法院、人民检察院和公安机关应当采取不公开真实姓名、住址和工作单位等个人信息；采取不暴露外貌、真实声音等出庭作证措施；禁止特定的人员接触证人、鉴定人、被害人及其近亲属；对人身和住宅采取专门性保护措施等一项或者多项保护措施。证人、鉴定人、被害人认为因在诉讼中作证，本人或者其近亲属的人身安全面临危险的，可以向人民法院、人民检察院、公安机关请求予以保护。人民法院、人民检察院、公安机关依法采取保护措施，有关单位和个人应当配合。同时还明确了证人出庭和经济补偿制度。证人因履行作证义务而支出的交通、住宿、就餐等费用，应当给予补助，证人所在单位不得克扣或者变相克扣其工资、奖金及其他福利待遇。以上内容在如下法条中已作了明确规定：

第五十四条　采用刑讯逼供等非法方法收集的犯罪嫌疑人、被告人供述和采用暴力、威胁等非法方法收集的证人证言、被害人陈述，应当予以排除。收集物证、书证不符合法定程序，可能严重影响司法公正的，应当予以补正或者作出合理解释；不能补正或者作出合理解释的，对该证据应当予以排除。

在侦查、审查起诉、审判时发现有应当排除的证据的，应当依法予以排除，不得作为起诉意见、起诉决定和判决的依据。

第五十五条　人民检察院接到报案、控告、举报或者发现侦查人员以非法方法收集证据的，应当进行调查核实。对于确有以非法方法收集证据情形的，应当提出纠正意见；构成犯罪的，依法追究刑事责任。

第五十六条　法庭审理过程中，审判人员认为可能存在本法第五十四条规定的以非法方法收集证据情形的，应当对证据收集的合法性进行法庭调查。

当事人及其辩护人、诉讼代理人有权申请人民法院对以非法方法收集的证据依法予以排除。申请排除以非法方法收集的证据的，应当提供相关线索或者材料。

第五十七条　在对证据收集的合法性进行法庭调查的过程中，人民检察院应当对证据收集的合法性加以证明。

现有证据材料不能证明证据收集的合法性的，人民检察院可以提请人民法院通知有关侦查人员或者其他人员出庭说明情况；人民法院可以通知有关侦查人员或者其他人员出庭说明情况。有关侦查人员或者其他人员也可以要求出庭说明情况。经人民法院通知，有关人员应当出庭。

第五十八条　对于经过法庭审理，确认或者不能排除存在本法第五十四条规定的以非法方法收集证据情形的，对有关证据应当予以排除。

第六十二条　对于危害国家安全犯罪、恐怖活动犯罪、黑社会性质的组织犯罪、毒品犯罪等案件，证人、鉴定人、被害人因在诉讼中作证，本人或者其近亲属的人身安全面临危险的，人民法院、人民检察院和公安机关应当采取以下一项或者多项保护措施：

（一）不公开真实姓名、住址和工作单位等个人信息；

（二）采取不暴露外貌、真实声音等出庭作证措施；

（三）禁止特定的人员接触证人、鉴定人、被害人及其近亲属；

（四）对人身和住宅采取专门性保护措施；

（五）其他必要的保护措施。

证人、鉴定人、被害人认为因在诉讼中作证，本人或者其近亲属的人身安全面临危险的，可以向人民法院、人民检察院、公安机关请求予以保护。

人民法院、人民检察院、公安机关依法采取保护措施，有关单位和个人应当配合。

第六十三条　证人因履行作证义务而支出的交通、住宿、就餐等费用，应当给予补助。证人作证的补助列入司法机关业务经费，由同级政府财政予以保障。

有工作单位的证人作证，所在单位不得克扣或者变相克扣其工资、奖金及其他福利待遇。

2. 确立询问讯问、羁押必要性审查、羁押通知家属等制度。一是审查逮捕询问讯问制度。人民检察院审查批准逮捕，可以讯问犯罪嫌疑人。经审查对是否符合逮捕条件有疑问的、犯罪嫌疑人要求向检察人员当面陈述的；侦查活动可能有重大违法行为的；案情重大疑难复杂的；犯罪嫌疑人系未成年人的；犯罪嫌疑人是盲、聋、哑人或者是尚未完全丧失辨认或者控制自己行为能力的精神病人的，应当讯问犯罪嫌疑人。同时，人民检察院审查批准逮捕，可以询问证人等诉讼参与人，听取辩护律师的意见；辩护律师提出要求的，应当听取辩护律师的意见。二是羁押必要性审查制度。逮捕后，检察机关认为不需要羁押的，应当建议释放或变更强制措施，有关单位应在 10 日内将执行情况通知检察院。三是羁押后通知制度。为了加强对公权力制约，有效遏制刑讯逼供，修改后刑事诉讼法规定，犯罪嫌疑人被拘留后，应当立即将被拘留人送看守所羁押，至迟不得超过 24 小时，除无法通知或者涉嫌危害国家安全犯罪、恐怖活动犯罪通知可能有碍侦查的情形以外，应当在拘留后 24 小时以内，通知被拘留人的家属。有碍侦查的情形消失以后，应当立即通知被拘留人的家属。逮捕后，立即将犯罪嫌疑人送看守所，除无法通知外，应在 24 小时内通知家属。四是录音录像制度。对可能判处无期徒刑、死刑的案件，应该全程录音录像。其他案件可以录音录像。录音录像要保持完整性。以上内容在如下法条中已作了明确规定：

第八十三条　公安机关拘留人的时候，必须出示拘留证。

拘留后，应当立即将被拘留人送看守所羁押，至迟不得超过二十四小时。除无法通知或者涉嫌危害国家安全犯罪、恐怖活动犯罪通知可能有碍侦查的情形以外，应当在拘留后二十四小时以内，通知被拘留人的家属。有碍侦查的情形消失以后，应当立即通知被拘留人的家属。

第八十六条　人民检察院审查批准逮捕，可以讯问犯罪嫌疑人；有下列情形之一的，应当讯问犯罪嫌疑人：

（一）对是否符合逮捕条件有疑问的；

（二）犯罪嫌疑人要求向检察人员当面陈述的；

（三）侦查活动可能有重大违法行为的。

人民检察院审查批准逮捕，可以询问证人等诉讼参与人，听取辩护律师的意见；辩护律师提出要求的，应当听取辩护律师的意见。

第九十三条　犯罪嫌疑人、被告人被逮捕后，人民检察院仍应当对羁押的必要性进行审查。对不需要继续羁押的，应当建议予以释放或者变更强制措施。有关机关应当在十日以内将处理情况通知人民检察院。

第一百二十一条　侦查人员在讯问犯罪嫌疑人的时候，可以对讯问过程进行录音或者录像；对于可能判处无期徒刑、死刑的案件或者其他重大犯罪案件，应当对讯问过程进行录音或者录像。

录音或者录像应当全程进行，保持完整性。

3. 强化对侵犯私权利的检察监督。一是审查办理阻碍辩护人、诉讼代理人依法行使诉讼权利的控告或者申诉。修改后刑事诉讼法明确规定，辩护人、诉讼代理人对公检法三机关及其工作人员阻碍辩护人、诉讼代理人依法行使诉讼权利的行为可以向同级或者上一级人民检察院进行控告或申诉，人民检察院应当在受理后 10 日内将审查处理情况书面答复控告人或申诉人。二是审查办理非法收集证据行为的控告、举报。人民检察院接到报案、控告、举报或者发现侦查人员以非法方法收集证据的，应当进行调查核实，对于确有以非法方法收集证据情形的，应当提出纠正意见；构成犯罪的，依法追究刑事责任。监督对象是侦查人员，非法收集证据，监督措施是可以进行调查核实，监督方式通知纠正违法，构成犯罪依法追究刑事责任。三是审查办理违法违规扣押处理涉案款及违法采取强制措施等行为的控告或者申诉。当事人、辩护人、诉讼代理人、利害关系人对司法机关及其工作人员采取强制措施法定期限届满，不予以释放、解除或者变更的；应当退还取保候审保证金不退还的；对与案件无关的财物采取查封、扣押、冻结措施的；应当解除查封、扣押、冻结不解除的；贪污、挪用、私分、调换、违反规定使用查封、扣押、冻结的财物的，可以向有关机关申诉或控告，受理申诉或者控告的机关应当及时处理。对处理不服的，可以向同级人民检察院申诉；人民检察院直接受理的案件，可以向上一级人民检察院申诉。人民检察院对申诉应当及时进行审查，情况属实的，通知有关机关予以纠正。以上内容在如下法条中已作了明确规定：

第四十七条　辩护人、诉讼代理人认为公安机关、人民检察院、人民法院及其工作人员阻碍其依法行使诉讼权利的，有权向同级或者上一级人民检察院申诉或者控告。人民检察院对申诉或者控告应当及时进行审查，情况属实的，通知有关机关予以纠正。

第五十五条　人民检察院接到报案、控告、举报或者发现侦查人员以非法方法收集证据的，应当进行调查核实。对于确有以非法方法收集证据情形的，应当提出纠正意见；构成犯罪的，依法追究刑事责任。

第一百一十五条　当事人和辩护人、诉讼代理人、利害关系人对于司法机关及其工作人员有下列行为之一的，有权向该机关申诉或者控告：

（一）采取强制措施法定期限届满，不予以释放、解除或者变更的；

（二）应当退还取保候审保证金不退还的；

（三）对与案件无关的财物采取查封、扣押、冻结措施的；

（四）应当解除查封、扣押、冻结不解除的；

（五）贪污、挪用、私分、调换、违反规定使用查封、扣押、冻结的财物的。

受理申诉或者控告的机关应当及时处理。对处理不服的，可以向同级人民检察院申诉；人民检察院直接受理的案件，可以向上一级人民检察院申诉。人民检察院对申诉应当及时进行审查，情况属实的，通知有关机关予以纠正。

（二）维护当事人诉讼权利和合法权益的重要保障

1. 强调辩护权及其保障机制。修改后刑事诉讼法明确强调了辩护权及其保障机制。一是增加了犯罪嫌疑人、被告人以及辩护权，强调犯罪嫌疑人、被告人是最主要诉讼权的保障主体，辩护权是诉讼权利的核心的地位。二是要加强诉讼权利的保障。明确公检法有保障职责，确保辩护权等能够顺利实施；明确了律师在侦查阶段的辩护人地位，在第一次讯问或采取强制措施之日起，可获辩护权；落实辩护权的重要保障措施，公检法三机关有告知及转告义务，如在第一次讯问或采取强制措施时，办案人员应告知被羁押和被监视居住的犯罪嫌疑人可以委托律师为其辩护，羁押的犯罪嫌疑人提出聘请律师应及时转告；扩大委托辩护人的主体范围，扩充至监护人和近亲属，近亲属包括夫、妻、父、母、子、女、同胞兄弟姐妹，委托阶段扩大到侦查、起诉、审判各阶段；保护辩护权的法律援助制度，在原法律援助制度的基础上，延伸了援助阶段即从审理阶段延伸到侦查阶段，增加了范围即可能判处无期徒刑、尚未完全丧失辨认和控制自己行为的精神病人，增加后的范围是死刑、无期徒刑、盲聋哑人、尚未完全丧失辨认和控制自己行为能力的精神病人、未成年人以及被强制医疗的人。同时要注意，法律援助指定方式也有新的规定，修改前刑事诉讼法规定由法院指定，修改后刑事诉讼法规定通过公检法三机关或本人或其近亲属提出，援助机构经审查，对符合条件的予以指定。以上内容在如下法条中已作了明确规定：

第十四条　人民法院、人民检察院和公安机关应当保障犯罪嫌疑人、被告人和其他诉讼参与人依法享有的辩护权和其他诉讼权利。

诉讼参与人对于审判人员、检察人员和侦查人员侵犯公民诉讼权利和人身侮辱的行为，有权提出控告。

第三十三条　犯罪嫌疑人自被侦查机关第一次讯问或者采取强制措施之日起，有权委托辩护人；在侦查期间，只能委托律师作为辩护人。被告人有权随时委托辩护人。

侦查机关在第一次讯问犯罪嫌疑人或者对犯罪嫌疑人采取强制措施的时

候，应当告知犯罪嫌疑人有权委托辩护人。人民检察院自收到移送审查起诉的案件材料之日起三日以内，应当告知犯罪嫌疑人有权委托辩护人。人民法院自受理案件之日起三日以内，应当告知被告人有权委托辩护人。犯罪嫌疑人、被告人在押期间要求委托辩护人的，人民法院、人民检察院和公安机关应当及时转达其要求。

犯罪嫌疑人、被告人在押的，也可以由其监护人、近亲属代为委托辩护人。

辩护人接受犯罪嫌疑人、被告人委托后，应当及时告知办理案件的机关。

第三十四条　犯罪嫌疑人、被告人因经济困难或者其他原因没有委托辩护人的，本人及其近亲属可以向法律援助机构提出申请。对符合法律援助条件的，法律援助机构应当指派律师为其提供辩护。

犯罪嫌疑人、被告人是盲、聋、哑人，或者是尚未完全丧失辨认或者控制自己行为能力的精神病人，没有委托辩护人的，人民法院、人民检察院和公安机关应当通知法律援助机构指派律师为其提供辩护。

犯罪嫌疑人、被告人可能被判处无期徒刑、死刑，没有委托辩护人的，人民法院、人民检察院和公安机关应当通知法律援助机构指派律师为其提供辩护。

2. 规定辩护人职责和权利。辩护人的辩护权是犯罪嫌疑人、被告人权利的派生和延伸，因此，为保障当事人的诉讼权益，修改后刑事诉讼法做了相应规定。一是明确了辩护权的性质。明确规定辩护人不对案件事实和证据负证明责任，对案件事实的证明责任属于检察机关，法院居中裁判，保持中立性，辩护、控诉、审理形成确保公正司法的铁三角，所以修改后刑事诉讼法规定辩护人只负责提出无罪、罪轻或减轻、免除处罚的意见和材料。二是完善辩护律师的帮助权。修改后刑事诉讼法规定，在侦查环节，犯罪嫌疑人可以委托律师作为辩护人，辩护律师在侦查期间可以为犯罪嫌疑人提供法律帮助；代理申诉、控告；申请变更强制措施；向侦查机关了解犯罪嫌疑人涉嫌的罪名和案件有关情况，提出意见。三是完善辩护人会见权。除危害国家安全犯罪、恐怖活动犯罪、特别重大的贿赂犯罪外，辩护律师持"三证"直接到看守所要求会见，不需要办案机关批准，看守所应在 48 小时内安排，并不受监听。对会见内容也做了明确规定，侦查阶段了解罪名及案件有关情况，提出相关意见，申请变更强制措施，提供法律咨询，代为控告申诉；移送审查起诉后，可向犯罪嫌疑人、被告人核实证据。同时适用监视居住的犯罪嫌疑人。四是辩护人的阅卷权。扩大了审查起诉阶段的阅卷范围，在修改前刑事诉讼法"诉讼文书、技术性鉴定材料"的基础上，改为可以查阅、摘抄、复制所有的"案卷材料"，包括在公安、检察环节收集的证明犯罪嫌疑人无罪、罪轻的证据材料。五是调查取证权。扩大了辩护律师申请人民法院、人民检察院调取证据的范围，辩护人认为在侦查、审查起诉期间公安机关、人民检察院收集的证明犯罪嫌疑人、被告人无罪或者罪轻的证据材料未提交的，有权申请人民检察院、人民法院调取，但同时也规定辩护人的示证义务，犯罪嫌疑人不在现场、未达到刑事责任年龄、不负刑事责任的精神病人应及时告知公安机关和人民检察院。以上内容在如下法条中已作了明确规定：

第三十五条　辩护人的责任是根据事实和法律，提出犯罪嫌疑人、被告人无罪、罪轻或者减轻、免除其刑事责任的材料和意见，维护犯罪嫌疑人、被告人的诉讼权利和其他合法权益。

第三十六条　辩护律师在侦查期间可以为犯罪嫌疑人提供法律帮助；代理申诉、控告；申请变更强制措施；向侦查机关了解犯罪嫌疑人涉嫌的罪名和案件有关情况，提出意见。

第三十七条　辩护律师可以同在押的犯罪嫌疑人、被告人会见和通信。其他辩护人经人民法院、人民检察院许可，也可以同在押的犯罪嫌疑人、被告人会见和通信。

辩护律师持律师执业证书、律师事务所证明和委托书或者法律援助公函要求会见在押的犯罪嫌疑人、被告人的，看守所应当及时安排会见，至迟不得超过四十八小时。

危害国家安全犯罪、恐怖活动犯罪、特别重大贿赂犯罪案件，在侦查期间辩护律师会见在押的犯罪嫌疑人，应当经侦查机关许可。上述案件，侦查机关应当事先通知看守所。

辩护律师会见在押的犯罪嫌疑人、被告人，可以了解案件有关情况，提供法律咨询等；自案件移送审查起诉之日起，可以向犯罪嫌疑人、被告人核实有关证据。辩护律师会见犯罪嫌疑人、被告人时不被监听。

辩护律师同被监视居住的犯罪嫌疑人、被告人会见、通信，适用第一款、第三款、第四款的规定。

第三十八条　辩护律师自人民检察院对案件审查起诉之日起，可以查阅、摘抄、复制本案的案卷材料。其他辩护人经人民法院、人民检察院许可，也可以查阅、摘抄、复制上述材料。

第三十六条　辩护律师在侦查期间可以为犯罪嫌疑人提供法律帮助；代理申诉、控告；申请变更强制措施；向侦查机关了解犯罪嫌疑人涉嫌的罪名和案件有关情况，提出意见。

第三十九条　辩护人认为在侦查、审查起诉期间公安机关、人民检察院收集的证明犯罪嫌疑人、被告人无罪或者罪轻的证据材料未提交的，有权申请人民检察院、人民法院调取。

第四十条 辩护人收集的有关犯罪嫌疑人不在犯罪现场、未达到刑事责任年龄、属于依法不负刑事责任的精神病人的证据，应当及时告知公安机关、人民检察院。

3. 辩护人权利的保障与责任追究。对辩护人依法行使诉讼权利的保障，就是对犯罪嫌疑人、被告人诉讼权利的依法保障，为此修改后刑事诉讼法做出如下规定：一是赋予辩护人为委托人保密权利。在执业活动中知悉的有关情况和信息，予以保密，但是，辩护律师在执业活动中知悉委托人或者其他人，准备或者正在实施危害国家安全、公共安全以及严重危害他人人身安全的犯罪的，应当及时告知司法机关。二是切实保障辩护人、诉讼代理人的控告申诉权。辩护人、诉讼代理人认为公安机关、人民检察院、人民法院及其工作人员阻碍其依法行使诉讼权利的，有权向同级或者上一级人民检察院申诉或者控告。人民检察院对申诉或者控告应当及时进行审查，情况属实的，通知有关机关予以纠正。三是规范法律责任追究程序。辩护人所涉犯罪，为保障辩护人的权利和显示司法公正，由办理辩护人承办案件以外的侦查机关办理，并通知所在的律师事务所或所属律师协会。与修改前刑事诉讼法相比，涉罪主体扩大，在原辩护律师基础上，扩大到其他辩护人，都可能涉嫌妨害作证罪、伪证罪。以上内容在如下法条中已作了明确规定：

第四十二条 辩护人或者其他任何人，不得帮助犯罪嫌疑人、被告人隐匿、毁灭、伪造证据或者串供，不得威胁、引诱证人作伪证以及进行其他干扰司法机关诉讼活动的行为。

违反前款规定的，应当依法追究法律责任，辩护人涉嫌犯罪的，应当由办理辩护人所承办案件的侦查机关以外的侦查机关办理。辩护人是律师的，应当及时通知其所在的律师事务所或者所属的律师协会。

第四十六条 辩护律师对在执业活动中知悉的委托人的有关情况和信息，有权予以保密。但是，辩护律师在执业活动中知悉委托人或者其他人，准备或者正在实施危害国家安全、公共安全以及严重危害他人人身安全的犯罪的，应当及时告知司法机关。

第四十七条 辩护人、诉讼代理人认为公安机关、人民检察院、人民法院及其工作人员阻碍其依法行使诉讼权利的，有权向同级或者上一级人民检察院申诉或者控告。人民检察院对申诉或者控告应当及时进行审查，情况属实的，通知有关机关予以纠正。

4. 确立了其他诉讼参与人的一些权利。一是证人、鉴定人、被害人申请

控告举报检察实务讲堂

保护权。证人、鉴定人、被害人认为因在诉讼中作证，本人或者其近亲属的人身安全面临危险的，可以向人民法院、人民检察院、公安机关请求予以保护。为了确保证人在诉讼中作证，以便核实证据、查明案情，确保证人安全和不被打击报复，修改后刑事诉讼法明确规定了证人、鉴定人、被害人在作证中的申请保护权。二是获得补助权。证人因履行作证义务而支出的交通、住宿、就餐等费用，应当给予补助。有工作单位的证人作证，所在单位不得克扣或者变相克扣其工资、奖金及其他福利待遇。三是当事人、辩护人、诉讼代理人的申请证人出庭作证权。证人包括目击警察，但配偶、父母、子女除外以及鉴定人有出庭作证义务，同时还可以申请有专门知识的人出庭，就鉴定人的鉴定意见提出意见。四是申请变更强制措施权。犯罪嫌疑人、被告人及其法定代理人、近亲属或者辩护人有权申请变更强制措施，人民法院、人民检察院和公安机关收到申请后，应当在3日以内作出决定；不同意变更强制措施的，应当告知申请人，并说明不同意的理由。申请变更强制措施的主体，修改后刑事诉讼法增加了辩护人。并可凭取保候审通知或相关法律文书直接到银行领取退还的保证金。以上内容在如下法条中已作了明确规定：

第六十二条　对于危害国家安全犯罪、恐怖活动犯罪、黑社会性质的组织犯罪、毒品犯罪等案件，证人、鉴定人、被害人因在诉讼中作证，本人或者其近亲属的人身安全面临危险的，人民法院、人民检察院和公安机关应当采取以下一项或者多项保护措施：

（一）不公开真实姓名、住址和工作单位等个人信息；

（二）采取不暴露外貌、真实声音等出庭作证措施；

（三）禁止特定的人员接触证人、鉴定人、被害人及其近亲属；

（四）对人身和住宅采取专门性保护措施；

（五）其他必要的保护措施。

证人、鉴定人、被害人认为因在诉讼中作证，本人或者其近亲属的人身安全面临危险的，可以向人民法院、人民检察院、公安机关请求予以保护。

人民法院、人民检察院、公安机关依法采取保护措施，有关单位和个人应当配合。

第六十三条　证人因履行作证义务而支出的交通、住宿、就餐等费用，应当给予补助。证人作证的补助列入司法机关业务经费，由同级政府财政予以保障。

有工作单位的证人作证，所在单位不得克扣或者变相克扣其工资、奖金及其他福利待遇。

第一百八十七条　公诉人、当事人或者辩护人、诉讼代理人对证人证言有异议，且该证人证言对案件定罪量刑有重大影响，人民法院认为证人有必要出庭作证的，证人应当出庭作证。

人民警察就其执行职务时目击的犯罪情况作为证人出庭作证，适用前款规定。

公诉人、当事人或者辩护人、诉讼代理人对鉴定意见有异议，人民法院认为鉴定人有必要出庭的，鉴定人应当出庭作证。经人民法院通知，鉴定人拒不出庭作证的，鉴定意见不得作为定案的根据。

第一百八十八条 经人民法院通知，证人没有正当理由不出庭作证的，人民法院可以强制其到庭，但是被告人的配偶、父母、子女除外。

证人没有正当理由拒绝出庭或者出庭后拒绝作证的，予以训诫，情节严重的，经院长批准，处以十日以下的拘留。被处罚人对拘留决定不服的，可以向上一级人民法院申请复议。复议期间不停止执行。

第一百九十二条第二款 公诉人、当事人和辩护人、诉讼代理人可以申请法庭通知有专门知识的人出庭，就鉴定人作出的鉴定意见提出意见。

第七十一条 犯罪嫌疑人、被告人在取保候审期间未违反本法第六十九条规定的，取保候审结束的时候，凭解除取保候审的通知或者有关法律文书到银行领取退还的保证金。

第九十五条 犯罪嫌疑人、被告人及其法定代理人、近亲属或者辩护人有权申请变更强制措施。人民法院、人民检察院和公安机关收到申请后，应当在三日以内作出决定；不同意变更强制措施的，应当告知申请人，并说明不同意的理由。

（三）预防和减少冤假错案的有效途径和方式

近年来，一些冤假错案陆续暴露出来，不仅对当事人及其亲属造成难以弥补的伤害，而且严重损害司法权威和司法公信力，影响和动摇人民群众对公平正义的信心。这些冤假错案产生的原因是多方面的：

一是重惩罚犯罪，轻诉讼权利保护。"有罪推定"、"疑罪从轻"思想在一定程度上根深蒂固，往往为了破案目的，对保护犯罪嫌疑人或被告人的合法权益并不重视，不惜采取刑讯逼供、暴力取证等方法以获取证据，结果犯罪嫌疑人、被告人屈打成招，为冤案埋下祸根。同时，由于长期以来，人民群众对犯罪尤其是故意杀人、强奸、绑架、抢劫、爆炸、放火等犯罪深恶痛绝，加之这些重案网络媒体关注度高，案发后网络媒体积极评论、炒作，社会大众往往对所谓的嫌疑人提前贴上了"恶人"标签，在此背景下，社会上有相当多的人对辩护律师的"正确意见"持有偏见或成见。一些检察官、法官受此影响，往往也就忽视了辩护人意见。

二是控辩双方存在事实上的不平等，审判中立难。刑事诉讼法规定，公、检、法三机关是互相配合、互相制约的关系，因此在此原则下，对命案等重大复杂案件、突发性恶性案件、争议较大的疑难案件、有重大社会影响等案件，往往配合多、制约少，案发后，公安机关在立案侦查时，往往检察机关及时派员介入，通过参与现场勘查、参加案件讨论等方式，提出取证意见和建议，引导侦查人员依法全面收集、固定、保全证据，以致审查决定逮捕和审查起诉时，很难发现问题，找出疑点。

三是辩护人诉讼权利保障机制缺失。辩护人的责任是根据事实和法律，提出犯罪嫌疑人、被告人无罪、罪轻或者减轻、免除其刑事责任的材料和意见，维护犯罪嫌疑人、被告人的诉讼权利和其他合法权益。辩护律师作为职业法律工作者参与到刑事诉讼中，可以极大地弥补犯罪嫌疑人、被告人在诉讼中的弱势地位，客观公正分析案情、发表相应意见，使得公安人员、检察人员和法院在指控犯罪、审理案件过程中，对于案件的认识和判断更加客观、全面。但是，2012 年修改前的刑事诉讼法，对辩护人的刑事诉讼权利及其保障机制，或者未规定，或者规定不完善具体，尤其是辩护权的救济规定甚少，辩护权的行使以及权利受到损害的救济无法可依，导致辩护人会见难、阅卷难、调查取证难、辩护难。

基于以上原因，2012 年修改后刑事诉讼法，明确将尊重和保障人权作为刑事诉讼任务，在这一原则指导下，对辩护人职责、权利行使途径以及权利受到侵害时的救济渠道和方式作出了具体规定。对一直以来社会普遍关注的，辩护律师会见权、阅卷权等从法律层面进行了规定，尤其是修改后刑事诉讼法第47 条专门规定了检察机关对公检法三机关及其工作人员阻碍辩护人、诉讼代理人依法行使诉讼权利的申诉和控告应当依法审查办理，这为辩护权充分行使提供了法律保障。同时，修改后刑事诉讼法对公检法三机关听取辩护人意见作了具体规定，要求在侦查、逮捕、审查起诉、审判等各个诉讼环节，都应听取辩护人、诉讼代理人意见。因此，我们可以相信，随着我国依法治国战略的稳步推进，辩护人在刑事诉讼中的地位和作用将进一步提高，辩护人意见会得到更加尊重，辩护人的正确意见会依法得到公安司法机关采纳，从而进一步提高办案质量，共同促进减少和预防冤假错案。

二、关于阻碍辩护人、诉讼代理人依法行使诉讼权利行为法定情形的理解

人民检察院控告检察部门对公检法三机关及其工作人员阻碍辩护人、诉讼代理人依法行使诉讼权利行为的控告、申诉进行审查办理，是修改后刑事诉讼法及《人民检察院刑事诉讼规则（试行）》赋予控告检察部门的一项新职责、

新任务。刑事诉讼法第四章"辩护和代理"对辩护权内涵、权利行使做了相应规定；律师法第四章"律师的职责、权利和义务"对律师职责权利做了具体规定；最高人民法院、最高人民检察院、公安部、国家安全部、司法部、全国人大常委会法制工作委员会《关于实施刑事诉讼法若干问题的规定》第二项"辩护和代理"对辩护的相关事项进行了再次解释；最高人民检察院《人民检察院刑事诉讼规则（试行）》、最高人民法院《关于适用〈中华人民共和国刑事诉讼法〉的解释》、公安部《公安机关办理刑事案件程序规定》都列专章对"辩护和代理"做了细化规定。为保障相关法律规定赋予的辩护人、诉讼代理人诉讼权利依法正确履行，修改后刑事诉讼法第47条规定："辩护人、诉讼代理人认为公安机关、人民检察院、人民法院及其工作人员阻碍其依法行使诉讼权利的，有权向同级或者上一级人民检察院申诉或者控告。人民检察院对申诉或者控告应当及时进行审查，情况属实的，通知有关机关予以纠正。"最高人民法院、最高人民检察院、公安部、国家安全部、司法部、全国人大常委会法制工作委员会《关于实施刑事诉讼法若干问题的规定》第10点，规定人民检察院受理阻碍辩护人、诉讼代理人依法行使诉讼权利的控告或申诉后，应当在10日内书面答复提出控告或申诉的辩护人和诉讼代理人，这两项规定以法律的形式明确了对阻碍辩护人、诉讼代理人依法行使权利行为的救济渠道、救济方式。为贯彻落实这一新职责任务，《人民检察院刑事诉讼规则（试行）》第57条进行了具体细化，列举了16种具体情形：（1）对辩护人、诉讼代理人提出的回避要求不予受理或者对不予回避决定不服的复议申请不予受理的；（2）未依法告知犯罪嫌疑人、被告人有权委托辩护人的；（3）未转达在押、被监视居住的犯罪嫌疑人、被告人委托辩护人的要求的；（4）应当通知而不通知法律援助机构为符合条件的犯罪嫌疑人、被告人或者被申请强制医疗的人指派律师提供辩护或者法律帮助的；（5）在规定时间内不受理、不答复辩护人提出的变更强制措施申请或者解除强制措施要求的；（6）未依法告知辩护律师犯罪嫌疑人涉嫌的罪名和案件有关情况的；（7）违法限制辩护律师同在押、被监视居住的犯罪嫌疑人、被告人会见和通信的；（8）违法不允许辩护律师查阅、摘抄、复制本案的案卷材料的；（9）违法限制辩护律师收集、核实有关证据材料的；（10）没有正当理由不同意辩护律师提出的收集、调取证据或者通知证人出庭作证的申请，或者不答复、不说明理由的；（11）未依法提交证明犯罪嫌疑人、被告人无罪或者罪轻的证据材料的；（12）未依法听取辩护人、诉讼代理人的意见的；（13）未依法将开庭的时间、地点及时通知辩护人、诉讼代理人的；（14）未依法向辩护人、诉讼代理人及时送达本案的法律文书或者及时告知案件移送情况的；（15）阻碍辩护人、诉讼代理人在法庭审理过程中依法行使诉讼权利的；（16）其他阻碍辩护人、诉讼代理人依法行使诉讼权利的。

审查办理阻碍辩护人、诉讼代理人依法行使诉讼权利的控告申诉案件是修改后刑事诉讼法赋予检察机关的一项新业务，呈现四多特点：一是涉及部门多。即涉及看守所、公检法三家以及三家相关业务部门和办案人员。二是涉及法律规定多。涉及刑事诉讼法、律师法、六部委《关于实施刑事诉讼法若干问题的规定》（以下简称"六部委规定"）、《人民检察院刑事诉讼规则（试行）》（以下简称《刑事诉讼规则》）、最高人民法院《关于适用〈中华人民共和国刑事诉讼法〉的解释》（以下简称《刑事诉讼法解释》）以及《公安机关办理刑事案件程序规定》（以下简称《公安机关程序规定》）等法律规定。三是涉及法条和违法情形多。即涉及130多个具体法律条文和近百种违法情形。四是涉及的法律程序和办案环节多。涉及一审程序包括公诉案件、自诉案件、刑事附带民事案件、简易程序等，二审程序，审判监督程序，死刑复核程序，执行程序，特别程序等；涉及侦查、批捕、起诉、审理、执行等各个环节。所以检察机关控告检察部门要完成这项新业务，除要更新理念、加强规范化建设、强化对下指导等相关措施外，还必须做到：一是对立法精神、基本原理、基本原则以及具体法律规定，必须准确认识、理解和把握，吃透精神，入脑入心，尤其是要对《刑事诉讼规则》第57条规定的16种情形熟练掌握，能融会贯通、灵活运用；二是熟悉办理程序和要求，做到依法规范办理。在实际办案中，要准确把握运用16种具体情形，就必须对刑事诉讼法、律师法、六部委规定、《刑事诉讼法解释》、《刑事诉讼规则》、《公安机关程序规定》涉及的法律条款熟练掌握。

1. 对辩护人、诉讼代理人提出的回避要求不予受理或者对不予回避决定不服的复议申请不予受理的。

相关法条规定，共20条：刑事诉讼法第28条、第29条、第30条第2款、第31条；《刑事诉讼规则》第20条、第27条、第28条、第33条第1款、第3款；《刑事诉讼法解释》第23条、第24条、第26条、第30条、第33条、第34条；《公安机关程序规定》第30条、第31条、第34条、第35条、第38条第1款、第39条。

理解要点：

一是辩护人和诉讼代理人有权申请回避和申请复议。修改后《刑事诉讼规则》明确规定了辩护人、诉讼代理人有权申请回避，并对不予回避决定不服可以申请复议，但在实践中同时要注意，辩护人和诉讼代理人对公检法三机关做出的不予回避决定不服，提出申请复议的，应当向做出回避决定的机关提出申请，如果复议申请被驳回后，不得再次申请复议，这就是说对公检法三机关不予回避决定不服的复议以一次申请为限。

二是提出申请的形式和要求。申请回避和对回避决定不服申请复议，可以以书面或口头方式提出，并说明理由，提出复议时间是收到回避决定后 5 日内。但应注意，辩护人、诉讼代理人如以违法规定会见本案当事人、辩护人、诉讼代理人，为本案当事人推荐、介绍辩护人、诉讼代理人，为律师、其他人员介绍办理本案，以及接受当事人及其委托的人的请客送礼、借用款物等为由，提出回避申请的，应当提供相应的证明材料。例如，被告人汪某的辩护律师李某认为，某法院法官张某在审判汪某犯强奸罪一案中，接受被害人诉讼代理人的宴请和礼品，因此要求法官张某回避，但是李某在回避申请中未提供相应证明，因此法院未受理。李某不服向该县检察院提出控告，该县检察院控告检察部门受理后，经核实相关证据材料，根据《刑事诉讼法解释》第 24 条、第 28 条规定，以"未提供相应证明材料"为由不予支持。

三是申请回避的情形符合法律规定。辩护人和诉讼代理人提出回避申请，其申请回避的情形必须符合刑事诉讼法第 28 条、第 29 条的规定，即审判人员、检察人员、侦查人员是本案的当事人或者是当事人的近亲属的；本人或者他的近亲属和本案有利害关系的；担任过本案的证人、鉴定人、辩护人、诉讼代理人的；与本案当事人有其他关系，可能影响公正处理案件的；接受当事人及其委托的人的请客送礼；违反规定会见当事人及其委托的人等。如不符合此规定，法院可当庭驳回，并不得申请复议。

2. 未依法告知犯罪嫌疑人、被告人有权委托辩护人的。

3. 未转达在押、被监视居住的犯罪嫌疑人、被告人委托辩护人的要求的。

4. 应当通知而不通知法律援助机构为符合条件的犯罪嫌疑人、被告人或者被申请强制医疗的人指派律师提供辩护或者法律帮助的。

相关法条规定，共 22 条：刑事诉讼法第 33 条、第 34 条、第 286 条；《刑事诉讼规则》第 34 条、第 36 条、第 37 条、第 41 条、第 42 条；《刑事诉讼法解释》第 35 条、第 39 条、第 40 条、第 41 条、第 42 条、第 528 条；《公安机关程序规定》第 41 条、第 43 条、第 44 条、第 45 条。

以上三项理解要点：

一是对犯罪嫌疑人、被告人、强制医疗的人负有相应的告知、转达、通知义务。侦查机关在第一次讯问犯罪嫌疑人或者对犯罪嫌疑人采取强制措施的时候，应当告知犯罪嫌疑人有权委托辩护人；人民检察院自收到移送审查起诉的案件材料之日起 3 日以内，应当告知犯罪嫌疑人有权委托辩护人；人民法院自受理案件之日起 3 日以内，应当告知被告人有权委托辩护人；犯罪嫌疑人、被告人在押期间要求委托辩护人的，人民法院、人民检察院和公安机关应当及时转达其要求。犯罪嫌疑人、被告人因经济困难或者其他原因没有委托辩护人的，本人及其近亲属可以向法律援助机构提出申请，对符合法律援助条件的，法律援助机构应当指派律师为其提供辩护；犯罪嫌疑人、被告人是盲、聋、哑人，或者是尚未完全丧失辨认或者控制自己行为能力的精神病人，没有委托辩护人的，人民法院、人民检察院和公安机关应当通知法律援助机构指派律师为其提供辩护；犯罪嫌疑人、被告人可能被判处无期徒刑、死刑，没有委托辩护人的，人民法院、人民检察院和公安机关应当通知法律援助机构指派律师为其提供辩护。如，蔡某某到某县检察院控告公安机关在办理其子徐某某（系未成年人）盗窃案中，因其家庭经济困难，未能聘请律师，公安机关也未能依法通知法律援助机构指派律师为其子提供法律帮助，侵犯了其子的合法权益。该县检察院控告检察部门受理后，通过询问控告人蔡某某、讯问犯罪嫌疑人徐某某、调阅卷宗，了解案件基本情况，发现该县公安局在办理犯罪嫌疑人徐某某涉嫌盗窃案中确实存在未依法通知法律援助机构给未成年犯罪嫌疑人指派律师提供辩护和法律帮助等违法的事实。随后，经检察长批准，根据刑事诉讼法第34条、第47条、第267条、《刑事诉讼规则》第57条、第58条、《公安机关程序规定》第309条，向该县公安局发出检察建议书，督促其在办理类似案件中注意维护未成年人的合法权益。同日，该县司法局法律援助中心根据公安局通知发出提供法律援助通知书，依法为犯罪嫌疑人徐某某指派律师提供辩护，切实维护了犯罪嫌疑人徐某某的合法权益，取得较好效果。

二是告知、转告、通知时间、方式。根据修改后刑事诉讼法规定，相应的告知、转告和通知义务，可以口头或者书面形式，书面告知的应当附卷，口头告知的应记录在案。告知时间，在侦查阶段，第一次讯问或采取强制措施时，应当告知犯罪嫌疑人可以委托辩护律师为其辩护和提供法律帮助；审查起诉阶段，检察机关在收到材料3日内，应当告知犯罪嫌疑人可以委托辩护人；审判阶段，人民法院在受理案件3日内，告知被告人可以委托辩护人。对被羁押的犯罪嫌疑人和被告人，提出聘请律师的，应当在3日及时转告。对因经济条件或其他原因符合法律援助条件的犯罪嫌疑人和被告人，未委托辩护人的，应通知法律援助机构为其指派辩护人，根据《刑事诉讼规则》，检察机关应当在3日内通知法律援助机构，公安机关和法院应当在24小时内通知法律援助机构；犯罪嫌疑人、被告人对援助机构指定的援助律师不同意，公安机关、人民检察院和人民法院应当在3日内告知援助机构。

三是在侦查阶段只能委托辩护律师。辩护律师在侦查期间可以为犯罪嫌疑人提供法律帮助；代理申诉、控告；申请变更强制措施；向侦查机关了解犯罪嫌疑人涉嫌的罪名和案件有关情况，提出意见。

四是应当通知法律援助机构指派辩护律师的范围。犯罪嫌疑人、被告人是盲聋哑人、尚未完全丧失辨认或者控制自己行为能力的精神病人、可能判处死刑、无期徒刑的人以及被申请强制医疗的人，人民法院、人民检察院和公安机关应当通知法律援助机构指派律师为其提供辩护或法律帮助。

5. 在规定时间内不受理、不答复辩护人提出的变更强制措施申请或者解除强制措施要求的。

相关法条规定，共7条：刑事诉讼法第95条、第97条；《刑事诉讼规则》第47条、第48条；《刑事诉讼法解释》第137条；《公安机关程序规定》第57条、第58条。

理解要点：

一是辩护人有权申请变更强制措施。修改后刑事诉讼法在原申请主体犯罪嫌疑人、被告人及其法定代理人、近亲属的基础上增加了辩护人，即犯罪嫌疑人、被告人及其法定代理人、近亲属或者辩护人有权申请变更强制措施，人民法院、人民检察院和公安机关收到申请后，应当在3日以内作出决定；不同意变更强制措施的，应当告知申请人，并说明不同意的理由。因此，辩护人提出变更解除强制措施的，有关公安司法机关应当受理，并在3日内予以答复。

二是贯穿于三个阶段。辩护人申请变更解除强制措施，可以在侦查、起诉、审判环节。如在侦查环节提出变更和解除犯罪嫌疑人强制措施的，辩护人应当是律师，因为在侦查环节只有律师可以作为辩护人。

三是答复时间是3日内，不同意的应当告知并说明理由。如，某某市某某区唐某某等辩护律师向该区检察院反映吴某某涉嫌诈骗向公安机关申请取保候审，公安机关超期未予答复。该区检察院受理后，依法开展调查、核实工作。经查，唐某某解除强制措施申请已提交7日，根据修改后刑事诉讼法第95条规定，公安机关应依法在3日内予以答复，公安机关逾期未答复已违反刑事诉讼法规定，根据《刑事诉讼规则》第57条、第58条、《公安机关程序规定》第157条规定，经检察长批准后，向该区公安局发出了纠正违法的检察建议，建议公安机关采取措施予以更正，该区公安局随即依法进行了纠正，保障了辩护人依法行使诉讼权利。

6. 未依法告知辩护律师犯罪嫌疑人涉嫌的罪名和案件有关情况的。

相关法条规定，共5条：刑事诉讼法第36条、第37条；六部委规定第6点；《公安机关程序规定》第40条、第47条。

理解要点：

应着重掌握"案件有关情况"内涵。本条主要指侦查阶段，根据六部委规定第6点，"案件有关情况"主要是指，已查明的主要犯罪事实；犯罪嫌

控告举报检察实务讲堂

人被采取、变更、解除强制措施；侦查机关延长侦查羁押期限等有关情况。应记录在案。

7. 违法限制辩护律师同在押、被监视居住的犯罪嫌疑人、被告人会见和通信的。

相关法条规定，共9条：刑事诉讼法第37条；六部委规定第7点；《刑事诉讼规则》第47条；《刑事诉讼法解释》第48条；《公安机关程序规定》第40条、第48条、第49条、第50条、第52条。

理解要点：

一是一般情况下辩护律师会见无需批准。辩护律师可以同在押和被监视居住的犯罪嫌疑人、被告人会见和通信。辩护律师持律师执业证书、律师事务所证明和委托书或者法律援助公函要求会见在押的犯罪嫌疑人、被告人的，看守所应当及时安排会见，至迟不得超过48小时。会见时不受监听，不安排人在场。会见内容包括可了解有关情况，提供法律咨询，代为控告和申诉，移送审查起诉后可向犯罪嫌疑人、被告人核实证据。如，某市检察院在办理陆某某等十余人涉嫌盗窃一案中，陆某某等人的辩护律师要求会见在押的犯罪嫌疑人，遭到拒绝。随即在陆某某辩护律师的鼓动下，陆某某和其他犯罪嫌疑人的律师以及亲属二十余人来到市检察院，采取挂举横幅、拦截车辆、强闯办公楼等极端方式要求会见，严重影响了检察机关正常的工作秩序。该市检察院控申处迅速作出反应，一方面，积极安抚陆某某等人的亲属，缓和他们的激动情绪。另一方面，与公诉部门沟通，了解事情的原委。在调查后得知，根据群众举报线索，陆某某等人涉嫌犯罪案件，先期是按照具有黑社会性质犯罪开始侦查的，但目前不能认定该案具有黑社会性质，也不属于法律规定的危害国家安全犯罪、恐怖活动犯罪、特别重大贿赂犯罪案件，辩护律师要求会见在押的犯罪嫌疑人，看守所应当及时安排会见。控申处迅速会同公诉处，根据刑事诉讼法第37条、《刑事诉讼规则》第57条、第58条规定，经检察长批准，要求看守所对违法限制辩护律师同在押的犯罪嫌疑人会见的行为予以纠正，并下发了《纠正违法通知书》。文书发出后，看守所方面立即安排了会见。与此同时，控申部门对陆某某等人的亲属采取过激方式行使权利的行为进行严厉批评，并建议该市司法局对陆某某及同案其他犯罪嫌疑人的辩护律师鼓动其亲属到检察机关闹访的行为给予批评教育。陆某某等人的亲属也接受了批评和建议，问题最终得到了妥善解决。

二是需要批准的特殊情形。根据修改后刑事诉讼法规定，危害国家安全犯罪、恐怖活动犯罪、特别重大贿赂犯罪案件，如果有碍侦查，在侦查期间辩护律师会见在押的犯罪嫌疑人，应当经侦查机关许可。"特别重大贿赂犯罪案件"是指：涉嫌贿赂犯罪数额在 50 万元以上的；有重大社会影响的；涉及国家重大利益的。"有碍侦查"是指可能毁灭、伪造证据，干扰证人作证或者串供的；可能引起犯罪嫌疑人自残、自杀或者逃跑的；可能引起同案犯逃避、妨碍侦查的；犯罪嫌疑人的家属与犯罪有牵连的。如，犯罪嫌疑人艾某的律师王某某控告，某省院反贪部门违法不允许其同在押犯罪嫌疑人艾某会见。该院控告检察部门受理了王某某控告后，经审查，本案属于《刑事诉讼规则》第 40 条规定的"特别重大贿赂犯罪"案件，不支持王某某控告事项，但鉴于王某某律师是犯罪嫌疑人委托的第二个律师，已在本案前期安排过会见，为了避免王某某律师误解，该院决定及时与其联系沟通，经沟通问题得到平息。再如，律师金某向某市检察院反映，该市公安局侦查犯罪嫌疑人刘某涉嫌合同诈骗案过程中，金某作为刘某的辩护人，多次向该市公安局提出会见犯罪嫌疑人刘某的要求，但该市公安局均不允许会见，且未说明理由。对此，金某要求检察机关依法监督。针对此案，该市检察院控申处经与该市公安局沟通后了解到，此案涉嫌的合同诈骗罪不在许可会见范围，经检察长批准，向该市公安局发出纠正违法建议通知书，该市公安局随即进行了纠正，同意该律师会见了犯罪嫌疑人刘某。

　　三是审批期限及解除许可会见条件。对特别重大贿赂犯罪，检察机关应在 3 日内作出是否许可会见的决定，但有碍侦查消失后和侦查终结前应允许；公安机关对危害国家安全犯罪、恐怖活动犯罪应在 24 小时内决定作出是否许可会见的决定，但有碍侦查和可能泄露国家机密的情形消失后和侦查终结前应允许。如，某县检察院控申部门接到一位律师反映其会见权被限制的控告，反映该县公安局以刑事诉讼法规定的"特别重大贿赂犯罪需经许可才能会见"为由，对辩护律师要求会见在押犯罪嫌疑人陈某的申请不予答复。律师认为，所受委托案件涉嫌非国家工作人员受贿，不属"特别重大贿赂犯罪会见需要许可"的情形，公安机关明显违法，要求检察机关监督纠正。该院控申部门受理后，经查认为，虽然刑事诉讼法第 37 条明确规定危害国家安全犯罪、恐怖活动犯罪、特别重大贿赂犯罪案件，在侦查期间如有碍侦查，辩护律师会见在押的犯罪嫌疑人，应当经侦查机关许可。但非国家工作人员受贿案是否属于"特别重大贿赂犯罪"的情形，没有相关法律解释来界定。而公安机关办理刑事案件程序规定也仅对危害国家安全犯罪案件和恐怖活动犯罪两类会见做出特别例外规定，《刑事诉讼规则》也仅对特别重大贿赂犯罪案件的会见做出规定，因此，特别重大贿赂犯罪仅指国家工作人员受贿，公安机关的行为已违反刑事诉讼法第 47 条规定，应予纠正。经与公安机关沟通，最后达成共识，辩护律师顺利会见在押犯罪嫌疑人，依法保障了律师的执业权利和犯罪嫌疑人的合法权益。

8. 违法不允许辩护律师查阅、摘抄、复制本案的案卷材料的。

相关法条规定，共3条：刑事诉讼法第38条；《刑事诉讼规则》第47条；《刑事诉讼法解释》第47条。

理解要点：

一是确保辩护律师阅卷权。移送审查起诉后，辩护律师的阅卷权应依法予以保障，不受限制。如，律师姜某到某县检察院控告，其作为利用邪教组织破坏法律实施案犯罪嫌疑人万某的辩护人，在提供了"三证"等正常手续的情况下，要求查阅、复制该案材料未获该县检察院案管中心同意，请求责令案管中心依法提供卷宗给辩护律师查阅、复制。该县检察院受理后，该院控申科干警热情接待了律师姜某，查验了其相关证件，并收下了其提交的控告信。经查，该科向本院案管中心发出了"移送审查函"并附控告复印件，要求其在3日内对控告人所反映的情况进行书面说明，并回复。该院案管中心书面回复控申科，律师姜某所代理的案件此前已退回了公安机关补充侦查，所以当时无法提供案卷给其查阅、复制。同时告知，该案案卷目前侦查机关补充侦查后已移送该院，如律师姜某提出查阅、复制案卷材料申请，案管中心将按照法律和制度规定为其办理。该院控申科及时以院名义，制作了书面"来访答复函"，并电话通知控告人，请他来院领取书面答复函。当时控告人律师姜某说自己在外地出差，于是我们按他的要求，在电话中向他说明了当时是因为案件退回了公安机关补充侦查，所以无法提供查阅、复制。并告知他现在可以依法查阅、复制案卷材料。控告人姜某表示满意。

二是要把握阅卷内容。辩护律师自人民检察院对案件审查起诉之日起，可以查阅、摘抄、复制本案的案卷材料。案卷材料包括"诉讼文书和证据材料"，但是案件讨论记录、不能公开的材料除外。如，律师斯某到某省检察院控告，认为该院违法限制其查阅所代理案件的案卷材料，并现场发布微博，称检察机关办案不公，引起网民大量转发和负面评论。该院控告检察部门受理后，经审查认为，同步审讯录像不是法定案卷材料，该院不允许律师斯某查看并不违法，出于为诉讼代理人提供便利的考虑，该院调取审讯录像给律师斯某查看，并做了相应的答复和解疑。

9. 违法限制辩护律师收集、核实有关证据材料的。

10. 没有正当理由不同意辩护律师提出的收集、调取证据或者通知证人出庭作证的申请，或者不答复、不说明理由的。

11. 未依法提交证明犯罪嫌疑人、被告人无罪或者罪轻的证据材料的。

相关法条规定，共13条：刑事诉讼法第37条、第39条、第41条；《刑事诉讼规则》第 50 条、第 52 条、第 53 条；《刑事诉讼法解释》第 49 条、第 50 条、第 51 条、第 52 条、第 53 条。

以上三条理解要点：

一是律师应该提出书面申请。对于辩护律师申请人民检察院、人民法院收集、调取证据，人民检察院、人民法院认为需要调查取证的，应当由人民检察院、人民法院收集、调取证据，不得向律师签发准许调查决定书，让律师收集、调取证据。申请人民检察院、人民法院调取证据，必须书面提出申请，申请书应载明被申请收集、调取证据的个人姓名或者单位名称、住所、联系电话等基本情况和申请理由、取证目的、证据线索、证据内容、待证事项等。

二是要依法进行审查。如，某县检察院收到律师邓某等人控告该县法院及其审判人员无正当理由驳回其申请通知证人出庭作证、调取被告人吕某罪轻证据以及要求两同案被告人当庭对质的申请要求，阻碍了辩护人依法行使诉讼权利，要求检察机关依法纠正。该县检察院受理后，控申科制定了办理方案，并分别向律师、该案公诉人、审判人员调查了解情况。经查，律师申请通知证人出庭作证后，审判人员以公诉人在庭审中对证人证言已一一进行了示证，同时该证人证言不影响对被告人犯罪事实的定罪量刑为由，认定证人无出庭必要，并驳回出庭申请。该行为于法有据，并无不当。律师提出调取被告人罪轻证据和要求两被告人当庭对质的申请，审判人员未做任何说明就予以驳回，其行为不符合法律规定。该县检察院就此与县法院交换了意见，并通知法院予以纠正，法院采纳了检察机关的意见。县法院重新进行了法庭调查，律师依法行使了诉讼权利，为进一步查清案件事实，准确定罪量刑提供了保障。庭审后，律师对检察院的工作表示衷心感谢。

三是须经批准或同意。辩护律师经证人或者其他有关单位和个人同意，可以向他们收集与本案有关的材料，也可以申请人民检察院、人民法院收集、调取证据，或者申请人民法院通知证人出庭作证。辩护律师向被害人及其证人收集证据，应经被害人及其近亲属和证人同意，并经检察院或法院批准。根据《刑事诉讼规则》，辩护律师向被害人或者其近亲属、被害人提供的证人收集与本案有关的材料，向人民检察院提出申请的，人民检察院应当在 7 日以内作出是否许可的决定，通知辩护律师，人民检察院没有许可的，应当书面说明理由。法院应当在 5 日以内作出是否同意决定。

12. 未依法听取辩护人、诉讼代理人的意见的。

相关法条规定，共 33 条：刑事诉讼法第 35 条、第 36 条、第 86 条、第 159 条、第 170 条、第 182 条、第 190 条、第 192 条、第 193 条、第 223 条、第 240 条、第 269 条；《刑事诉讼规则》第 54 条、第 70 条、第 288 条、第 309

条、第 364 条、第 373 条、第 453 条、第 477 条、第 490 条、第 492 条、第 620 条；《刑事诉讼法解释》第 99 条、第 230 条、第 233 条、第 241 条、第 324 条、第 356 条、第 474 条、第 484 条；《公安机关程序规定》第 40 条、第 55 条。

理解要点：

在侦查环节：人民检察院审查批准逮捕，可以听取辩护律师意见，辩护律师提出要求的，应当听取意见；案件终结前，辩护律师提出要求的，应该听取并记录在案，如提出书面意见的，应当附卷。对羁押的必要性进行审查也应听取辩护人、诉讼代理人意见。

审查起诉环节：应当听取辩护人、诉讼代理人意见（非法证据排除等），并记录在案；辩护人、诉讼代理人提出书面意见的，应当附卷。听取意见应有 2 名以上办案人在场。

在审判环节：庭前会议应听取辩护人、诉讼代理人关于非法证据排除等意见。审理中，应当充分听取辩护人、诉讼代理人意见；二审法院不开庭审理的，应当听取辩护人、诉讼代理人意见（无罪、罪轻、量刑）；最高法复核死刑案件，辩护律师提出意见的，应当听取辩护律师意见。

办理未成年人案件，在各个环节都应当听取律师意见。

13. 未依法将开庭的时间、地点及时通知辩护人、诉讼代理人的。

相关法条规定，共 4 条：刑事诉讼法第 182 条；《刑事诉讼法解释》第 44 条、第 182 条、第 292 条。

理解要点：

一是时间。开庭的时间、地点通知应在开庭前 3 日送达。丁某某涉嫌寻衅滋事罪刑事附带民事诉讼一案的被害人汪某的诉讼代理人向某县检察院提出控告，称该县人民法院违反法律规定，未依法将开庭时间、地点及时通知诉讼代理人，申请该县检察院予以纠正。接到控告后，该县检察院控申科当即受理，并及时审查材料，通过查阅出庭通知书、询问相关当事人、调阅案卷材料，查明该县人民法院在丁某某涉嫌寻衅滋事罪刑事附带民事诉讼一案开庭的前 2 日才将出庭通知送达被害人的诉讼代理人，导致被害人及其诉讼代理人未能及时参加庭审，违反了刑事诉讼法第 183 条第 3 款的规定。在收到控告材料后的第 5 日，该县检察院根据《刑事诉讼规则》第 57 条第 1 款第 13 项的规定，向该县人民法院发出《纠正违法通知书》，该县人民法院接到通知后随即做出重新开庭决定，并在检察院的协调下依法将重新开庭的时间、地点通知了相关当事人，案件得以重新开庭审理。该案的及时办理，有效维护了诉讼代理人的诉讼权利，妥善化解了被害人对司法机关的不满情绪，彻底消除了涉检信访隐患，树立了检察机关严格公正执法的良好形象。

二是送达方式。电话、短信、传真、电子邮件等能够确认对方收悉的方式。如，诉讼代理人汪某反映某县法院未依法将开庭的时间、地点通知诉讼代理人和被害人，导致其未能参加庭审。该县检察院控申科受理后，经审查核实属实，向该县法院发出《纠正违法通知书》，县法院经研究决定重新开庭审理。

14. 未依法向辩护人、诉讼代理人及时送达本案的法律文书或者及时告知案件移送情况的。

相关法条规定，共 11 条：刑事诉讼法第 160 条、第 182 条、第 196 条；《刑事诉讼规则》第 288 条、第 328 条、第 493 条；《刑事诉讼法解释》第 182 条、第 247 条、第 289 条、第 293 条；《公安机关程序规定》第 279 条。

理解要点：

一是文书类别。向辩护人、诉讼代理人及时送达本案的法律文书包括起诉意见书、起诉书、裁判文书等。

二是送达文书种类和时间。起诉书送达，至迟开庭前 10 日，将起诉书副本送达辩护人；人民检察院作出附条件不起诉的决定后，应当制作附条件不起诉决定书，并在 3 日以内送达公安机关、被害人或者其近亲属及其诉讼代理人、未成年犯罪嫌疑人及其法定代理人、辩护人。开庭 3 日前将传唤当事人的传票和通知辩护人、诉讼代理人、法定代理人、证人、鉴定人等出庭的通知书送达；当庭宣告判决的，应当在 5 日内送达判决书，定期宣告判决的，应当在宣判前，先期公告宣判的时间和地点，传唤当事人并通知公诉人、法定代理人、辩护人和诉讼代理人；判决宣告后，应当立即送达判决书。如，律师徐某到某市检察院控告，反映该市公安局办案人员没有在法律规定的期限内向其送达起诉意见书。该院受理后，控申部门经审查认为，该市法律援助中心指派徐某作为犯罪嫌疑人刘某的辩护人。该市公安局在办理犯罪嫌疑人刘某涉嫌聚众斗殴一案中，没有在法律规定的期限内向徐某送达起诉意见书，其行为违反了最高人民法院、最高人民检察院、公安部、司法部《关于刑事诉讼法律援助工作的规定》第 21 条之规定情形，阻碍了辩护人、诉讼代理人依法行使诉讼权利。根据刑事诉讼法第 47 条之规定，该市检察院向该市公安局送达了《纠正阻碍辩护人、诉讼代理人依法行使诉讼权利通知书》，该市公安局依法纠正了错误，向援助律师徐某送达了起诉意见书。律师徐某十分满意，表示感谢。

三是移送告知。报捕同时告知辩护律师。侦查机关在移送审查起诉的同时，应将案件移送情况告知犯罪嫌疑人委托的辩护律师。检察机关提起公诉，都应同时告知辩护人。

15. 阻碍辩护人、诉讼代理人在法庭审理过程中依法行使诉讼权利的。

相关法条规定，共 11 条：刑事诉讼法第 192 条、第 193 条、第 212 条；《刑事诉讼规则》第 434 条、第 473 条、第 577 条；《刑事诉讼法解释》第 193 条、第 200 条、第 255 条、第 532 条。

理解要点：

该条主要是保护在审理中，辩护人、诉讼代理人的辩护权、辩论权、发表意见权、申请回避权以及申请法庭有专门知识的人出庭就鉴定结论提出意见、对定罪量刑有关的事实和证据进行辩论和发表意见等。如，被害人杨某因一件小事与被告人王某发生争执，被王某推倒在地，造成颅脑损伤，虽经医院全力抢救脱离生命危险，但至今仍处于深度昏迷状态。杨某家属已为此花费医药费 50 余万元，而被告人王某除垫付 2 万元医药费后，再无其他赔偿。在法院对被告人王某过失致人重伤一案提起公诉的过程中，被害人杨某的妻子陈某作为代理人，向法院提出刑事附带民事诉讼请求，要求被告方赔偿人民币 300 余万元。法院在审理此案时，适用简易程序审理刑事部分，对于民事部分，主审法官赵某则建议陈某撤销刑事附带民事诉讼，另行提起民事诉讼。后陈某听从建议，将原诉讼撤销，但她在得知被告人王某在没有赔偿被害人经济损失的情况下被判处有期徒刑 1 年 6 个月后，非常不满，认为主审法官的建议是哄骗行为，涉嫌违法，遂到开发区院控告法官赵某阻碍其行使诉讼权利，并要求对该案重新审理判决。检察机关控申部门受理后，一方面告知陈某应依法向法院提起民事诉讼，以维护其权益，另一方面立即派员前往法院调查。经查阅案卷、向法庭负责人和主审法官了解情况后查明，虽然主审法官确有劝说诉讼代理人撤销刑事附带民事诉状的情况，但诉讼代理人经过思考后，自愿在第二天向法院建议书面申请撤回诉状，审判人员口头准予其撤诉，因此该案在审理程序上并无违法之处，不能认定法官有阻碍诉讼代理人行使诉讼权利的行为。但主审法官在对此案的处理中考虑不够周全，处理方法仍需改进，据此，向法院提出建议，建议法官在办理案件中应增强风险防范意识，防止涉法涉诉上访。同时，法院已根据陈某的请求，对被告人的一处房产进行了诉讼保全。据此，控申科干警向陈某进行了释法说理，陈某表示认可，并对检察官认真细致的工作表示感谢。

16. 其他阻碍辩护人、诉讼代理人依法行使诉讼权利的。

三、审查办理程序

（一）管辖

公安机关、人民检察院、人民法院及其工作人员阻碍辩护人、诉讼代理人依法行使诉讼权利的行为是指根据刑事诉讼法第 47 条规定，具有《刑事诉讼规则》第 57 条第 1 款规定 16 种情形之一的行为，即对辩护人、诉讼代理人提出的回避要求不予受理或者对不予回避决定不服的复议申请不予受理的；未依法告知犯罪嫌疑人、被告人有权委托辩护人的；未转达在押的或者被监视居住的犯罪嫌疑人、被告人委托辩护人的要求的；应当通知而不通知法律援助机构为符合条件的犯罪嫌疑人、被告人或者被申请强制医疗的人指派律师提供辩护或者法律援助的；在规定时间内不受理、不答复辩护人提出的变更强制措施申请或者解除强制措施要求的；未依法告知辩护律师犯罪嫌疑人涉嫌的罪名和案件有关情况的；违法限制辩护律师同在押、被监视居住的犯罪嫌疑人、被告人会见和通信的；违法不允许辩护律师查阅、摘抄、复制本案的案卷材料的；违法限制辩护律师收集、核实有关证据材料的；没有正当理由不同意辩护律师提出的收集、调取证据或者通知证人出庭作证的申请，或者不答复、不说明理由的；未依法提交证明犯罪嫌疑人、被告人无罪或者罪轻的证据材料的；未依法听取辩护人、诉讼代理人的意见的；未依法将开庭的时间、地点及时通知辩护人、诉讼代理人的；未依法向辩护人、诉讼代理人及时送达本案的法律文书或者及时告知案件移送情况的；阻碍辩护人、诉讼代理人在法庭审理过程中依法行使诉讼权利的；其他阻碍辩护人、诉讼代理人依法行使诉讼权利的。辩护人、诉讼代理人认为公安机关、人民检察院、人民法院及其工作人员具有上述阻碍其依法行使诉讼权利行为之一的，可以向同级或者上一级人民检察院申诉或者控告，控告检察部门应当接受并依法办理。辩护人、诉讼代理人认为看守所及其工作人员有阻碍其依法行使诉讼权利的行为，向人民检察院申诉或者控告的，监所检察部门应当接收并依法办理；控告检察部门收到申诉或者控告的，应当及时移送监所检察部门办理。

（二）审查核实材料

根据修改后刑事诉讼法、《刑事诉讼规则》以及高检院控告检察厅下发的有关人民检察院控告检察部门审查办理阻碍辩护人、诉讼代理人控告申诉工作办法等法律规定，控告检察部门审查办理阻碍辩护人、诉讼代理人依法行使诉讼权利的控告申诉案件，应经接收、受理、办理、结果处理等相应环节。

人民检察院控告检察部门在接收辩护人、诉讼代理人控告申诉材料时，应注意以下问题：

一是要核实是否属于本院管辖。根据刑事诉讼法第 47 条规定，《刑事诉讼规则》第 57 条规定进行审查，审查是否属于本院管辖，经审查若属于其他院管辖的，应当接收材料后 7 日内移送有管辖权的检察机关或部门处理。同时，经审查虽然属于本院管辖，但根据《刑事诉讼规则》第 57 条规定属于看守所及其工作人员有阻碍其依法行使诉讼权利行为的，控告检察部门受理后，移送本院监所检察部门办理；如本院侦监、公诉等相关业务部门已依职权发现，并正在依法办理的，将相关控告、申诉材料移送相关业务部门办理。对于上级人民检察院制定或交办的案件应依法办理。如，辩护人王某向某市检察院控告该市看守所违法限制其会见犯罪嫌疑人，控告科依法接受其控告材料并及时移送市院监所科办理。辩护人王某再次向市院递交控告材料，反映该市公安局刑警支队办案人员违法监听律师会见犯罪嫌疑人。该院控申科经核实控告人的身份证明等材料后，及时受理审查，主动与该市刑警支队联系，要求刑警支队就控告人王某反映的问题作出解释和说明，并充分听取刑警支队办案人员的陈述和申辩。经承办人综合分析调查核实情况，已督促公安机关要严格执行有关辩护人依法会见犯罪嫌疑人的法律规定。控告检察部门严格按照《刑事诉讼规则》的规定，在受理后 10 日以内审查，并将控申科和监所科的处理情况书面答复提出控告的辩护人王某，王某表示满意。

二是要审查控告申诉主体是否适格。对阻碍辩护人、诉讼代理人依法行使诉讼权利的案件，应核实控告人或者申诉人是否系相关案件的辩护人、诉讼代理人，主要从以下几个方面来核实：如果辩护人、诉讼代理人是犯罪嫌疑人、被告人或被害人、自诉人、附带民事诉讼的原告人、被告人的法定代理人的，要认真核实户口簿、身份证、出生证明、公证书或者人民法院的相关裁判文书等，需核实是否具有配偶、父母或子女关系的证明材料或人民法院的相关裁判文书等，证明有监护关系；如果辩护人、诉讼代理人是犯罪嫌疑人、被告人或被害人、自诉人、附带民事诉讼的原告人、被告人的委托代理人的，需依照刑事诉讼法第 32 条有关规定审查代理人资格，辩护律师应当持律师执业证书、律师事务所证明和委托书或者法律援助公函。属于《刑事诉讼规则》第 38 条规定情形之一的，不得被委托担任辩护人。在侦查期间，犯罪嫌疑人只能委托律师作为辩护人。

三是应审查核实申诉材料和相应法律文书。审查受理申诉或者控告材料，应当查明是否载明下列事项：（1）当事人的姓名、性别、年龄、民族、职业、工作单位、住所、联系方式，法人或者其他组织的名称、住所地和法定代表人或者主要负责人的姓名、职务、联系方式等信息；（2）申诉或者控告事项以及依据的事实与理由；（3）相关证据材料目录。申诉人或者控告人的身份证明、相关法律文书、证据材料等应与提交的诉讼材料内容、证据材料目录以及原件相符，并一式两份。

（三）依法受理

根据六部委规定第 10 点，人民检察院受理辩护人、诉讼代理人的申诉或者控告后，应当在 10 日以内将处理情况书面答复提出申诉或者控告的辩护人、诉讼代理人，这说明，"受理"是办理辩护人、诉讼代理人依法行使诉讼权利的重要环节。在实践中，我们如何把握好受理条件显得尤为重要。为进一步规范审查办理工作，高检院控告检察厅根据刑事诉讼法及《刑事诉讼规则》制定了人民检察院控告检察部门对阻碍依法行使诉讼权利行为和对本院办理案件中违法行为的申诉或者控告审查办理工作办法，对受理的条件做了相应规定。根据规定，阻碍依法行使诉讼权利行为的控告、申诉符合以下条件的，应当依法受理：

1. 应符合法定情形。根据《刑事诉讼规则》第 57 条规定，阻碍辩护人、诉讼代理人依法行使诉讼权利的情形有以下十六种：（1）对辩护人、诉讼代理人提出的回避要求不予受理或者对不予回避决定不服的复议申请不予受理的；（2）未依法告知犯罪嫌疑人、被告人有权委托辩护人的；（3）未转达在押的或者被监视居住的犯罪嫌疑人、被告人委托辩护人的要求的；（4）应当通知而不通知法律援助机构为符合条件的犯罪嫌疑人、被告人或者被申请强制医疗的人指派律师提供辩护或者法律援助的；（5）在规定时间内不受理、不答复辩护人提出的变更强制措施申请或者解除强制措施要求的；（6）未依法告知辩护律师犯罪嫌疑人涉嫌的罪名和案件有关情况的；（7）违法限制辩护律师同在押、被监视居住的犯罪嫌疑人、被告人会见和通信的；（8）违法不允许辩护律师查阅、摘抄、复制本案的案卷材料的；（9）违法限制辩护律师收集、核实有关证据材料的；（10）没有正当理由不同意辩护律师提出的收集、调取证据或者通知证人出庭作证的申请，或者不答复、不说明理由的；（11）未依法提交证明犯罪嫌疑人、被告人无罪或者罪轻的证据材料的；（12）未依法听取辩护人、诉讼代理人的意见的；（13）未依法将开庭的时间、地点及时通知辩护人、诉讼代理人的；（14）未依法向辩护人、诉讼代理人及时送达本案的法律文书或者及时告知案件移送情况的；（15）阻碍辩护人、诉讼代理人在法庭审理过程中依法行使诉讼权利的；（16）其他阻碍辩护人、诉讼代理人依法行使诉讼权利的。

2. 属于本院受理范围或者上级人民检察院指定管辖的（以上已介绍，此不赘述）。

3. 不予受理的情形。以下情况控告检察部门不予受理：（1）阻碍其依法行使诉讼权利的控告或者申诉不是辩护人、诉讼代理人提出的；（2）辩护人、诉讼代理人不符合法定条件的；（3）办理案件的机关正在审查处理的；（4）材料不全，在规定期间内未补正或补正不符合要求的；（5）其他不应受理的情形。

对于属于本院管辖，并且符合受理条件的，报经部门负责人审批同意后予以受理，并告知申诉人或者控告人；对于不属于本院管辖或者不符合受理条件的，报经部门负责人批准同意后，以口头或者书面方式告知申诉人或者控告人不予受理。口头告知的，应当记明笔录。

（四）审查办理

审查办理是办案的核心环节，我们在办理中应注意以下几个问题：

1. 办理的任务和要求。审查办理的任务是，对申诉或者控告进行必要的调查核实；收集固定相关证据；综合分析调查核实情况和相关证据，证明申诉或者控告是否属实；经查证属实的，通知有关机关或者部门予以纠正，并及时答复申诉人或者控告人。办案时应注意以下要求：一是按法定期限办结，根据六部委规定第10点和《刑事诉讼规则》第58条，对阻碍辩护人和诉讼代理人依法行使诉讼权利行为的控告或申诉，应当在受理后10日以内调查终结，并答复控告人和申诉人；二是加强联系，承办人员应当主动与被调查机关、部门或者人员联系，争取支持；三是不干预业务部门办案，不得干预、阻挠相关司法机关、办案部门正常的执法办案活动；四是不得限制人身自由，不得限制或者变相限制被控告人的人身自由；五是不得采取强制措施，不得采取查封、扣押、冻结等强制性措施。

2. 制定调查方案。审查办理案件应当由检察人员负责，承办人员不得少于两人，办理前应填写审批表，经控告检察部门负责人审核同意后，及时制定调查方案开展调查工作。调查方案应当包括以下内容：控告或者申诉的主要内容；调查的目的和范围；调查的人员、分工和组织领导；调查的时间、方法和措施；调查的安全防范预案；办案风险评估及应对措施。

3. 应查明的事实及可采取的措施。在调查中，应主要查明以下事实：被申诉人或者被控告人的身份；违法行为是否存在；违法行为是否为被申诉人或者被控告人实施；实施违法行为的时间、地点、方式、后果以及其他情节；被申诉人或者被控告人的法律责任以及与其他人员的关系；其他与案件有关的事实。调查时承办人员可以采取以下调查措施：询问犯罪嫌疑人、被告人；询问被调查单位、部门和人员；听取申诉人或者控告人的意见；询问在场人员及证人；调取、查询、复制相关登记表册、法律文书及案卷材料等；其他调查核实措施。调查中承办人员应当主动与被调查机关、部门或者人员联系，必要时可以要求被调查机关、部门或者人员就调查事项所涉及的问题作出解释和说明，调查终结后，应当听取被调查机关、部门或者个人的陈述和申辩。

（五）调查结论

对阻碍辩护人、诉讼代理人依法行使诉讼权利行为的申诉或者控告应当在受理后 10 日以内审查终结，报请检察长批准后，分别情况作出以下处理：

1. 依法通知纠正。查明认定违法情形属实或者处理不当，但情节轻微的，以口头或者书面方式向相关单位或者部门提出纠正意见；对于情节严重的，发出纠正违法通知书，通知相关单位或者部门予以纠正。

2. 发出检察建议。发现在执法程序、执法管理等方面存在重大问题的，发出检察建议，督促相关单位规范执法行为，加强执法管理，避免类似违法行为再次发生。

3. 发出检察意见。发现有关涉案人员行为违法，尚未构成犯罪，但应当追究纪律责任的，向相关单位或者部门发出追究有关涉案人员纪律责任的检察建议。办理情况书面答复提出申诉或者控告的辩护人或者诉讼代理人。

4. 移送追究犯罪。在审查办理案件中，发现有关涉案人员违法行为情节特别严重，涉嫌构成犯罪，需追究刑事责任的，报请检察长批准，移送有管辖权的单位或者部门处理。

纠正违法通知书、检察建议、检察意见及移送追究犯罪情况，应当报上一级人民检察院备案，同时抄送被通知、建议单位的上级主管机关。控告检察部门应当及时了解和掌握纠正违法意见、检察建议的采纳落实情况，必要时应当跟踪督办。对提出的纠正违法意见或者检察建议不被接受，相关公安司法机关要求复查的，应当在收到该机关的书面意见后 7 日以内进行复查。经过复查，认为纠正违法意见或者检察建议正确的，应当及时向上一级人民检察院报告，并书面告知要求复查的公安司法机关；认为纠正违法意见或者检察建议错误的，应当及时撤销。公安司法机关无正当理由对纠正违法意见或者检察建议不予采纳，且未提出复查要求，经督办仍不采纳的，应当向上一级人民检察院报告。上一级人民检察院认为下级人民检察院纠正违法意见或者检察建议正确的，应当通知并督促下级机关纠正或者落实；上一级人民检察院认为下级人民检察院纠正违法意见或者检察建议错误的，应当通知下级人民检察院撤销纠正违法通知书或者检察建议，并通知公安司法机关。

人民检察院控告检察部门对申诉或者控告案件调查终结后，应经控告检察部门负责人审核后，在 7 日以内向上一级人民检察院控告检察部门备案。

专题七　接待群众来访的技巧和方法

李高生[*]

一、接待来访工作的重要性和工作理念

（一）正确认识来访接待工作的重要意义

接待群众来访工作，是坚持党的群众路线、密切联系群众的具体体现；是了解社情民意、了解检察机关办案环节容易出现的问题以及执法思想、执法理念、执法作风、执法行为的有效途径；是正确处理涉检矛盾纠纷、提高控告检察工作能力的重要形式；是检察机关发挥内部监督制约机制、提高办案质量的有效举措，对于深入贯彻落实以人民为中心的发展思想，坚持立检为公、执法为民，促进社会主义和谐社会建设，具有十分重要的意义。

（二）接待来访工作应树立的理念

1. 牢固树立尊重和保障人权。这次在修改后的刑事诉讼法第 2 条增加尊重和保障人权的任务，具有提纲挈领的作用，适应了我国参加的国际条约、宪法原则和党章的要求，符合人民的期待，也是现实工作的需要。我们在实践中必须实现尊重保障人权和政治犯罪的有机统一，保持动态平衡，才能在执法办案中实现法律效果、社会效果和政治效果的有机统一。从目前我们受理的群众控告、举报或申诉来看，有许多事实清楚、定性准确、适用法律正确的案件，但由于办案中或接访过程中，只注重了案件事实和实体部分，忽视了当事人的知情权、申辩权、参与权等诉讼权利，虽然案件本身正确，但当事人也怀疑、不满意，从而导致信访。所以我们在实践工作中，要牢固树立人权理念，充分保障和尊重当事人及相关诉讼参与人的知情权、参与权、控告申诉权，及时受理群众合理诉求，严防出现控告难、申诉难的问题。来访接待工作的目的之一就是畅通群众诉求表达通道，尊重和保障群众权利。

2. 必须坚持以人为本、执法为民。控告检察部门是检察机关联系人民群

＊　最高人民检察院控告检察厅办公室主任。

控告举报检察实务讲堂

众的桥梁和窗口，是受理人民群众控告申诉的重要渠道。所以，我们要进一步转变执法观念，树立宗旨意识，把依法解决好人民群众诉求作为工作的落脚点和出发点，热情接待，及时依法受理，妥善处理，把化解矛盾、促进和谐作为新时期控告检察干警的根本职责。在工作中，要进一步畅通信访渠道，以便民、利民、为民办实事为主线，不管上访是否属于检察机关管辖，都要依法热情文明接待，及时分流，对属于检察机关管辖的，切实依法及时解决；对不属于检察机关管辖，也应做好析理说法工作，并按照"推一推"、"促一促"、"动动嘴"、"跑跑腿"的要求，促进有关问题的解决。

3. 必须坚持群众路线。一要开展群众观点再教育，牢固树立群众观念。实践证明，群众观念淡薄既是引发涉检信访的根本原因，也是涉检信访问题化解不到位的根本原因；只要抓住群众路线这个纲就找到了信访问题源头治理和矛盾纠纷化解工作之本。今后要结合正在开展的核心价值观实践教育活动，进一步加强群众路线教育，教育和引导控告检察干警牢固树立群众观念，密切联系群众、了解群众、依靠群众、服务群众。二要进一步探索在执法办案和涉检信访工作中贯彻群众路线、实行专群结合、接受群众监督的新途径新机制；通过举报宣传周活动、乡镇检察接待室、文明接待窗口创建评比等，积极开展进社区、进企业、进学校、进农村活动，收集社情民意、倾听群众意见，为群众提供便捷服务。三要拓宽群众监督渠道。毛主席说：只有让人民来监督政府，政府才不会松懈；只要让人人起来负责，才不会人亡政息。党的十八大报告明确提出，让人民来监督权力。可见群众监督的重要性。一是进一步拓宽12309、网络信访、视频接待等民意诉求表达渠道，及时受理群众控告、举报、申诉和批评建议。二是逐步开展群众对控告检察干警的满意度评价工作，适时征求群众对信访工作的意见。三是在文明接待室评比标准时，增加听取群众意见内容，把群众满意的单位作为优先评选对象。四要进一步把来访接待室作为选拔培养干部的基地；积极推进新进干部和新提拔处级干部到来访接待室锻炼的机制，增强群众感情。五要关注民生，优先解决群众反映强烈的问题。把事关群众切身利益，可能引起集体访或群众性事件的事项，作为检察机关优先解决的问题。

4. 必须更加注重理性、平和、文明、规范执法。近年来，高检院党组和曹建明检察长反复强调要坚持理性、平和、文明、规范执法，这不仅是新形势下党中央对政法机关的明确要求，也是从源头上预防和减少群众上访、预防因接待不当产生新的矛盾的基本要求。一些越级上访、集体访和极端事件的发生，与在接待中不理性、不平和、不文明、不规范有一定联系。所在，我们在严格公正廉洁处理涉检信访的同时，接待人员应始终保持理性、冷静；始终以

控告举报检察实务讲堂

平和的心态接待来访，既依法办理来访事项又要注重人文关怀；始终坚持文明接待，自觉做到语言文明、行为文明、作风文明，尊重上访人人格尊严；始终坚持规范接待，严格遵循接访有关规定的程序和要求，接待过程和事项处理符合法律政策。

5. 必须把化解矛盾纠纷贯穿来访接待工作始终。近年来，各级检察机关认真贯彻中央部署，立足检察职能抓源头、清积案、建机制，在化解社会矛盾方面做了大量工作。但是，释法说理不到位、矛盾化解不及时，仍然是引发上访的一个重要原因。所以，在来访接待处置的各个环节都要把化解矛盾贯穿于始终，坚决防止和纠正"为了接待而接待"、"瞒、骗、哄"的机械接待方法，从而激化矛盾或滋生新的矛盾。要主动把接待每一件来访作为化解矛盾、析理说法、宣传法律政策的有效手段和阵地。要改进涉检舆情应对引导工作，及时回应社会关切，防止涉检敏感问题发酵成舆论热点、燃点。要积极开展司法救助，对法律程序已经穷尽，仍然不能得到合理赔偿、补偿，生活陷于困顿的上访人，协调有关部门给予救助，彰显人文关怀。要主动加强分析研判，积累经验、总结规律，提高化解矛盾纠纷的能力和水平，使来访人通过接待过程既解开"法结"又解开"心结"。

6. 必须要以诚心对待上访。心是我们作好来访工作的总开关，这个问题解决不好，要么一个来访就接待不好，要么不能坚持一如既往，要么满腹怨言，从而激化矛盾。易经有句话很适合，"安其身而后动，易其心而后语，定其交而后求"。所以说，有心主要体现在对来访群众的认识上和工作理念上，纲举目张。主要表现在：状态上精力充沛、满怀激情，温和、耐心、不急不躁；群众等候时间上要短，及时接待；心理上融为一体；态度上和蔼可亲；表情上全神贯注；记录上仔细、全面、不遗漏；发问上切入主题、要害；案情上吃透、找准问题焦点难点；解决问题上，尽心尽力；在保持时间上要有恒心，一如既往、一以贯之、始终如一，不管什么事什么人、什么问题都充满热情和感情。坚决防止心不在焉、敷衍了事，无心倾听、漫不经心；坚决防止对问题实行"拖、推、转、踢"；坚决防止打哈欠充满倦意、左顾右盼不耐烦等现象。一是对上访群众不尊重，不能取得互相信任；二是造成不知道上访人说什么，解决问题出现偏差。

二、接待群众来访的语言技巧和行为规范

来访接待是检察机关联系群众、服务群众的窗口，体现检察机关和检察官的形象和公信力。来访接待讲究语言技巧和行为规范，首先是为了体现检察公信力和检察机关形象；其次是让群众听得懂，愿意听，拉近心理上的距离，赢

得信任，为化解矛盾营造和谐氛围；最后是在一定程度上体现自身综合素质。

（一）接待群众来访的语言技巧

1. 从语气方式上看。少用批评式、纠问式、责备式、盛气凌人式，语言应该平和，尽量用一些征求意见式、商量式、拉家常式的语气。一要防止出现闻过则怒、闻过则骂，甚至闻过则打的不文明行为；二要防止居高临下、盛气凌人的官僚主义作风；三要防止形式主义式的官话、套话和大话。

2. 从语言的规范上。多用文明语言，禁止用忌语。要严格按照《检察机关文明用语规范》等规定要求，安排专人接待，不得推诿塞责，杜绝"门难进、话难听、脸难看、事难办"和"冷、硬、横、推"。禁止说"快点说"、"简单点"、"别啰嗦了"、"话真多"等文明接待忌语。

3. 从语言的表现形式上看。多用通俗语言，多用当地群众语言、形象语言，多用对比思维，多用事例。少用法言法语、政策语言、官话套话。如，一上访人就民事调解上访，接待人员声称，调解是双方"意思自治"，上访人对"意思自治"感到不理解、很茫然。

4. 从语言的内容上。一是真实。讲真话、实话。防止空话、套话、假话。如，有一上访人来找领导，接访同志刚说完领导不在，结果领导就出现了，上访人就会感到被骗，不信任感可能会由此产生，不利于矛盾化解。二是就事论事，紧扣群众反映的问题。一要防止漫无边际，不知所云。二要防止指桑骂槐，打击一片，伤害群众感情。如，一个上访人来访，接待人员不经意说你们省的人都爱上访，上访人一下就急了，大吵大闹要求更换接访的人。三要防止"扣帽子"、"打棍子"。三是语言要温和，言辞得当，言之有理，以理服人、以情感人，以促进息诉息访。避免用盛气凌人的语言，摆架子、居高临下、以势压人，激化矛盾。

5. 从语言语气上。对情况不明的或善后要求过高的，要杜绝表态性语言，应留有余地。对情况十分清楚的，该决断的要决断，谨防拖泥带水，给上访群众留下希望，造成后患。对情绪激动的，要用模糊、平和安抚式语言，防止激化矛盾。

（二）接待人员的行为规范

接待人员应按要求着检察装、挂牌接待；举止文明、态度和蔼、语言规范。对属检察机关管辖的，及时办理；对不属于检察机关管辖的，热情接待后，为其指明投诉方向或帮助协调有关部门处理。如，在一次接待中，上访人看到接待人员的胸牌，有姓名、职务、编号、照片、所在部门，上访人马上产生敬畏并说，从接待人员胸牌增加信任和敬意，一是胸牌有单位和部门证明代表公权力机关来接待我；二是胸牌上有姓名、照片，证明会认真对待其的诉求；三是胸牌上有接待人员职务，上访人员更感到踏实可靠。

三、接访能力及接待技巧

按上访生理特征分：理性型、宣泄型、偏执型、多疑型。按来访次数分：首次访、重复访。按反映问题分：涉检访、非涉检访。按上访人表现行为：告急访、一般访。按上访人数分：个体访、集体访。要接待好这些上访，首先要有力接访好。力包括三个方面，即知识、能力和经验：一是要勤于学习，知识面丰富，熟悉党的政策、法律、经济、心理等，不一定要专，但要通。同时知识要不断更新，与时俱进，跟上时代步伐。如要对修改后的刑事诉讼法、《刑事诉讼规则》、民事诉讼法和《民事诉讼监督规则》等烂熟于心。二是要有能力。在现在公开、通明、开放条件的法律政策运用能力（如新赋予的职责如何运用）、舆情引导能力（如网上舆情的发现、判断、调查、会见、处置）。还应具备群众工作能力、信息化实战运用能力、应急处置能力。三是要有经验。经验来于实践，同时作用于实践，很重要也很有效果。如，反映法官违纪和枉法裁判的，大部分是不服法院裁判的。又如，一位新来的大学生，被老上访户问急了、问哭了，这是典型的经验不足。

在接待来访工作中，一些工作技巧对控制现场情绪、问题的解决甚至接访环境的安全都显得十分重要，总体来讲，要因人而异、因时而异、因事而异、因案而异，不管是首次访还是重复访，都坚持具体情况具体分析、不同情况不同对待的原则。

（一）以静制动

以静制动就是抓住别人的破绽，寻求胜机。一是适合宣泄型、狂躁型、偏执型、多疑型、迁怒型、哄闹型的上访。二是适合一些老户和重复访。如，一上访人在接待时情绪激动，大声吵闹，接访人员始终保持平静，上访人发泄一阵怨气后，恢复冷静。这个时候在慢慢询问案情、诉求，便于充分了解情况，依法妥善解决问题。

（二）以动制静

以动制静就是主动出击，从而找到解决问题的方法。适合理性型、固执型、沉默寡言型、滞留型（坐着不走）的上访人。如，一上访人反映其80年代被诬陷，接待时语言很少，不吵不闹，一坐一整天，接待员主动讯问、积极沟通、帮助分析结症，最终予以纠正。

（三）因势利导

因势利导可以用一句方言来形容就是"顺着毛毛摸"，给上访人一个定心丸和希望语。适合既可能有问题或者有一定道理的涉检访，又可能矛盾激化的上访。如，一上访人找领导反映接待人员态度恶劣问题，领导没有推诿，在认真听取了上访人反映的情况和意见后，表示衷心感谢，并承诺将认真调查，如反映属实将依照规定处理，并将办理情况回复上访人，这样上访人会感到不护短、不包庇，对处理结果充满预期。

（四）善意"冷却"

意思就是让上访人冷静、理性，以便在一个理性环境中受理接待、处理上访人反映的诉求。一是适合哄闹型、固执型的上访人。二是适合夸大型、要求过高型的上访人。三是适合一些反映无理由的重复访和上访老户。如，一上访人提出的诉求超出法律政策规定，在每次接待时，接待人员就告诉上访人其诉求超出法律政策规定，无法满足其诉求，经过一段时间的"冷却"僵持，最终在法律政策范围内解决了问题。

（五）避其锋芒

避其锋芒就是对一些情绪激动的上访者避其锋芒，挫其锐气，尤其是对一些有安全隐患的上访。如，一上访人开车撞击来访接待大门，情绪激动，接待人员从视频看见后，未立即直接上前理论，而是先打110报警，从而避免了与情绪激动的上访人正面交锋，刺激上访人采取二次撞击大门或打人等过激行为。

（六）以情理化人

以情理化人就是以礼服人、以情感人、依法助人，解开上访人心结和法结。适合所有的来访，接待时坚持：一是放得下自己的身份，不以检察官身份自居，而是以公仆身份交谈；二是受得了怨气，骂不还口、打不还手；三是想得开，不要受情绪感染，影响心情；四是信得过，彼此要信任，尤其是要信任上访群众，同时取得上访群众的信任。如，一上访老人，接谈时骂接待人员，接待人员很理性、平静，骂不还口。老人迟疑地问接待人员怎么不还口，接待人员说，您这个年龄和我父亲差不多，您说得对，我应虚心接受并纠正，说得不对可以作为警示，老人随即停止了辱骂，并表示自己不应该骂人。

四、接待来访的方法

接待来访的方法一般分三个步骤：一是用"四诊法"进行初诊或预诊，就是初步把脉；二是面对面接待时用"五听"法，变真假和疑似；三是用利用涉检信访的四大功能解决问题、提升接待水平。

（一）"四诊"即"四诊法"，四诊把脉

1. "望"，望就是察言观色。"望"在接访前细致观察来访人的言谈举止、表情流露、情绪变化等外在表现，通过察言观色，认真研究来访人的心理状态和性格特点，初步区分不同类型的来访者，因人而异确定接访的基本方法和大致步骤。一望来势。判别来访类型：个体访、集体访或非正常访，以确定接待方案。二望神态。判来访人性格类型，以便确定应采取的接待方法。有的伤病缠身；有精神障碍者；有的怒气冲冲；有的泪流满面；有的神情自若；有的左顾右盼；有的大喊大叫。分别甄别情形，以不同的心态和方法做好接访工作。三望走势。接待完后，看来访人的表现，以确定接访效果，确定下步工作措施。

2. "闻"，闻就是了解情况。采用"闻"的方式，通过听取来访人倾诉，把握来访人的真实意图，摸清反映问题的来龙去脉，有效提高了化解矛盾的针对性。

3. "问"，刨根问底，追本溯源。"问"即是通过接访中深入的语言交流以达到追本溯源、查明症结之目的。问得全面、细致、具体。包括问清姓名和职务、单位和居住地址、事实及证据、意愿与申诉等，把事情原委全记录，留下电话好回复。通过全面了解信访来访当事人的基本情况、诉求和意愿，了解事情的原委，最大限度地掌握信息量，为诊断打下坚实基础。而且，通过"问"，弥补仅靠"望"与"闻"所造成的信息不足，在问中进行相关政策和法律法规的解释说明，有助于促使来访人重新审视自己的信访问题。

4. "切"，答疑解惑，疏散心结。是通过先前的望、闻、问对信访来访已有的信息进行分析，进而对其进行把脉，从中找出解决涉检信访问题的办法来，使信访问题得到合理的化解。"切"是根本、是目的、是结果。

（二）"五听"即"五听法"，五听辨疑似

五听是运用犯罪心理学原理，古代中国判案的主要方法。产生于奴隶社会，在中国延续数千年，体现强大的生命力，甚至在当今法治中，也经常会找到五听断案的影子。周礼记载："以五声听狱讼，求民情。一曰辞听，就是观其出言，不直则烦；二曰色听，观其脸色，不直则赧（nan）色；三曰气听，观其气息，不直则喘；四曰耳听，观其听聆，不直则惑；五曰目听，观其眸子，不直则眊（mao）然"。

听是判断的意思，为什么在来访接待中要强调用五听执法？目的为准确判断而听；为准确理解而听；为正确疏导而听。刚才"四诊法"是对来访的整体判断，而五听是主要运用于具体面对面交谈时。

1. 辞听，就是听来访具体陈述。看看前后是否矛盾（这次和上次、内容前后、逻辑上）。陈述中情绪的变化，判断关键问题。如，一上访人反映劳教和拘留的问题，非常愤怒，接待人员问他为什么被拘留，他就讲因为他弟弟因生病被单位开除，很伤心（是真伤心）。所以，从这可以判断给他弟弟恢复工作是主要诉求，劳教是次要诉求，控告劳教是为了促进其弟因病被开除问题的解决。

2. 色听。从上访人谈话的脸色，以及接访人问话后上访人的反映来判断，一般情况上访人说假话或接访人反问上访人说的假问题，上访人脸上会有赧色或扭曲表情或不自在。如，一越级上访人上访，接待人员说你应该逐级上访，他说他都去了。接待人员就问上访人，你居住地哪个检察院接待室大门不应安转动门，有时走不动夹手，现在修好了吗？上访人脸马上红了，就此判断说假话了。再如，一上访人控告接待干警行为违法，接访人说接待是全程录像的，看看监控吧，如属实坚决处理。上访人马上脸出现扭曲，沉默半天走了，从此再不来上访。

3. 气听。就是听气息（喘气是否流畅）。如果未谈前，喘气不均匀，证明这个身体有问题，接待要注意不能有刺激语言。如在接待交流中，出现喘气问题，证明说到点上了，接待人员应记录在案，根据其他情况综合判断真伪。

4. 耳听。耳听就是听后的反映，如接访人询问或总结，上访人听后显得迷迷糊糊，答非所问，证明我们提出的问题和总结，上访人没有理解，接访效果不好。或者是我们没有弄清上访人反映的真实诉求。

5. 目听。就是从眼神判断。从眼神的平静、明暗、混沌、善恶判断上访人的状态或类型（是否冷静、是否偏执、是否信任、是否怀疑），判断接访的效果（上访人是否满意，是否越级或重复访），如眼有凶光，接访人要注意安全。如，一个上访人上访，一位同志刚好路过，从上访人眼神看不对劲，马上后退一步，就在同时上访人从怀里迅速拿出一把刀砍向这位同志，这位同志本能地用右手一挡，砍在了手上。

（三）"功能接待"法

就是利用涉检信访的四个功能价值接待群众来访，从而推动化解矛盾。涉检信访有四大功能价值：一是法律监督程序引导功能。检察机关通过"涉检"信访启动控告、申诉诉讼程序，挖掘和发现其背后的职务犯罪线索和执法不公等问题，把控告或申诉引入司法诉讼程序解决渠道，强化检察监督职能。二是映射功能。"涉检"信访是检察机关乃至于公安司法机关执法状况的晴雨表，是执法水平的一面镜子和映像，是对执法状况的真实写照和客观反映。通过对

"涉检"信访研究分析和总结，剖析公安司法机关在执法思想、执法作风、执法法水平、执法能力等方面存在的缺失，以便及时纠正和救济。三是救济功能。检察机关通过处理"涉检"信访，切实解决群众反映的实际问题，并通过检察建议等形式，建议相关部门对机制等方面的问题进行修改、补充和完善，建议对执法过错进行纠正。四是矛盾释放化解功能。"涉检"信访是民怨的释放通道和解决矛盾的有效途径，也是群众矛盾纠纷发现和化解的正常通道，这条通道不能削弱，必须加强。所以，在平时接待中，要按照涉检信访的四大功能接待每个具体来访，从而提高接待工作质量和水平。

1. 充分发挥法律监督程序引导功能，依法及时受理相关控告或申诉。

（1）积极受理。修改后的三大诉讼法及实施细则，进一步明确了控告检察部门的统一受理职能。受理范围进一步扩大。受理范围的扩大主要体现在：修改后的刑事诉讼法对公民私权利的强化以及赋予私权利受到侵害时的救济渠道和途径，刺激当事人控告、申诉或举报。同时，修改后《刑事诉讼规则》中有近300个条文为当事人的控告申诉或举报提供了法律依据。

另外，修改后的民事诉讼法强化了检察机关对审判活动、生效裁判和民事执行的监督。

（2）实行诉访分离原则。首先我们注意，在实践中，群众反映的问题有涉法涉诉问题和普通信访问题。在实际工作中，作为直接面对群众控告、举报和申诉的部门，不管是诉还是访，一般是按照有访必接、有信必拆的原则处理。面对修改后刑事诉讼法产生的大量控告、举报或申诉，依法、及时、高效、公正、妥善地处理是前提。所以，我们在首次受理时，就要坚持"诉访分离"的原则，所谓"诉访分离"，就是对群众的控告、举报和申诉，尤其是初信初访，及时进行审查，界定是"诉"还是"访"，"诉"是法律问题，"访"是绝大多数是善后问题，以及批评建议，或是反映的需要我们指明投诉方向的非检察机关管辖的问题等，并分别及时进行处理。如是"诉"就应及时引导进入法律程序，通过法律程序依法处理，如是"访"就应通过相应的行政手段尽快予以解决，不拖不拉，把问题解决在初始阶段，避免矛盾激化。

（3）准确分流，加强诉讼程序的引导。要按照修改后的《刑事诉讼规则》和《民事诉讼监督规则》等，控告检察部门或举报中心对接受的控告、举报或申诉根据不同情况和管辖规定，在7日内作出以下处理，属于人民检察院管辖的，按照相关规定分别移送本院有关业务部门或人民检察院办理；对不属于检察机关管辖的，移送有关管辖权的机关处理，但对必须采取紧急措施的，应先采取紧急措施，然后移送主管机关；对案件事实或线索不明，应进行必要的调查核实，收集相关材料，情况查明后及时移送有管辖权的机关或部门办理。

控告检察部门可以代表本级人民检察院向下级人民检察院交办控告、申诉、举报案件。控告检察部门对移送本院相关业务部门和向下级人民检察院交办的案件，应依照相关规定进行催办。

2. 充分发挥映射功能，当好参谋助手。群众信访是一面镜子，是检察机关执法状况的客观反映，我们必须加强信访的研判分析。进一步通过日常办信、接访、12309 举报电话工作平台等工作，主动挖掘背后可能出现的串联访、聚集访、集体访、极端事件等苗头性、倾向性问题，做到早发现、早报告、早解决。进一步加强与联席会议等相关部门的联系和沟通，实行资源共享。进一步研判分析检察机关在执法理念、执法作为、执法行为、执法环节等方面存在问题，为领导决策提供参考。修改后的三大诉讼法实施后，对信访总量、涉法涉诉信访量、涉检信访量的变化趋势、反映的主要诉求或问题、三大诉讼法在实践中贯彻落实情况尤其是在检察监督环节的贯彻落实情况及存在的问题定期和专门分析，写出有情况、有原因、有建议的专题报告。

3. 充分发挥救济功能，切实解决合理的诉求。救济功能就是切实解决反映的实际问题。群众控告、申诉的根本目的就是要解决其反映的实际问题，所以始终要坚持在"事要解决"上下功夫。

（1）加强交办、督办、催办。要按照修改后的《刑事诉讼规则》和《民事诉讼监督规则》、《行政诉讼监督规则》，对符合条件应该交办的案件，及时交办。要适时催办督办。督查制度是落实信访工作责任制，推进信访事项办理进度，提高信访办理质量，保护信访人的合法权益的有效手段。督查工作是控告检察部门的一项重要职责，对防止信访事项转而不办、办而不决、决而不执具有重要意义。根据《人民检察院信访工作规定》，对信访案件，相关业务对应当受理而拒不受理的、未按规定程序办理的、未按规定的期限办结的、未按规定反馈办理结果的、《交办信访事项处理情况报告》事实不清、证据不足、定性不准、处理不当的、不执行信访处理意见的，等等，可以采用发催办函、通报、提出改进建议等方式，进行督办催办，促进控告或申诉事项的解决。在工作实践中，上级检察院派出工作组进行实地督查，会诊疑案，指导难案，纠正错案，取得了显著成效。根据修改后的刑事诉讼法产生的控告、举报和申诉，控告检察部门要根据《人民检察院信访工作规定》，依法及时受理、移送、督办、催办、答复反馈，确保所有受理的控告、举报和申诉能依法及时高效地解决。

（2）实事求是，有错必纠。该纠正坚决纠正，不该纠正的绝不能纠正，不能碍于部门面子，枉法办案或敷衍塞责。同时，要把好案件质量关，严禁对信访案件的办理结果不审查，案件质量得不到保障，影响人民群众合法权益。

（3）沟通协调，形成合力。加强与党委、政府、相关部门的交流、协调和沟通。尤其是修改后的三大诉讼法，在实施中产生的控告、举报或申诉，是一项新领域、新业务，专业性、技术性强，对控告、举报或申诉的办理要求高。所以，加强与相关业务部门的沟通、交流，形成合力化解息诉。

（4）探索新模式、新方法和新途径。在实践中，要逐步探索办理修改后的三大诉讼法贯彻实施中产生控告或申诉的新模式、新方法和新途径，并逐步建立相关处理机制。

4. 充分发挥矛盾释放化解功能，着力化解矛盾纠纷。

（1）充分认识化解矛盾纠纷的重要性。党的十八大报告指出："发展中不平衡、不协调、不可持续问题依然突出"、"一些领域消极腐败现象易发多发，反腐败斗争形势依然严峻"、"社会矛盾明显增多"。同时，群众的法律意识、监督意识、维权意识进一步增强，通过信访渠道提出的控告、申诉等可能进一步增加，涉检信访形势不容乐观，化解矛盾纠纷、维稳社会和谐稳定的任务依然繁重。矛盾纠纷的化解需要有一个正常的通道、具体的场所、必要的过程和阶段。如果平时不注意化解矛盾，堵塞群众矛盾释放通道、敷衍塞责、互相推诿、不作为、乱作为，就可能会出现"小事变大、大事变炸"，导致群众矛盾纠纷激化，出现矛盾"井喷"或"堰塞湖"。

（2）始终坚持以人为本理念，畅通渠道。不管是否属于检察机关管辖，是否反映的问题有道理，都要充分发挥信访通道的矛盾释放化解功能，耐心热情接待，做好析理说法和稳控息诉工作。让信访渠道成为控告或申诉人冤屈诉说的途径、场所和对象，成为控告或申诉人释放怨气，诉说冤屈，表达诉愿，逐步化解矛盾的通道，最终促进矛盾纠纷的妥善解决，促进社会和谐。

（3）坚持"法"、"理"、"情"的综合运用。价值目标的设定，讲究严格规则下的治理，确保了充分的程序公正。但由于严格的依法而治，往往会产生实质的非正义与结果的不妥当，同时由于司法程序以手头的案件为服务对象，很少关注案件背后的社会模式或制度惯例，对一些违反规则的行为的防范很难发挥作用，也难以避免有组织的规避法律的行为。修改后的三大诉讼法在实施中产生的控告或申诉，在处理中必须坚持"法"、"理"、"情"综合运用的理念。这里的"法"是现行的法律制度，"理"是法之外的道德、良好的社会习惯等，"情"是对人民群众的深厚感情。这里的"法"、"理"、"情"三者结合，不是用"理"、"情"去弱化"法"的运用和调节，或者用"理"、"情"代替"法"对控告或申诉问题的处理，"情"也不是徇私情，而是带着感情去处理群众的控告或申诉，真情感化，真心交流，促进矛盾化解。控告或申诉事项以"法"为基础，要依法治访；案外事项以及案结息诉要以"理"和

"情"疏导。要做好每一件控告或申诉，既要处理法律实体事项，也要包括善后工作和息诉，是一项综合工程。所以，在处理修改后的刑事诉讼法实施中产生的控告或申诉的过程就是"法"、"理"、"情"现实融合的体现，如撇开"理"和"情"，只用"法"去调节和救济是无法真正化解矛盾纠纷的，尤其是一些"情理之中，法度之外"的控告或申诉，只有带着感情，坚持以人为本，在法度内，充分考虑人的情感、人性等因素，才能便于接受，促进息诉。实践中，大部分"涉检"信访问题实际上通过调解沟通的方式解决的，在这种纠纷调解中，通情达理，合情合理是最重要的，将"法"、"理"、"情"三者兼顾，定能完美解决。

（4）按时做好答复反馈，取信于民。修改后的《刑事诉讼规则》、《民事诉讼监督规则》、《行政诉讼监督规则》明确规定，办案部门应当在规定期限内办理案件，并向控告检察部门或者举报中心书面回复办理结果。回复办理结果应当包括控告、申诉或举报事项、办理过程、认定的事实和证据、处理情况和法律依据以及执法办案风险评估情况等。控告部门对业务部门的办理情况和结果，应在法定时间内、以法律规定的方式向控告、申诉或举报人进行答复反馈。

五、一些特殊来访的接待方法

根据不同的标准，对上访有不同分类，同时对不同的类别的上访，接待中也应有所区别和侧重。

（一）初访

以"五要"为标准。一要"通"，就是渠道要畅通，保证人人都能得到接谈。二要"细"，抓细节，找关键。三要"透"，就是要把问题问透、案情吃透。四要"准"，就是对反映的问题要看准。五要"妥"，问题要处理，标准就是让老百姓满意，解开法结、心结，打开情结。

（二）告急访

要根据告急访的种类和不同情况，去采取相应的方法。一般情况下告急访有两种情形：一是告诉紧急情况；二是突发事件。

1. 告诉紧急情况。一是自首，要按照修改后的《刑事诉讼规则》做好笔录、固定好证据，通知并协助当地公安部门采取相应措施；二是紧急举报线索，要仔细甄别、及时汇报、及时核实、及时决定、及时采取措施；三是敏感或能引起群众性事件的信息。如威胁可能自杀、跳楼、爆炸等信息，要按照"宁可信其有、不可信其无"的原则，及时处置、报告。一要报告；二要解释，析理说法、解开心结；三要采取相应的应急、稳控措施。

2. 突发事件

一是要及时发现，并对上访人的过激行为有一个初步预判、预知。二是及时处置，对自伤、自残的，应采取果断措施迅速制止或救护，必要时拨打 120 送医院抢救；对威胁跳楼、自杀的，要组织有经验人员劝解疏导，同时应采取相应的保护措施；对威胁爆炸或发现疑似爆炸物的，一方面及时通知公安等相关部门和单位，采取紧急措施控制事态；另一方面组织有相关专业知识的安保情况、反映的诉求及现场处置人员，采取临时防护措施。三是及时报告，对来访基本情况，随时报告领导，并适时通报上访人所在地及相关部门。

（三）上访老户

上访老户反映的问题，有的不属于法律范畴，或不属于检察机关管辖，或虽属于检察机关管辖，但走完法律程序后，始终不服；有的属于办案有瑕疵，但不影响实体结论；有的属于法度之外、情理之中；有的属于时过境迁，或过时效，或涉及新法和旧法的适用；等等。他们一般要求过高，思想固化，难以息诉罢访。处理和原则和方法：一是定期接待，教育感化。二是按照"谁主管，谁负责"的原则，重点放在解决问题上，对上访老户反映的问题，应该依法解决而又能够解决的，尽量尽快解决；对因检察机关执法原因引起的，应按照"有损害必有救济"的原则，及时协调有关部门采取救助等方式予以解决；对属法度之外，情理之中的，应该创造条件依法解决；要把上访行为和诉求分开处理，对违法上访行为应依法处理，对该解决的诉求应及时认真解决，不能因上访行为违法而不积极解决问题。三是可以通过信访听证、公开答复、联合接访、领导包案等方法措施，并利用人大代表、政协委员、人民监督员、基层组织、上访人亲属、律师等共同做好上访老户的息诉工作。

（四）"三跨三分离"访

"三跨三分离"案件，是指跨地区、跨部门、跨行业以及人户分离、人事分离、人事户分离的案件。涉及"三跨三分离"案件的来访，跨地区的上级检察院是协调责任主体，跨部门的当地党委政法委是协调责任主体；对来访事项的解决由案发地检察机关负责解决；教育稳控由来访人户籍地检察机关负责，如户籍地和居住地不一致的，由居住地检察机关负责解决。

（五）集体来访

涉检集体访是指为了满足某种利益和权利的目的，以某项诉求为动因，五人以上的上访人采取静坐、冲击、呼口号、大横幅、堵塞交通等方式向检察机关施加压力，要求解决诉求的联合行为。从其本质上看，集体访仍然是人民内部矛盾激化的一种体现，根据《信访条例》和《人民检察院信访工作规定》，集体访是一种背离、违反社会规范的偏离行为，甚至是一种违法行为，在一定程度上影响社会和谐稳定、影响上访秩序、法制秩序、治安秩序、交通秩序和正常的工作秩序，从而影响社会安宁和谐稳定，同时也不利于诉求的理性解决。一是近年来，集体访开始出现跨区域、跨行业串联的倾向，参加人数多、持续时间长、规模较大、经常反复，且一般情况下周密策划，目标明确，行动统一，影响社会和谐稳定。二是为了达到其诉求目的，集体访经常在办公场所前聚集、静坐、呼口号、大横幅。甚至堵塞交通，围堵冲击检察机关，扰乱正常办公秩序。三是信访预期高，甚至抱有不达目的不罢休的思想，往往煽动情绪，致使一些问题很难法定时间内依法解决。四是由于集体访往往造成路人围观，导致一些不明真相的群众误解和不理解，降低检察机关在人民群众中的形象和威信，影响检察机关的执法公信力。

1. 集体访的主要特点

（1）从量和趋势上看：人次数多，呈多发趋势。随着改革开放的进一步深入，利益格局深刻调整，涉及相关人群的利益纠纷逐渐增多，这些在一定范围内的共同诉求往往容易集合，并通过到检察机关信访的形式表现出来，致使集体访呈多发趋势。

（2）从反映的问题看：非涉检集体访突出。从近年来在检察环节的集体访看，大部分不属于检察机关管辖，主要反映国有企业改制、土地征用、城市拆迁、非法集资等以及在这些工作中存在的职务犯罪等问题。

（3）从时间上看：具有明显的择机性。一是选择在重大活动、重要会议期间聚集上访。如，每年的"两会"、"国庆"以及一些其他重大的活动或重要的会议期间。二是选择案件程序在检察环节聚集上访。如，非法集资、传销等涉众型案件，当程序在检察机关审查起诉时，相关人员会在检察机关聚集上访，向检察机关施压。三是选择在利益分配的关键时期上访。如，土地征用、房屋拆迁、国有企业改制等涉及群众利益的集体访，往往在利益分配的关键阶段，容易出现集体访，以获取最大利益。

（4）从组织形式上看：具有一定的组织性。集体访一般都具有一定的组织性，经过较为周密的组织和策划，有领头人和骨干，通过将相同利害关系人聚集，从而形成集体行为，组织性较为明显。在整个处置集体访过程中，领头人及骨干，均起着组织和决策作用，运作有序，其他上访人听从组织者的指挥和安排。

（5）从诉求方向看：目的明确，调处疑难。虽然在诉求表达中，合理与不合理的要求、合法和不合法的行为、大多数善良的群众和个别动机不纯的人等互相交织，但最终的诉求目标明确，且调处难度大。如，在涉及拆迁等集体访中，上访人往往会提出在拆迁中涉及职务犯罪，但其真正目的是为了获得更大的补偿。

（6）从引发的次数上看：具有反复性。矛盾纠纷原因产生的多样性、复杂性决定了矛盾的反复性。由于集体访反映的问题错综复杂，往往涉及不同的利益群众，或不同的利益诉求，在一个集体访中合理的诉求和不合理的诉求、切合实际的想法和不切合实际的要求、激动的情绪和理性的思维互相交织、互相作用，导致集体访处置难度大，难以平衡，经常反复。同时部分群众仍然存在"会哭的孩子有奶喝"、"大闹大解决，小闹小解决，不闹不解决"的心理，一旦现实处理与预期诉求存在差距，就会再次出现集体访，以达到其预期利益的目的。

2. 产生的主要原因

（1）从社会背景看：随着改革开放的进一步深入，经济体制深刻变革，社会结构深刻变动，利益格局深刻调整，思想观念深刻变化，各种矛盾纷繁凸显，出现了利益分配、资源配置、文化思想等方面的冲突，群众利益受损，滋生了集体访的产生。

（2）从诱发催生因素看：一是各种利益冲突。主要表现在：城市土地征用、房屋拆迁补偿、国有企业改制的职工安置、非法集资等方面。二是一些干部的腐败行为。三是执法作风和能力。主要表现：对事关群众利益、影响面大的控告、举报和申诉，或不作为、乱作为；或超期羁押、久拖不决；或执法能力低，不重社会效果，对集体访产生的规律缺乏认知。这些催生了矛盾累积，加剧矛盾，演化为集体访。

（3）防范机制上看：防控机制不健全。一是防控网络没有建立。目前，检察机关各部门之间、上下级院之间以及检察机关与政府、法院、公安等部门之间，没有一个有效的防控网络，缺乏合作协调沟通机制。二是缺乏有效的信息网络。一些办案部门一味注重办案，忽略对办案中，可能引发群体性事件的不稳定因素的察觉、发现和通报；上下级检察院信息沟通不灵通、不及时。这些导致，对一些隐患和苗头性、倾向性问题，不能做到早发现、早报告、早处置、早息诉。三是调处机制不健全，矛盾消化渠道不畅通。一些个访由于涉及多个部门，不是哪一家能够解决，需要综合各方力量，联合调处，合力解决。但往往部门之间缺乏必要的交流沟通机制，导致矛盾累积激化，成为集体访。

（4）从上访人法律素养看：维权意识增强，但法律意识相对滞后，使一些能在法律范围内解决的问题，演化为群体性事件。一是不愿依法、依程序表达诉求，信"上"不信"下"，信"访"不信"法"，错误认为"大闹大解决，小闹小解决，不闹不解决"。二是对法律的认知存在偏差。三是违法聚集上访施压，追求过高利益。一些群众法制观念淡薄，要求不合理，漫天要价，一些别有用心的人借机煽动，促使矛盾冲突向集体访演化。

3. 应对策略和措施

集体访一般都有诱因及酝酿、发生及扩展、处置及化解三个阶段。所以，从矛盾诱发积累开始到集体访处置化解的整个过程，任何一个环节得不到有效处置，将会向下一个环节转化，从而导致集体访，所以我们必须妥善处理每一个环节。总的原则是：一是治本控源，超前化解在萌芽状态；二是实事求是，妥善处理，防止矛盾激化升级；三是跟踪督查，避免反复。

（1）事前预防策略和措施

这个时期的工作是主动预防，力争不产生或少产生引起集体访的矛盾纠纷，或努力解决在萌芽和初始状态。主要策略有：

一是改进工作风，提高办案质量。各部门要牢固树立社会主义法制理念，热情文明公正办案，杜绝推诿扯皮、敷衍拖延、不作为、乱作为等官僚主义作风，要把群众是否满意作为第一标准。建立科学的办案监督、业绩考核、错案追究制度等案件质量保证机制，提高办案质量，维护公平正义，从源头预防和减少集体访。

二是加强防控预警机制建设。①建立左右互动、上下联动的防控机制。做到统一防范、统一指挥，高效有序，渠道畅通。②制定防控预案。为能够有效预防集体访，并在集体访发生后，能够正确、有序、高效地处置，事前应对群体性上访制定工作计划和行动方案。内容包括：指导思想、任务和原则、方法措施、组织领导、力量配备、各方责任等。有了预案在预防和处置集体访时临阵不乱、从容不迫、行动有序、措施得当。③建立畅通有效的信访信息预警机制。首先，加强信息的收集和处理。加快全国检察机关信访信息共享平台以及和中央相关国家机关信访部门网络平台的信息网络建设。按照"问题抓早、事情抓小、情况抓细、工作抓实"的原则，及时、全面、准确地从平时办案、日常接待和网络共享平台收集各种可能导致矛盾爆发的信息。及时评估分析报告，对可能引起群体性事件的信息进行预判、预知、预报，准确地估计和衡量群体性上访发生的可能性和严重程度。其次，加强矛盾监测。相关业务部门对办案中可能产生集体访的隐患，要及时化解，并向控申部门通报。控申部门对综合各方面信息预判出的可能诱发群体性上访隐患，及时报告领导和通报相关部门，并定岗、定人进行跟踪监测处理，加强与相关部门沟通，做到"口径一致"，做到"早发现、早报告、早处理"。再次，建立重大信访信息报告制度。规范报送重大信访的主体、内容、时限、程序等。上下级检察院对可能诱发的集体访信息，或已经发生的集体访，要及时通报或报告。最后，及时编制预警方案。根据收集和处理的信访信息，弄清矛盾纠纷的性质、所有表达的诉求、预期目的、涉及的范围、重点稳控对象等，精心制定化解和处理的预警处置方案，落实责任单位、责任部门、责任人，并加强责任追究。

三是建立矛盾纠纷的排查调处机制。①坚持定期排查分析报告制度。控申部门定期进行矛盾纠纷排查，对重要节日、重要会议、重大活动期间的矛盾纠纷进行重点排查，对重点区域、重点单位、重点对象进行专项排查，对有可能产生集体访的苗头隐患或正在演化集体访的矛盾纠纷，通报各地。②建立矛盾纠纷台账，尤其是可能产生集体访的台账，对矛盾纠纷的数量、类别、调处进展等，做到底数清、情况明，并把工作责任落实到人头。③落实调处措施。采用带访下访、挂牌督办、实地调查、请上来汇报等多种形式，及时化解排查出来的矛盾纠纷。④妥善处理信访积案。对涉检信访积案，加大化解力度，以免矛盾积累，相互"感染"，形成共识人群，引起集体访。⑤实行回访制度。对已办结的上访案件，尤其是事关群众切实利益的案件，适时进行回访，避免发酵反弹，引起集体访。

四是强法制教育，提高群众的综合素养。加大普法工作力度，到热点问题多、可能发生群体性突发事件的乡镇村和单位，向群众宣传有关法律、法规，培养和提高群众的法治意识和道德素养，提高遵纪守法的自觉性，引导群通过法律和正当渠道解决问题，淡化或消除群众崇拜通过集体访施压而达到解决问题的预期。

（2）现场的处置措施

这个时期的主要工作是现场应急处置，控制平息事态，疏散上访群众。处置原则是"宜散不宜聚、宜解不宜结、宜顺不宜激"、"以教育为主，防止矛盾激化"、"教育疏导与依法处置相结合"。主要应对策略和措施：

一是启动预案，人员到位，各司其职。要求是：①领导在第一时间亲临一线，现场组织协调指挥。②亲自出面，深入现场，靠前对话，直接了解情况，掌握群众的心理和情绪。③根据各相关责任单位汇报的情况，相机决策，控制事态的蔓延和扩大。

二是控制事态，教育转化。要求是：①宜解不宜结、宜缓不宜急、宜疏不宜堵；②积极稳妥、言行文明、举止得当；③以情感人、以理服人、以诚助人。讲感情，显亲民形象。面对集体访，切忌盛气凌人，一定要坚持以人为本，走群众路线，团结争取大多数，不要将上访群众至于对立面，防止矛盾激化。讲法律政策，显公正形象。讲明相关法律政策，检察机关的职责就是维护司法公正，对群众反映的问题，一定会依法公正处理，让群众对其反映问题充满信心，从而缓和矛盾。讲策略，显诚恳品质。面对情绪激烈的上访群众，坚持原则性和灵活性相结合的原则，但要充满诚意，注意工作方法，不慌不忙，耐心听取群众诉求，使群众的情绪由"热"变"冷"，由"硬"变"软"，以便控制局面。

三是摸清情况，诉求定性。在群众情绪稳定，并有效控制现场局面后，应及时接待，充分详细了解群众诉求。要求是：①全面了解；②明确重点；③弄清动态。摸清关键人物。请群众选出5名以下的代表详细反映情况，一般情况下，群众选出的代表就是本次集体访的组织者、策划者或骨干。摸清全面情况。对上访经过、上访过的部门、主要案情、诉求、此前处理答复情况以及上访人数等要详细了解，并弄清上访相关动态，预测出趋势。摸清关键问题。迅速综合信息，确定最终诉求及性质，看反映的问题是否属于检察机关管辖，以及进展情况，为决策作铺垫。

四是突破"核心"，转化矛盾。在弄清核心人物、核心问题后，要把工作的重心，转向"核心"上。要求是：①避免"压、拖、躲、怕"、优柔寡断；②区别情况，大胆决策；③转化矛盾、就地疏散。做好核心问题的处置。如果核心问题属于检察机关管辖，且按照法律规定应该依法进入程序的，应当即表明，经领导审批后，转相关职能部门处理；如反映的问题，不属于检察机关管辖，应明确表明态度，为其指明方向，转有管辖权的部门处置；如正在法律程序中的诉求，将其反映的问题向办案部门反映，让群众回家等候结果；如属于工作失误造成的问题，要诚恳检讨，争取群众的谅解；对群众无理或过高要求，依法以政策明确答复，促其自动放弃。做好核心人物的工作。给集体访的组织者讲明相关法律、政策，明确指出组织集体访是违法行为，应该通过法律程序表达诉求，不能利用部分群众的不满，推波助澜，把群众引向歧途。告知其有义务协助做好上访群众的思想工作，让群众回到理性依法解决诉求的轨道，并有义务协助检察机关处理好群体反映的问题。就地疏散。根据不同情况，做好群众疏导解释工作，消除误解，取得谅解，就地疏散。如矛盾不可控制，有可能转化升级，应积极协助公安部门采取将组织者带离等措施。

五是及时通报报告。要求是：及时、准确、全面。在处置过程中，随时给现场处置领导报告新情况、新问题、新动态；重大情况，要随时向院领导报告进展，听取相关指示和意见。群众疏散后，当天专门综合报告院领导，内容应包括：时间、人数、案件起因、此前诉讼经过、案情、诉求、现场处置情况、群众动态、办理意见以及相关意见和建议等。

（3）事后处置对策和措施

一是严肃法纪，分别处理。群众疏散后，对集体访组织者和骨干成员，要

控告举报检察实务讲堂

区别情况，作出处理。对有过激行为，尤其对违反治安管理法的组织者和骨干分子，根据固定的证据，建议公安部门依法严肃处理。对没有过激行为的组织者，要进行批评教育，予以正确引导。绝不能给群众造成法不责众，"不闹不解决、小闹小解决、大闹大解决"，闹是解决问题的捷径的心理定势。

二是加强督办，依法及时处理群众诉求。对集体访反映的问题应成立专案组或专人，跟踪案件的办理。依法及时公正办理，做到法律效果、社会效果的有机统一。对法度之外，情理之中的问题，检察机关应该及时向党委、政府汇报，协助通过救助、帮扶等措施予以解决。

三是事后回访，防止反复。根据不同案情、影响范围和群众稳定情况确定参加回访的单位、回访时间、次数和回访的范围。其一，回访参与人员，一般应由控告检察部门、具体办案部门、当地检察机关、街道、上访群众所在单位等组成，形成合力。其二，回访对象，主要是组织者、骨干和在上访群众中威信比较高的人。其三，回访的方式。因事而异、因案而异、因事而异、因人而异。一般通过召开群众大会、案件通报会、答复会、座谈会、对话会等形式，尤其是职务犯罪案件，通过案件通报会效果会更好。其四，要深入做群众的思想工作，充分了解群众思想动态，坚决避免反复。特殊情况应派常驻工作组，一直到矛盾纠纷彻底化解为止。

四是加强事后调查总结分析，提高预防处置能力。集体访发生后，应深刻反思，认真总结经验教训，举一反三，狠抓整改，把事件变为经验。要对产生的背景、原因、执法中存在的问题、对策措施以及相关建议综合分析，必要时实地调查，写出综合分析报告，供领导决策参考。

4. 处理集体访的经验借鉴和教训

（1）必须坚持标本兼治，重在预防的原则

集体访都有一个诱发、累积、发酵、发生的过程，所以在处置集体访时要把预防放在首位。一是要树立正确的执法思想、执法理念，克服就案办案、机械办案的错误思想，要坚持程序和结果并重、公正与效率并重、法律效果和社会效果的有机统一，把排查化解矛盾贯穿于执法办案始终，将化解矛盾向办案延伸，将执法办案与执法风险评估结合起来，从源头上杜绝矛盾的产生。二是加强多元化矛盾纠纷调解机制的建设。建立多元的矛盾调节机制。当前，很多群众有的诉求，用法律不能解决，用非诉讼等多元化民间调解机制效果会更好，群众更容易接受，同时也为通过诉讼方式解决留有一个缓冲带。三是畅通渠道，建立群众诉求表达机制。建立信访事项和程序的公开和公示制度，让群众充分了解检察职能职责，避免投诉方向偏差。进一步开展检察长接待日制度和下访巡访面谈沟通机制，提前化解矛盾，取得群众信任，掌握工作主动。建立全国信访信息系统，实现资源共享，对矛盾隐患做到心中有数，防止矛盾累积升华。建立视频接访等工作机制，方便群众就地与上级检察机关交流沟通，通过视频化解矛盾，答复信访人。四是坚持法治和德治相结合的治国方略。在加强社会主义法治理念教育的同时，加强社会主义荣辱观以及传统道德文化教育，教育群众树立正确的世界观、人生观、价值观，用德治心，用德治远，用德禁恶于将然之前，使人民群众从内心尊重法律，服从法律，依法办事。

（2）加强预警防范

加强情报信息工作，做到发现事态迅速制止。集体访的发生都有一个过程，有一定时间的潜伏期。所以检察机关必须建立快捷灵敏的预警机制，提早及时化解不安定因素。实践证明，集体访的发生往往在于信息失灵或失误或滞后。因此，要把大力加强信息工作作为工作的重中之重，争取工作主动权。要建立健全多方位、多层次信息网络和反馈制度，把信息触角伸向各个角落，力争做到信息队伍多元化，信息来源多样化，上下联系一体化，分析信息专业化，综合反馈网络化。要积极开展矛盾纠纷的排查工作，坚持日常排查与重点排查相结合，及时掌握突出问题，把矛盾解决在萌芽或初始阶段。要通过来信、来访、12309举报电话平台、网络等，按照"抓早、抓小、抓实"的原则，及时收集研判报送可能引起集体访的信息。对可能引起群体性事件的信息进行预判、预知、预报，准确地估计和衡量群体性上访发生的可能性和严重程度。制定预警，做到发现早、预警及时、处置到位。坚决防止矛盾逐步激化累积升级，从而演变成集体访。

（3）坚持主动、准确、及时、有序的现场处置原则

集体访发生后，要及时主动深入一线，按照分工分头行动，力争第一时间准确掌握相关情况和信息，做到统一指挥、处置有序、临危不乱，掌控接访处置节奏，稳定上访人情绪。坚决防止因不主动、不准确、不及时处置集体访，造成矛盾激化升级甚至演化为暴力事件，或产生新的矛盾，滋生新的问题，从而造成严重的社会影响。

专题八　检察机关涉法涉诉信访
工作改革的重点环节

齐占洲[*]

中央和高检院印发涉法涉诉信访工作改革文件后，各省（区、市）检察院党组和检察长高度重视，成立涉法涉诉信访工作改革领导小组，内蒙古、吉林、浙江、河南、湖北、海南、四川、贵州、陕西等省（区）检察院以及新疆建设兵团检察院检察长担任领导小组组长；召开信访工作改革推进会、座谈会，部署推进涉法涉诉信访工作改革；举办全省（区、市）涉法涉诉信访工作改革培训班，对控告申诉检察干警实行全员培训。各级检察机关认真贯彻落实涉法涉诉信访工作改革精神，紧紧围绕诉访分离、依法导入、审查办理、息诉化解、终结退出、维护秩序等关键环节，不断创新和完善工作机制，涉法涉诉信访工作改革取得新的进展。

从涉法涉诉信访新态势看，修改后的刑事诉讼法、民事诉讼法已经实施3年多时间，因法律修改引起的检察机关涉法涉诉信访数量激增态势已转变为信访数量下降但仍高位运行的新态势，同时存在信访倒三角结构未发生明显变化、越级上访情况突出、重信重访和多头信访情况依然突出、上访方式激烈、违法上访行为多发等问题。我们必须充分认识涉法涉诉信访工作的重要性、长期性、复杂性和艰巨性，坚持问题导向，坚持以法治为引领，坚持改革创新，坚定不移地深化涉法涉诉信访工作改革。

一、涉法涉诉信访及相关概念

（一）信访的概念和类型

信访在20世纪60年代以前称"人民来信来访"，后来简称"信访"。1951年5月，毛泽东同志作出"必须重视人民的通信"的批示。同年6月7日，政务院颁布《关于处理人民来信和接见人民工作的决定》，这是新中国第

---

[*]　最高人民检察院控告检察厅案件督查处处长。

一个关于信访工作的规范性法律文件，是信访制度的源头。从形式上看，新中国的信访制度与古代的直诉、京控等制度有类似之处，但二者有本质的区别，信访制度是具有时代特色和中国特色的一项民主监督机制和纠纷解决方式。

广义上的信访，是指公民、法人或其他组织采用书信、走访、电话以及其他方式，向党政部门、人大、政协、司法机关、人民团体、新闻媒体等机构反映情况、提出建议、意见或投诉请求的活动。在不同的语境下，信访有时用作动词，指信访行为或信访活动；有时用作名词，指信访事项、信访问题或信访形式；有时信访又指代特别情况，如现在经常用"信访不信法"来概括一种信访现象，如果从字面上将其简单理解为"相信信访而不相信法律"，则"信访不信法"本身就自相矛盾。因为《信访条例》是国务院制定的行政法规，依据《信访条例》而进行信访活动，是相信法律的行为，是合法行为。其实，这里的"访"是指"行政信访以及党政领导"，这里的"法"是指司法机关，"信访不信法"是指信访人希望通过行政信访或取得党政领导批示对司法机关办理案件施加压力，是我们当前正着力解决的信访乱象之一。

信访是信访形式和信访内容的统一。由于来信、走访是社会生活和社会交往的普遍形式，因此，应以信访内容（事项）的性质为标准划分信访的不同类型。据此，可分为涉法涉诉信访、行政信访等类型。如《信访条例》第2条规定的信访属于行政信访。

（二）涉法涉诉信访的基本内涵和外延

2004年8月，中央成立处理信访突出问题及群体性事件联席会议，下设涉法涉诉信访等七个专项工作小组。自此，"涉法涉诉信访"开始被广泛使用。根据自身职能和信访工作重点，法院使用了涉诉信访概念，检察机关使用了涉检信访概念。

中央信访联席会议、中央政法委始终没有明确界定涉法涉诉信访概念，三大诉讼法及国家赔偿法也没有直接使用涉法涉诉信访的术语。从产生原因看，涉法涉诉信访是社会矛盾纠纷以案件形式进入诉讼渠道后，当事人对司法机关的处理决定或执法行为表示异议或不满而发生的。因此，涉法涉诉信访是指当事人不服司法机关及其工作人员的司法行为、措施、决定，向司法机关提出的重新处理、予以纠正或给予赔偿等请求，其实就是三大诉讼法及国家赔偿法规定的控告、申诉或赔偿请求，其指向的对象是司法机关及其工作人员的司法行为、措施、决定。

我们应根据这一基本特征，分清涉法涉诉信访与行政信访以及其他普通信访之间的界限，分清涉法涉诉信访与民事、行政起诉，以及与对犯罪事实或犯罪嫌疑人的报案、控告或者举报之间的界限。

二、积极推进一体化综合性受理平台建设，进一步畅通群众诉求表达渠道

近年来，各级检察机关坚持便民利民，积极拓宽和畅通群众诉求表达渠道。一是提升传统信访渠道的潜能。河北省检察机关推行优先办理群众来信机制，积极引导控告申诉人通过来信表达诉求，推动由"来人访"向"来信访"转变。江苏省检察院运用 12309 检察民生服务热线和控告申诉工作信息管理系统，建立对控告申诉案件受理办理工作的满意度测评和满意征询机制。二是加快推进远程视频接访系统建设和应用。各地远程视频接访系统建设已基本完成。2014 年 12 月 25 日，高检院印发《最高人民检察院远程视频接访办法（试行）》。2015 年 12 月 11 日，高检院控告检察厅印发《最高人民检察院控告检察厅远程视频接访工作实施细则（试行）》。三是探索建立网上信访渠道。湖北省检察机关依托鄂检网阵，建立了综合性受理接待中心网络受理平台。海南省检察院开通了网上信访渠道。江苏省检察机关建立"江苏检察网上信访大厅"，控告申诉人可以通过互联网向江苏省检察机关反映诉求，查询控告申诉事项的受理、办理进度和办理结果。2017 年 3 月，高检院"人民检察院网上信访大厅"投入试运行，群众足不出户，就可以通过网络向高检院反映诉求。四是积极推进综合性受理平台建设。广西壮族自治区检察院制定了深入推进综合检务平台建设的意见，已建成上百个集控告申诉接待、案件受理、行贿档案查询等功能于一体的"一站式"综合检务服务平台，充分发挥了畅通渠道、倒逼规范、息诉息访的综合作用。湖北省检察机关建立综合性受理接待中心，实行一个窗口对外、一个闸门对内。五是健全下访巡访机制，发挥派驻检察室的职能作用。山东省检察院建立健全控告申诉检察部门与派驻检察室工作对接机制。

已有的信访渠道和在建、拟建的渠道各有优势和不可替代的独特作用，也各有局限和不足。从专项检查和督查情况看，在群众诉求表达渠道建设中存在的主要问题有：重视信访渠道硬件建设，忽视软件建设，网、电、视频渠道发挥作用不够；各信访渠道整合力度严重不足，协同作用不强；综合性受理平台建设缺乏明确的规划、标准和运行模式，建设进度迟缓。因此，迫切需要按照系统论的整体观念，研究制定综合性受理平台建设方案和运行模式，运用统一业务应用系统整合来信、来访、电话、网络、视频等诉求表达渠道，发挥其整体效能和协同作用。注重综合性受理平台与检察服务大厅的融合，为社会公众提供一站式服务。注重提升服务群众水平，推行回访制度、群众满意度调查制度和接访全程同步录音录像制度。

需要指出的是，衡量信访渠道畅通的标准不在于建立了多少种渠道，而在于人民群众通过上述渠道提出的诉求得到了依法及时公正处理。

三、坚持诉访分离，规范审查受理机制

建立涉法涉诉信访事项导入司法程序机制是涉法涉诉信访工作改革的一项重要内容。现行法律规定没有"导入"的术语和概念，从实务角度看，导入是指相应法律程序的启动，是通过涉法涉诉信访事项的审查受理环节来实现的。考虑到三大诉讼法和国家赔偿法没有直接使用涉法涉诉信访事项的概念，涉法涉诉信访事项的内涵、外延缺乏明确统一的界定，带有较浓的行政化、信访化色彩，而控告、申诉是法律概念和术语，是法律赋予当事人的诉讼权利，具有权利救济性质和启动相应法律程序的效力，因此，《人民检察院受理控告申诉依法导入法律程序实施办法》（以下简称《导入实施办法》）的标题用控告申诉案件替代涉法涉诉信访事项。

（一）导入机制应遵循的原则

《导入实施办法》第2条明确了导入机制应遵循的五个原则：一是诉访分离原则。诉访分离是涉法涉诉信访工作改革的一项基本原则，其核心是明确诉类事项的认定标准和范围。导入工作的目标和任务就是努力实现诉访分离。二是统一受理原则。是指实行一个窗口受理，由控告检察部门统一接收控告、申诉，统一审查受理。其他部门和人员收到控告或申诉，一律转送控告检察部门。三是分类导入原则。经相应的审查甄别程序后，对于诉类事项，根据其不同性质分别启动相应的法律程序。四是保障诉权原则。依法保障当事人控告、申诉等诉讼权利的行使，依法及时公正解决其合理诉求。五是及时高效原则。该原则是检察机关追求效率价值的体现，要求导入工作的各环节都要严格遵守法律规定的时限，杜绝拖拉超时，使控告申诉能在最短的时间内导入相应法律程序，以推进审查办理进程，依法及时化解社会矛盾纠纷。

（二）诉访分离的标准和要求

如何正确区分诉类事项与访类事项，有效实现诉访分离，是导入机制的首要问题和基础问题。

关于诉类事项的认定标准。中央政法委《关于建立涉法涉诉信访事项导入法律程序工作机制的意见》规定，"对符合法律法规规定，属于政法机关管辖的信访事项，可以通过司法程序或相应法定救济途径解决的，作为诉类事项办理"。据此，诉类事项主要有三个特征：一是具有诉讼权利救济性质；二是属于三大诉讼法、国家赔偿法等法律调整范围，且法律和相关规定对控告申诉

事项的解决规定了相应的申诉复查、赔偿审查、复议等救济途径；三是属于司法机关管辖。

关于访类事项的认定标准。中央政法委《关于建立涉法涉诉信访事项导入法律程序工作机制的意见》规定，"对政法机关依法不能通过司法程序或者其他法定救济途径解决的信访事项，以及公安机关、司法行政机关应当依照《信访条例》处理的信访事项，作为访类事项办理"。访类事项既包括不涉及刑事、民商事、行政等诉讼权利救济的普通信访事项，还包括涉法涉诉信访事项中的访类事项，即虽然涉及刑事、民商事、行政等诉讼权利救济，但法律未规定相应司法程序或者其他救济途径的信访事项（《导入实施办法》第7条第2款），或者控告申诉已经最高人民检察院或者省级人民检察院决定终结的信访事项（《导入实施办法》第9条）。

在司法实践中，我们要及时关注因法律修改而扩大诉类事项范围的情形。如修改后的三大诉讼法扩大了当事人对司法机关违法行为的救济途径。再如最高人民检察院《关于对检察机关办案部门和办案人员违法行使职权行为纠正、记录、通报及责任追究的规定》第4条规定了检察机关办案部门和办案人员正在办理的案件中的18项违法行使职权情形，第6条规定了检察机关依申请（当事人或诉讼参与人的控告申诉举报）发现的途径，从而赋予了当事人或诉讼参与人救济权利，设立了相应的救济程序。司法实践中，我们还要关注诉类事项转变为访类事项的情形。如诉类事项经一定层级的检察机关审查办理并作出审查结论后，控告申诉人就同一事实、理由继续向上一级检察机关控告申诉，但法律和相关规定未对此规定救济途径，或者明确规定上一级检察机关不予受理，此时诉类事项就转变为访类事项。典型的如民事诉讼法第209条第2款的规定。

《导入实施办法》第5条至第9条对诉访分离的标准和情形进行了细化。从司法实践看，诉访分离是在审查受理过程中，通过准确甄别控告、申诉的性质和类别，严格按照管辖规定，经多个层次的分离来实现的。一是将涉及刑事、民商事、行政等诉讼权利救济的信访事项（涉法涉诉信访事项）与普通信访分离开来（《导入实施办法》第6条规定）；二是按照诉类事项认定标准，将涉法涉诉信访事项中的诉类事项与访类事项分离开来。如《导入实施办法》第7条第2款、第9条规定的事项为访类事项；三是根据不同司法机关的管辖范围，将检察机关管辖的诉类事项与其他司法机关管辖的诉类事项分离开来（《导入实施办法》第8条规定）；四是对检察机关管辖的诉类事项，将本院管辖事项与其他检察院管辖事项分离开来（《导入实施办法》第7条第1款规定）。

根据《导入实施办法》第 6 条至第 8 条规定，对属于普通信访事项，或不属于检察机关管辖、不属于本检察院管辖的诉类事项，有两种处理方式：一种是告知控告人、申诉人向主管机关或有管辖权的检察机关反映；另一种是将控告、申诉材料转送主管机关或有管辖权的检察机关并告知控告人、申诉人，同时做好解释说明和教育疏导工作。

（三）检察机关受理控告申诉的范围

即依法属于检察机关管辖的诉类事项范围。根据三大诉讼法和国家赔偿法等法律以及有关司法解释规定，参考最高人民检察院《关于进一步加强新形势下涉法涉诉信访工作的意见》中确定的检察机关涉法涉诉信访案件的范围，《导入实施办法》将检察机关依法管辖的控告、申诉分为"涉检事项"、"诉讼监督事项"两大类，并在第 10 条中予以明确。

涉检事项包括：不服人民检察院刑事处理决定的；反映人民检察院在处理群众举报线索中久拖不决，未查处、未答复的；反映人民检察院违法违规办案或者检察人员违法违纪的；人民检察院为赔偿义务机关，请求人民检察院进行国家赔偿的。

诉讼监督事项包括：不服公安机关刑事处理决定，反映公安机关的侦查活动有违法情况，要求人民检察院实行法律监督，依法属于人民检察院管辖的；不服人民法院生效判决、裁定、调解书，以及人民法院赔偿委员会的赔偿决定，反映审判人员在审判程序中存在违法行为，以及反映人民法院刑罚执行、民事执行和行政执行活动存在违法情形，要求人民检察院实行法律监督，依法属于人民检察院管辖的。

同时，根据三大诉讼法和国家赔偿法等法律规定，通过梳理涉法涉诉信访工作实践中的常见情形，《导入实施办法》第 20 条、第 21 条以列举方式明确了引导控告人、申诉人向公安机关、人民法院提出请求的若干情形。

（四）控告申诉的受理条件

控告、申诉必须经过司法机关的受理环节才能启动相应法律程序。因此，受理环节是导入法律程序的核心环节，是控告、申诉与相应法律程序之间的中介。

在高检院相关规定中，在导入环节，受理与立案之间的关系主要有两种类型。一种类型是，对控告、申诉进行形式要件审查后予以接受（受理），随即进入对实质要件进行审查的立案程序，如对不服检察机关不起诉、撤销案件等诉讼终结的刑事处理决定的申诉的受理。另一种类型是，受理就是立案，就是法律程序的开始，如对申请民事行政诉讼监督事项的受理。需要注意的是，司法实践中，有人经常将接收等同于受理，这是错误的，二者有严格的区分。接收是指人民检察院对通过各类诉求表达渠道到达人民检察院的信访事项予以登记的活动，是受理前的一个工作程序。受理是指人民检察院对接收的信访事项进行审查，决定将符合规定条件的诉类事项导入相应法律程序或者救济程序，从而引起相应法律程序或者救济程序开始的活动。

从现有法律和相关规定看，除申请民事行政诉讼监督、不服检察机关诉讼终结的刑事处理决定和不服法院生效刑事判决裁定的申诉、请求国家赔偿外，对其他涉检、诉讼监督事项的受理条件规定不明确，从而造成一些符合条件的控告申诉不能及时导入相应法律程序。为解决受理条件不明确等问题，经梳理、归纳《人民检察院刑事诉讼规则（试行）》、《人民检察院民事诉讼监督规则（试行）》、《人民检察院国家赔偿工作规定》以及修改后的《人民检察院复查刑事申诉案件规定》等规定的受理条件，提炼出受理的共性条件：（1）属于检察机关受理案件范围；（2）本院具有管辖权；（3）控告人、申诉人具备法律规定的主体资格；（4）控告、申诉材料符合受理要求（主要指材料齐备）；（5）控告人、申诉人提出了明确请求和所依据的事实、证据与理由；（6）不具有法律和相关规定不予受理的情形。以此为根据，《导入实施办法》第11条规定了统一的受理条件，即控告申诉同时符合规定的六个方面条件的，检察机关应当受理。对于控告申诉是否符合六个方面的条件，均可以通过形式审查来判定。这样规定，既与现行法律和相关规定的受理条件相符合，又为其他控告申诉的受理提供基本遵循，还为控告人、申诉人依法理性行使其诉讼权利提供了明确的指引，为群众和社会监督检察机关审查受理工作提供了依据和评判标准。明确受理条件，还为有效解决越级上访提供了法律依据。对于属于检察机关管辖事项而越级上访的，不予受理，但应接待并告知其向有管辖权的检察机关反映。如果越级上访是由于下级检察机关接收控告申诉材料后在规定期限内未告知审查受理情况，或应该受理而不予受理的而造成的，上级检察机关在调查核实后应指令下级检察机关纠正。

（五）对共同管辖事项的受理

共同管辖是指两个以上司法机关对同一控告申诉都有管辖权的情况。如对不服法院生效刑事裁判的申诉既可以向法院提出，也可以向检察院提出。此类规定虽然扩大了当事人申诉救济途径，但实践中容易造成同时重复审查的局面；也可能因互相推诿、"踢皮球"，引发新的社会矛盾。最高人民法院、最高人民检察院、公安部、司法部《关于依法处理涉法涉诉信访工作衔接配合的规定》（高检会〔2017〕3号）第2条第2款、第3条、第4条、第5条，《导入实施办法》第22条第1款、第2款明确了关于共同管辖案件的审查受理原则、程序和方式，我们应当认真贯彻执行。对控告申诉既包含检察机关管辖事项，又包含其他司法机关管辖事项的，应当依职权及时受理检察机关管辖事项；对其他事项，应当告知当事人向主管机关提出。《导入实施办法》第14条还对加强外部衔接合作，建立信息共享平台及会商机制等提出了原则性要求。各级检察机关要结合本地实际，加强同人民法院、公安机关的协调配合，建立控告申诉案件审查受理信息的互通共享机制，明确共同管辖案件的处理原则、移送标准和条件，构建依法处理涉法涉诉信访问题的外部合力。

（六）审查受理结果的告知

审查受理结果告知程序是审查受理必不可少的环节，是检察机关应履行的义务，有利于保障控告人、申诉人的知情权和监督权。《导入实施办法》第13条规定了审查受理告知程序。能够当场答复是否受理的，应当当场书面答复；不能当场答复的，应当在规定期限内书面答复。对依法不予受理的，还应当阐明法律依据和理由。

司法实践中，审查受理时经常发生控告申诉材料不齐备的情形。针对该问题，《导入实施办法》第12条规定了控告申诉材料通知补齐事宜，要求检察机关一次性明确告知应当补齐的全部材料。

（七）审查受理后的导入路径

根据三大诉讼法、国家赔偿法等法律及相关规定，以及最高人民检察院《关于进一步加强新形势下涉法涉诉信访工作的意见》关于"规范管辖内控告申诉案件的审查受理工作"的规定，对检察机关管辖内控告、申诉的导入机制主要有三种模式：一是对于反映阻碍刑事诉讼权利行使的申诉或控告，以及反映本院办理刑事案件违法行为的控告，由控告检察部门自行审查办理，但反映看守所及其工作人员阻碍刑事诉讼权利行使的申诉或控告，由监所检察部门办理（《导入实施办法》第15条、第16条的规定）；二是对于不服检察机关诉讼终结的刑事处理决定的申诉、要求实行刑事诉讼监督的控告或申诉（应由控告检察部门自行审查办理的除外）、请求国家赔偿或者赔偿监督、对检察机关或者检察人员违法违纪的控告等，控告检察部门审查受理后，按照职能分工首办移送有关业务部门或者纪检监察部门办理（《导入实施办法》第14条、第17条、第18条、第15条、第16条的规定）；三是对申请民事行政诉讼监督的事项，实行"受理、办理和管理相分离"原则，就是说，民事行政诉讼监督案件的受理、办理、管理工作分别由控告检察部门、民事行政检察部门、案件管理部门负责，各部门互相配合，互相制约（《导入实施办法》第19条规定）。

控告举报检察实务讲堂

（八）导入机制实施中存在的问题及改进意见和建议

从专项检查和督查情况看，检察机关导入机制实施中存在的主要问题有：

1. 信访诉求类别的划分标准不明确，诉访界定、分离难。一是对涉法涉诉信访事项、控告、申诉的概念缺乏明确的界定，没有明确界定控告、申诉与举报之间的区别，加上控告与申诉、控告与举报之间本就存在交叉重合，导致各地在判定信访诉求性质和类别时理解不一致、操作不统一。二是有的法律和相关规定在诉类事项的救济程序方面存在交叉重合或者冲突，难以确定导入的审查办理部门。如犯罪嫌疑人不服逮捕措施，是属于变更强制措施申请，还是属于羁押期限监督申请，或者羁押必要性申请，应当导入哪一司法机关或哪一业务部门审查办理，难以进行判定。再如，刑事案件当事人及其辩护人控告检察人员采用刑讯逼供等非法办法收集证据，是属于非法证据排除的申请，由侦查监督部门或公诉部门调查核实，还是属于控告检察人员违法行使职权的情形，由纪检监察部门调查核实，各地认识不一致。三是司法实践中，普通信访事项与涉法涉诉信访事项交织叠加，诉类事项与访类事项交织叠加，不同种类的诉类事项交织叠加，有的形式上是诉类事项但实质是访类事项，有待建立准确有效的审查甄别标准和导入机制。如，拆迁类事项中既包括对政府部门违法拆迁、法院违法办案的控告，又有对故意毁坏财物、政府人员利用职权非法拘禁等的控告举报，还有不服法院行政判决的申诉，对于拆迁安置和补偿款的投诉等，多种诉求交织，未能建立有效的审查甄别标准和工作机制。再如，有的信访人在反映不服司法机关处理决定提出申诉的同时，还包含对司法机关及其办案人员履行职权不公正、不规范的控告举报，如何确定信访事项的性质，导入哪一个业务部门办理，难以把握。四是对涉法涉诉信访事项中的访类事项的类别划分和处理方式不完备，不能满足司法实践的需求。

2. 对不属于检察机关管辖的信访事项引导分流难。一是对因不服法院生效裁判转而控告法官渎职的事项引导难。有的信访人不服法院生效裁判，在检察机关作出不支持监督申请决定后，转而控告法官渎职。其控告理由主要源于原案件事实，不能提供具体违法事实和证据线索。对此类信访引导分流难度很大。二是对检察监督程序已完结的诉讼监督类事项引导难。如，对不服公安机关刑事不立案的立案监督案件，经过同级检察院监督后，监督程序即告结束，但信访人继续向上级检察院申诉，难以引导分流出去。再如，按照民事诉讼法和行政诉讼法规定，检察机关对民事行政诉讼监督案件实行一次性审查。在检察机关对民事行政诉讼监督案件作出不支持监督申请决定后，当事人继续向上级检察机关申请监督。三是对信访群众对检察监督权的错误认识引导难。社会公众对检察机关法律监督性质和范围的认识存在泛化、扩大化等误区，认为检察机关无所不能、无时不能，只要认为其他司法或行政机关处理错误，就要求检察机关实施法律监督，很难引导其向主管机关反映诉求。

3. 审查受理决定不准确，答复反馈工作不到位。一是有的地方未实行控告检察部门统一受理机制。有的控告检察部门不能独立开展审查受理工作，而是在受理前与业务部门沟通，由业务部门判定是否属于该业务部门管辖、是否应该受理。二是该受理不受理。有的在审查受理时将形式要件审查改变为实质要件审查，人为抬高受理门槛；有的违反规定增设受理条件；有的不依法将刑事申诉案件、国家赔偿案件导入复查、审查程序，而将主要精力放在劝解和救助上；有的上级检察机关不严格执行级别管辖规定，将本应由本院受理导入的事项移送下级检察机关受理办理。三是不该受理却错误导入，或者受理后不能准确导入审查办理部门。有的将访类事项或者不属于检察机关管辖的涉法涉诉信访事项予以受理，错误导入相应审查程序，造成审查办理被动；有的对诉类事项类别把握不准，不能准确导入审查办理部门。四是混淆接收、受理概念。普遍缺乏对受理数据的统计。在首办移送中，将审查受理、导入简单地合二为一，忽视受理环节的审查工作，致使将不完全符合受理条件的控告申诉事项移送业务部门的情况屡有发生。五是答复反馈工作不到位。没有制定统一的审查受理答复文书格式，普遍存在对来访事项书面答复少、口头答复多，以及对来信事项答复少等突出问题，严重影响控告申诉人的知情权以及救济权利的行使。六是有的上级检察机关交办控告申诉事项存在重复交办、同一事项多个业务部门交办以及将访类事项予以交办等情况。

4. 全国检察机关统一业务应用系统控告检察业务板块的设计和应用存在不足，控告申诉案件情况报表不适应信访改革要求。全国检察机关统一业务应用系统控告检察业务板块控存在流程设计不够精细明晰、法律文书不完备、查询统计功能不够完善、信息共享功能薄弱等问题。有的检察机关在审查受理中未"全员、全面、全程"应用统一业务应用系统，存在有选择录入、录入数据不准确等突出问题。控告申诉案件情况报表没有区分接收、受理概念，与诉访分离的涉法涉诉信访改革要求不相适应等问题。

针对上述问题，建议各级检察院控告检察部门把审查受理工作作为一项核心业务和基础工作来抓，强化审查受理工作的法律属性，提升审查受理工作的准确度。

一是坚持统一受理原则。坚持控告检察部门统一接收、统一受理原则，全面、全程使用统一业务应用系统开展受理导入各环节工作，杜绝多头受理、重复受理现象。

二是提高审查受理工作的准确度。控告检察部门应当全面审查控告申诉材料，准确把握诉求性质、诉访类别和管辖规定，严格执行法定受理条件，提高审查受理工作的准确度。坚持形式要件审查，不得人为抬高受理门槛或者违反规定附加受理条件。对控告申诉事项涉及检察机关多个业务部门工作的，按照相关规定确定牵头办理部门、参加办理部门。对控告申诉事项的救济程序存在交叉、重合的，按照最有利于保障控告申诉人权益的原则导入相应救济程序。完善控告申诉人对检察机关不予受理决定的救济渠道和监督措施，充分保障控告申诉人的救济权利的行使。

三是逐步建立有限控告申诉制度。完善访类事项处理方式。按照有限救济原理，逐步明确检察机关办理控告申诉案件的层级和次数，在一定层级检察机关对控告申诉事项作出审查结论后，控告申诉人就同一事实、理由继续信访的，逐步建立不予受理制度。

四是大力推进审查受理环节检务公开工作。推行审查受理告知制度，告知控告申诉人权利义务、诉求解决途径、法定办理期限等。制定审查受理环节的法律文书格式，做好审查受理结果的答复反馈工作，保障"件件有答复"。按照高检院《关于全面推进检务公开工作的意见》"逐步开展《人民检察院案件信息公开工作规定（试行）》范围之外的其他生效法律文书统一上网和公开查询以及其他案件信息发布"的要求，积极推进控告申诉接收、审查受理情况的信息发布、审查受理法律文书的统一上网和公开查询工作。

五是加强指导和督查工作。注重收集审查受理环节的诉访交织、诉访难以准确区分、法律和相关规定交叉重合或者冲突等疑难复杂问题，通过调研、论证提出一系列指引意见；梳理规范检察机关管辖的控告申诉事项的类别划分，细化相应的救济程序、受理条件和导入业务部门；改进控告申诉事项交办工作，加大带案下访、评查、督查力度，发现并纠正下级检察院该受理不受理、该立案不立案等问题，引导涉法涉诉信访重心下移。

六是优化统一业务应用系统和统计项目。按照涉法涉诉信访改革精神和精细化、互联共享的要求，形成统一业务应用系统控告检察模块的升级完善需求分析报告，优化控告检察业务模块。按照诉访分离要求和修改后三大诉讼法规定，修订控告申诉案件情况报表，分别设立接收、受理统计项目，完善控告申诉事项类别、信访方式等统计项目，并相应修改统计系统相关案卡和业务数据生成定义。

四、完善案件办理机制，纠正司法错误和补正司法瑕疵，依法及时公正解决人民群众的合理诉求

办理控告申诉案件是涉法涉诉信访工作改革的核心工作，主要任务是，通

过审查、复查等程序，对控告申诉请求是否有事实和法律依据进行审查判断并作出法律结论，依法纠正司法错误、补正司法瑕疵，依法保障合法权益，依法维护公正结论，及时公正解决人民群众的合理合法诉求，努力实现维护人民群众合法权益与维护司法权威的统一，让人民群众在每一起控告申诉案件中重新感受到公平正义。

（一）认真细致审查，防止草率粗疏

简单地说，办理控告申诉案件，就是发现疑点和矛盾，然后合理排除疑点和矛盾，最后对无法合理排除的疑点和矛盾作出法律评价。因此，审查工作是一项基础性工作。

规范审查方法。首先，认真审查控告申诉材料，充分听取控告人、申诉人意见，梳理归纳其请求、依据，整理案件争点。其次，查阅原案以及复查案卷材料，精心制作阅卷笔录，为准确掌握案情，发现事实、证据、法律适用、程序等疑点和案件争点，确定下一步审查（复查）方向打下坚实的基础。最后，根据案件具体情况，依法开展调查核实工作。如听取原案承办部门、原复查部门或者原承办人员意见，询问原案当事人、证人等相关人员，复核证据或进行鉴定、补充鉴定等，以利于查清案情，合理排除事实与证据之间的矛盾和疑点。

坚持全面审查。围绕控告申诉请求进行审查（复查），但又不限于控告人、申诉人提出的请求和理由。既对原处理决定或执法行为所认定的事实、证据进行审查，又对适用法律进行审查；既对实体处理结论进行审查，又对办案程序进行审查。

推进公开审查。贯彻落实《人民检察院刑事申诉案件公开审查程序规定》，采取公开听证、公开示证、公开论证、公开答复等形式，加大对不服检察机关诉讼终结的刑事处理决定的申诉案件公开审查力度。根据民事诉讼监督案件具体情况，可以组织有关当事人听证，邀请与案件没有利害关系的社会人士参加。进一步探索拓展公开审查程序的适用范围，以公开促公正、赢公信。

最高人民检察院控告检察厅《关于审查受理控告申诉事项有关问题的答复》（高检控〔2015〕4号）指出："对于不服人民检察院刑事不立案决定的复议申请或者申诉，以及要求人民检察院对公安机关实行刑事立案监督的控告或者申诉，控告检察部门在审查受理时，应当根据事实和法律，对复议申请、控告、申诉材料进行实体性审查，认为需要侦查部门说明不立案理由，或者认为需要公安机关说明不立案或者立案理由的，应当及时将案件移送侦查监督部门办理。"这里的实体性审查的对象是复议申请、控告、申诉材料；审查方式是书面审查；审查内容是否需要侦查部门说明不立案理由，或者是否需要公安机关说明不立案或者立案理由。

（二）准确认定、依法依法纠正司法错误

按照中央政法委《关于建立涉法涉诉信访执法错误纠正和瑕疵补正机制的指导意见》的相关规定，执法错误是指，对于政法机关执法办案认定事实错误或事实不清、适用法律不当、办案程序严重违法、处理结果明显不公等，依法应当通过启动法律程序予以纠正或重新作出处理的情形。对存在司法错误的案件，都要依法按程序予以纠正，不能以维护司法裁判的稳定性、既判力为由，在法律程序上"兜圈子"，在技术上做文章，导致错误不纠正、问题不解决。

检察机关经审查（复查），认为司法机关原处理决定或执法行为存在执法错误的，应当区分情况，严格按照高检院《关于切实履行检察职能，防止和纠正冤假错案的若干意见》、《人民检察院复查刑事申诉案件规定》、《人民检察院民事诉讼监督规则（试行）》、《人民检察院行政诉讼监督规则（试行）》等规定要求，作出重新处理、撤销、纠正、变更或赔偿等决定。（1）认为检察机关诉讼终结的刑事处理决定认定事实或适用法律错误的，应当作出撤销、变更或部分纠正的决定。对赔偿义务机关是检察机关的案件，认为请求国家赔偿的侵权事项事实清楚，应当予以赔偿的，作出赔偿决定。经复议认为检察机关原赔偿决定错误或不当的，予以纠正或变更；赔偿义务机关逾期未作出赔偿决定的，依法作出决定。（2）认为法院已经发生法律效力的刑事、民事、行政判决、裁定符合再审条件的，应当作出提出抗诉、提请抗诉或提出再审检察建议的决定。认为民事调解书损害国家利益、社会公共利益的，应当向法院提出再审检察建议或抗诉。认为法院赔偿委员会作出的赔偿决定违反国家赔偿法规定的，应当向人民法院提出重新审查意见。（3）认为公安机关刑事不立案或者立案理由不能成立的，应当通知公安机关立案或者撤销案件。（4）上述情况以外，认为检察机关处理决定或执法行为存在违反法律规定情形的，应当提出纠正意见或通知纠正；认为公安机关、法院等办案机关的原处理决定或执法行为存在违反法律规定情形的，应当提出纠正意见、发出纠正违法通知或检察建议等。

（三）准确认定、妥善补正司法瑕疵

从司法实践看，涉法涉诉信访大部分由司法瑕疵而引发的。正是由于这些司法瑕疵的发生，导致当事人对案件处理结果的公正性产生合理怀疑，并要求对司法瑕疵给个说法，而法律和相关规定极少涉及对司法瑕疵的处理措施，致使司法瑕疵的补正问题成为长期困扰涉法涉诉信访工作的突出问题，成为

"案结事不了"的一个重要原因。因此，建立健全司法瑕疵的发现、认定和补正机制，对及时公正解决人民群众合理诉求，提高检察机关办案质量、效率以及司法公信力，有效预防、减少以及化解涉法涉诉信访问题，均具有重要意义。

1. 司法瑕疵的定义

什么是司法瑕疵，原来并没有一个明确的定义和界定。按照中央政法委《关于建立涉法涉诉信访执法错误纠正和瑕疵补正机制的指导意见》的相关规定，结合检察工作实际，《人民检察院司法瑕疵处理办法》（以下简称《瑕疵处理办法》）第2条对什么是检察环节司法瑕疵作了规定，即人民检察院在立案侦查直接受理的案件、批准或者决定逮捕、审查起诉和提起公诉以及实行诉讼监督过程中，在事实认定、证据采信、法律适用、办案程序、文书制作以及司法作风等方面不符合法律和有关规定，但不影响案件结论的正确性和效力的相关情形。

对该规定的把握，要注意以下几点：一是司法瑕疵可能出现在检察机关执法办案的各个环节以及事实认定、证据采信和法律适用等各个方面，其表现形式也将是复杂多样的；二是司法瑕疵不属于需要启动法律程序予以纠正或重新作出处理的情形，不影响案件结论的正确性和效力。需要强调的是，司法错误和司法瑕疵均属于不符合法律和有关规定的情形，但在具体程度、对当事人权益的损害程度、法律后果等方面存在质的区别。因此，要准确把握司法瑕疵与司法错误之间的界限，既不能不当扩大司法瑕疵范围，使司法错误被"降格"为司法瑕疵，也不能不当扩大司法错误的范围，使司法瑕疵被"升格"为司法错误。

2. 检察环节司法瑕疵的具体情形

在起草过程中，高检院控告检察厅认真学习借鉴了2001年《人民检察院办理起诉案件质量标准（试行）》、2001年《人民检察院办理不起诉质量标准（试行）》、2005年《不服人民检察院处理决定刑事申诉案件办理标准》、2010年《人民检察院审查逮捕质量标准》等规定，并商请民事行政检察厅、刑事申诉检察厅对民事、刑事申诉案件中司法瑕疵的表现形式、具体情形进行了专题调研。在归纳汇总的基础上，《瑕疵处理办法》第3条对检察环节司法瑕疵主要类别作了规定，即事实认定瑕疵、证据采信瑕疵、法律适用瑕疵、法律程序瑕疵、法律文书瑕疵、司法作风瑕疵以及其他司法瑕疵。

事实认定瑕疵，是指认定事实或者情节有遗漏、表述不准确等情形，不影响定罪量刑或者全案处理的情形。如对基本事实以外的事实认定有误、证据不足或者存在遗漏的情形。

证据采信瑕疵，是指证据的收集、调取、保存、移送、使用等程序不符合法律和有关规定，但依法可以补正或者作出合理解释，并且不属于应当依法排除的非法证据等情形。如讯问笔录存在下列瑕疵：讯问笔录填写的讯问时间、讯问人、记录人、法定代理人等有误或者存在矛盾的；讯问人没有签名的；首次讯问笔录没有记录告知被讯问人相关权利和法律规定的。

法律适用瑕疵，是指引用法律条文不准确、不完整、不规范，但不影响定罪量刑的情形。如漏引、错引法律条文。

法律程序瑕疵，是指受理、办理、告知、听取意见、送达等程序不符合法律和有关规定，但不影响案件结论的正确性和效力的情形。如：依照法律和有关规定应当对诉讼权利义务等内容履行告知义务，没有告知或者告知后没有记录在案的等。

法律文书瑕疵，是指法律文书的名称、类型、文号、格式、文字、数字、语法、符号等存在不规范、遗漏、错误等情形，或者存在未依照法律规定签名、盖章、捺手印、注明时间等情形，不影响案件结论的正确性和效力的情形。如：法律文书名称、文号错误，文书类型选择不当，文书格式不规范的等。

司法作风瑕疵，是指人民检察院工作人员在执法办案中存在态度粗暴、蛮横，作风拖沓、怠慢，语言不当等不规范行为的情形。

3. 司法瑕疵的发现途径

根据《瑕疵处理办法》第 9 条的规定，对司法瑕疵的发现途径主要有三个：一是上级院发现；二是本院业务部门在执法办案过程中自行发现或相互发现；三是本院案管以及纪检监察等部门发现。

4. 司法瑕疵的补正措施

对发现的司法瑕疵，根据诉讼阶段及司法瑕疵具体情况，相关检察院应当按照《瑕疵处理办法》第 4 条至第 7 条的规定，单独或者合并适用说明解释、通知补正、赔礼道歉、司法救助等措施，对不规范执法行为进行补救，对当事人受损的合法权益进行弥补或恢复，以取得当事人的理解、谅解和认同，重新塑造司法公信力。

说明解释。根据《瑕疵处理办法》第 5 条的规定，证据的收集、调取、保存、移送、使用等程序存在司法瑕疵的，办理案件的人民检察院或者相关办案部门可以就收集、调取等过程作出书面说明或者合理解释。

补正原法律文书。根据《瑕疵处理办法》第 6 条的规定，对原法律文书进行补正的适用情形为事实认定、法律适用、法律文书等存在的司法瑕疵。补正的方式有两种：第一种是重新印制法律文书，送达当事人，并将撤销原法律文书的情况告知当事人；第二种是在审查、复查法律文书中作出重新认定。

赔礼道歉。根据案件和司法瑕疵具体情况，必要时应当向当事人赔礼道歉，消解当事人的不满，以取得当事人的谅解。

司法救助。司法实践中，有些瑕疵案件虽然仅存在一些"不规范"、"小错误"，但对当事人工作、生活以及身心健康造成的不良影响却并不"小"，对司法瑕疵的补正机制绝不能忽视对当事人权益的保护、修复和补偿。根据2014年1月17日印发的《关于建立完善国家司法救助制度的意见（试行）》的相关规定，《瑕疵处理办法》第8条规定，人民检察院存在司法瑕疵，控告人、申诉人的诉求具有一定合理性，但通过法律途径难以解决，且生活困难，符合司法救助条件的，可以告知控告人、申诉人申请司法救助。

另外，《瑕疵处理办法》第10条提出，人民检察院在办理诉讼监督案件中，发现人民法院、公安机关存在司法瑕疵、执法瑕疵的，根据案件具体情况，可以向人民法院、公安机关提出检察建议。

司法瑕疵补正是一项全新的工作，需要在实践中不断丰富和完善，各级检察机关要注意总结工作经验，扎实有效地开展好这项工作。

（四）纠正错误、补正瑕疵机制实施中存在的主要问题和改进意见建议

从专项检查和督查情况看，存在执行首办责任制不严格，依法纠正错误、补正瑕疵的能力需要进一步提高的问题。一是有的业务部门对控告检察部门首办移送的控告申诉事项以各种借口不予接受，导致无法导入审查办理程序。二是对控告检察部门首办移送的控告申诉案件，有的业务部门逾期不回复办理结果，或者回复内容过于简单。三是有的业务部门害怕对诉讼监督案件出具法律文书后，案件"粘"在检察机关，因此在审查后缓出或者不出具法律文书，导致诉讼监督案件积压。《人民检察院复查刑事申诉案件规定》对于不立案复查而审查结案的刑事申诉案件没有明确规定答复的形式，有的控告申诉部门因担心发生赴省进京访案件增多的问题，在申诉人要求书面答复的情况下，不愿意出具书面答复文书。四是有的业务部门在审查办理时只走程序，不解决实际问题，导致程序空转。有的因迫于申诉人缠访闹访压力，对申诉人不符合法律规定的诉求予以支持。五是基层检察院控告申诉部门办理的刑事申诉案件中，原不批捕、不起诉决定是由检察委员会作出的，自侦案件的不起诉决定还是报请上级检察院作出的，由基层检察院控告申诉部门纠正错误、补正瑕疵的难度大。六是补正司法瑕疵的实践很少，存在很多空白点，既与涉法涉诉信访工作实际不符，也与司法办案实际情况和控告申诉案件办理规律不符。七是由于法律对再审检察建议的效力和法院如何处理再审检察建议没有明确规定，法院处理再审检察建议的随意性较大。有的法院、公安机关对检察建议不予回应，影

响了检察机关监督效力。

　　针对上述问题，要全面落实司法责任制，从根本上解决首办责任制落实不到位、首次办理控告申诉案件质量不高等长期存在的突出问题。对于控告检察部门受理导入的控告申诉案件，首办责任部门要建立随机分案为主、指定分案为辅的案件承办确定机制，由独任检察官或者检察官办案组严格按照规定期限办理并按照规定期限和要求向控告检察部门回复办理结果。严格执行控告申诉案件审查办理工作在统一业务应用系统上运行的要求，强化案件管理部门的流程监控职能。完善控告检察部门对控告申诉案件办理情况的定期清理和通报制度，对逾期未办结、未回复的进行催办督办。坚持实事求是、依法纠错原则，把依法纠错作为衡量控告申诉案件办理质量和效果的重要标准，依法及时公正解决人民群众的合理诉求，同时也要避免因控告申诉人缠访闹访而任意更改依法作出的法律结论。坚持实体公正与程序公正并重，完善并严格执行控告申诉案件办理质量标准，加大公开审查力度，提高司法错误、瑕疵的发现以及纠正、补正能力。建立健全控告申诉案件一体化办理机制，探索建立刑事申诉异地审查制度，解决检察机关内部纠错难的问题。完善控告申诉案件质量评查机制，采取随机评查、重点评查、专项评查等方式，查找有错不纠、有瑕疵不补正等问题，并加强评查结论的运用。增强再审检察建议的监督效力，树立检察机关的监督权威。严格把握再审检察建议的适用范围和条件，妥善处理与抗诉的关系；对法院怠于回复或对再审检察建议的处理结果错误的，按照相关规定跟进监督、提请上级检察机关监督，或提出抗诉；最高人民检察院推动与最高人民法院联合发文，明确再审检察建议的效力和法院处理再审检察建议的程序。

　　（五）做好执行和答复工作，防止案结事不了

　　办理控告申诉案件不仅是人民检察院履行法律监督职责的过程，也是调处社会矛盾、修复社会关系、重建司法公信的过程。司法权威的树立、"定分止争"功能的真正实现源于人民群众对司法结论的信服、认同和接受。对控告申诉案件作出审查（复查）结论，仅仅是办理过程中的一个环节。我们更要让审查（复查）结论得到控告人、申诉人的认可、接受。控告人、申诉人息诉息访，意味着其控告申诉请求得到了真正彻底解决，控告申诉行为得以停止，只有这样，才能从根本上消减涉法涉诉信访存量。因此，必须继续坚持"案结事了、息诉息访"的工作目标，坚决防止以"依法按程序进行处理"为由，机械执法，就案办案，退回到"案结事不了"的老路。

　　1. 做好审查（复查）结论的执行工作。

　　对于纠正、补正的涉检控告申诉案件，相关检察机关或办案部门应按照审

查（复查）结论彻底纠正执法错误，妥善补正执法瑕疵，按时执行赔偿决定，协调落实善后工作，并向审查（复查）检察机关或部门反馈执行情况。审查（复查）检察机关或部门要加强对执行情况的督促检查，发现拒不依法纠正执法错误、补正执法瑕疵，拒不执行生效赔偿决定或拖延赔偿等情形的，移送人民检察院监察部门启动责任追究程序。

对于纠正、补正的诉讼监督案件，审查（复查）检察机关和办理部门要区分情况，依法监督相关办案机关落实审查（复查）结论，增强法律监督的实效性。

对于维持原处理决定或执法行为、作出不予赔偿决定的控告申诉案件，审查（复查）检察机关、作出原处理决定或执法行为的检察机关要用群众听得懂的语言向控告人、申诉人释法说理，针对控告申诉理由和依据逐条答疑。

2. 做好审查（复查）结论的反馈和答复工作。

一是承办部门向控告检察部门反馈办理情况。承办部门在规定期限内办理控告申诉案件，并向控告检察部门书面回复办理结果。回复文书主要包括下列内容：（1）控告、申诉事项；（2）办理的过程；（3）认定的事实和证据；（4）处理情况和法律依据；（5）执法办案风险评估情况等。

二是答复控告人、申诉人。检察机关对控告申诉案件作出审查（复查）结论后，应按照法律规定的期限和方式将办理结果答复控告人、申诉人，使控告人、申诉人知晓检察机关对其请求的处理意见，并据此申请执行或决定是否再次提出控告或申诉。根据《人民检察院信访工作规定》第 39 条规定，答复工作一般由控告检察部门负责。需要指出的是，《人民检察院刑事诉讼规则（试行）》的部分条文、《人民检察院复查刑事申诉案件规定》、《人民检察院国家赔偿工作规定》、《人民检察院民事诉讼监督规则（试行）》对审查（复查）结论文书送达或告知控告人、申诉人、国家赔偿请求人确立了"谁办理案件，谁负责答复"的机制，与《人民检察院信访工作规定》第 39 条规定完全不同。如《人民检察院刑事诉讼规则（试行）》第 596 条规定，"人民检察院刑事申诉检察部门对不服人民法院已经发生法律效力的刑事判决、裁定的申诉案件复查终结后，应当制作刑事申诉复查通知书，并在十日以内通知申诉人。"

答复以书面答复为原则。除因通讯地址不详等情况无法答复的以外，原则上应当书面答复控告人、申诉人。口头答复的，应当制作答复笔录，载明答复的时间、地点、参加人及答复内容、控告人或申诉人对答复的意见等。检察实践中，书面答复主要有两种方式：（1）控告申诉案件办理部门按照法律规定的期限和方式将审查（复查）结论文书送达控告人、申诉人。对不服检察机关诉讼终结的刑事处理决定的申诉案件所作出的刑事申诉复查决定书还应当公开宣布，并制作宣布笔录，送达申诉人、原案当事人，同时抄送有关部门。（2）控告检察部门根据办理部门的审查（复查）结论制作答复函，送达控告人、申诉人。

三是创新息诉化解机制。从专项检查和督查情况看，存在息诉化解思路不开阔，联动机制不健全、检调对接工作开展不普遍，司法救助资金来源不充足等突出问题。主要有：（1）息诉化解思路不开阔，息诉化解方法简单，仍存在多个息诉难点。如诉讼监督案件息诉难、举报人不服检察机关不立案决定的案件息诉难、涉及多个部门的控告申诉案件息诉难、上访老户息诉难等。（2）有的业务部门重办案、轻答复，作出的审查结论法律文书除审查结论和法条依据外，没有任何说理性。（3）控告检察部门与业务部门联合答复、息诉机制不健全，有的业务部门以办案忙为由，不愿参与联合接待、释法说理、共同息诉。（4）上下级检察机关息诉联动机制作用发挥不充分。检察机关对诉讼监督案件作出不支持监督请求决定后，针对信访人长期缠访的情况，公安、法院不愿再与信访人接触，不愿与检察机关联合接访、共同息诉。（5）检调对接工作开展不普遍，作用发挥不充分，亟待明确适用检调对接机制的案件范围和条件，亟待完善检察机关与调解组织的衔接机制，以及检调对接工作的经费保障机制和激励机制。（6）司法救助标准不明确，司法救助资金来源不充足、不稳定。

针对上述问题，建议创新息诉化解思路和方式，努力实现"案结事了、息诉息访"的目标。（1）坚持多元息诉化解的基本思路，把息诉化解工作落实到接收控告申诉材料、受理（立案）、审查（复查）、作出审查（复查）结论、执行和答复的各个环节，对症综合施策，多元息诉化解。（2）坚持以解决实际问题为导向，在对控告申诉案件作出客观公正的法律结论、分清是非曲直的基础上，深刻把握控告申诉人的真实诉求，最大限度兼顾法、理、情，及时公正解决控告申诉人的合理诉求。要切实改变以往过度追求"案结事了、息诉息访"，甚至不惜突破法律和政策底线，简单地花钱买平安的做法。（3）坚持把释法析理贯穿于办理控告申诉案件的全过程，使控告申诉人能够理解作出审查结论的事实和法律依据，消除认识上的误区，解开"法结"、"心结"。按照最高人民检察院《关于加强检察法律文书说理工作的意见》的要求，加强控告申诉案件审查结论文书的说理性，特别是在作出不支持控告申诉诉求的决定书时，应当针对控告申诉人的诉求和理由，从事实认定、证据采信、法律适用等方面进行分析论证，体现说理性和逻辑性；修改完善审查结论法律文书的种类、格式，采取案件检查、优秀法律文书评比等方式，促进法律文书说理性的提高；注重将法律文书说理与当面说理有机结合起来，增强说理效果。（4）树立"涉法涉诉信访工作是全院共同责任"的观念，完善息诉化解联动机制，强化业务部门的联合接访、共同息诉责任。（5）建立律师等社会第三方参与化解机制，稳步开展申诉案件律师代理制度工作。（6）完善检调对接机制，以和解促化解。贯彻落实《关于完善矛盾纠纷多元化解机制的意见》，规范检调对接适用案件范围和条件、检察机关与调解组织的衔接方式和工作模式、和解的效力和后续工作等。（7）完善司法救助机制，以民生关怀促化解。高检院刑事申诉检察厅正在研究制定国家司法救助工作细则，进一步完善司法救助范围、方式、标准和程序等。要积极争取党委政法委、财政部门支持，推动解决司法救助资金来源不充足、不稳定的问题。要积极探索多元化的救助方式，将经济救助与思想疏导、宣传教育相结合，与法律援助、诉讼救济相配套，与其他社会救助相衔接。《社会救助暂行办法》已于 2014 年 5 月 1 日起实施。对于未纳入国家司法救助范围或者实施国家司法救助后仍然面临生活困难的控告人、申诉人，符合社会救助条件的，可以引导当事人按照该办法规定申请最低生活保障、特困人员供养、医疗救助、教育救助、住房救助、就业救助、临时救助等社会救助，或协调其户籍所在地有关部门将其纳入社会救助范围。

五、完善案件终结机制，解决无限控告申诉问题

高检院于 2006 年 2 月 27 日制定了《人民检察院信访案件终结办法》（以下简称 2006 年《终结办法》）。2010 年以来，各级检察机关紧密结合集中化解进京访案件活动，依法审慎地开展案件终结工作，取得了一定成效，积累了一些经验。同时，也暴露出案件终结工作中的一些突出问题，如 2006 年《终结办法》存在案件终结范围不明确、终结标准过宽、备案审查定位不明确、退出机制缺失等问题；有的地方检察机关审查把关不严，终结案件质量不高；终结案件移交机制不健全，衔接不顺畅；少数当事人拒不接受终结决定，继续缠访缠诉，终结决定的权威性不高等。按照中央和涉法涉诉信访改革精神的要求，对 2006 年《终结办法》进行修改完善是检察机关贯彻三中、四中全会相关改革要求的具体举措，有利于完善检察机关控告申诉案件依法终结和有序退出机制，有利于实现维护控告申诉人的合法权益与维护法律尊严和信访秩序的有机统一。

（一）建立健全终结机制的重要意义

由于刑事诉讼法没有对控告申诉的期限、层级和次数作出明确规定，民事诉讼法、行政诉讼法仅对不服民事、行政生效判决、裁定、调解书的申请再审、申请监督次数作出限定，导致无限控告申诉成为困扰涉法涉诉信访工作的

老大難問題。特別是極少數信訪人在案件處理結果公正、其合理訴求已經依法按政策予以解決的情況下，繼續纏訪纏訴，既加大了自身的經濟負擔和精力消耗，給個人和家庭生活造成了更多困難和痛苦，又占用了大量司法資源，擾亂了正常的信訪和社會秩序。對此類案件，如果不分是非、一味遷就，甚至突破法律政策底線，隨意地、無休止地啟動監督程序或救濟程序，或者使原法律程序或生效法律結論始終處於被改變的可能性之中，監督程序或救濟程序的消極作用就會日益凸顯，給法律程序的安定、生效法律結論的確定帶來不當衝擊，使司法"定分止爭"的功能無法落地，司法權威無從樹立，並且會形成錯誤的社會導向，不利於涉法涉訴信訪工作的法治化治理，當事人的合法權益也難以得到切實有效的保障。

著名日本學者、原東京大學教授三月章在其所著的《日本民事訴訟法》中指出，"正義的要求和法的安定性的要求，往往反映出法律對立的一面"。法的程序安定性要求，爭議糾紛一旦被作出終局性裁決，它不但拘束訴訟當事人要服從該裁決的內容，使之不得反覆提出同一個爭執，而且作為國家司法機關更應尊重自己做出的判斷，不能隨意地反覆地啟動法律程序。但是法的正義性要求，凡是因認定事實、適用法律或者其他原因導致判決、處理錯誤的案件，都應依法予以糾正。從司法實踐看，由於訴訟受到時空條件的限制，案件的客觀事實都是過去發生的，由此導致證據所證明的事實（即法律事實）並不能與客觀事實完全吻合。在處理涉法涉訴信訪案件時，如果過分追求正義性，而犧牲了程序安定性，會對司法權威造成了一定的負面影響；如果過分地強調程序安定性，就會導致程序的僵化，使得該糾正的錯誤不能及時糾正、該解決的問題得不到及時解決，同樣會損害司法權威。此外，處理涉法涉訴信訪案件時，還要考慮到司法資源的有限性問題。根據以上要求，司法機關（包括檢察機關）在辦理控告申訴案件時，就要準確把握法的正義性、程序安定性和司法資源有限性之間的平衡，堅持依法糾錯與維護程序安定性、生效法律結論確定性並重，實行監督程序、救濟程序的有限性。

建立健全控告申訴案件終結機制，對於提高涉法涉訴信訪工作法治化水平，有效解決無限控告申訴問題，實現依法維權與依法辦事的有機結合，實現維護人民群眾合法權益與維護司法權威的統一，具有重要的意義。同時，對終結機制的積極探索，還將為立法完善控告申訴制度積累有益的經驗。

（二）依法終結的基本涵義

依法終結的涵義直接關係到案件終結工作的實踐意義和價值取向。但是，依法終結的涵義是什麼，在理論和實踐上一直存在較大爭議。2014年7月24日中央政法委印發的《關於健全涉法涉訴信訪依法終結制度的意見》對依法终结的涵义进行了界定，即"当事人不服司法机关生效法律结论，其救济权利已经充分行使、放弃行使或者已经丧失，反映问题已经依法律按政策公正处理，仍反复控告申诉、缠访缠诉，除有法律规定的情形以外，依法不再启动复查程序"。

该定义明确了终结应具备的三个方面要件：一是程序要件。从当事人角度看，当事人救济权利已经充分行使、放弃行使或者已经丧失；从司法机关角度看，从程序上为当事人救济权利的行使提供了充分保障。二是实质要件。指司法机关对当事人的控告申诉已经依法律按政策公正处理。司法机关的审查结论客观公正，执法错误已经依法纠正，执法瑕疵已经补正，善后工作已经落实，执法责任已经依法追究，给予了必要的司法救助，进行了释法说理等工作。三是信访要件。指在具备程序、实质要件的情况下，信访人仍反复控告申诉、缠访缠诉，继续坚持无事实和法律依据的诉求或不合理诉求，拒不接受审查（复查）结论和善后工作方案。

（三）检察机关案件终结的范围

2014年新修订的《人民检察院控告申诉案件终结办法》（以下简称《案件终结办法》）第3条第1款对适用范围做了规定："（一）不服人民检察院不起诉、不批准逮捕、撤销案件、免予起诉决定以及其他刑事处理决定的，但人民检察院对不服公安机关决定或者人民法院刑事判决、裁定的控告申诉所作的监督决定除外；（二）请求人民检察院进行国家赔偿的；（三）最高人民检察院认为可以适用本办法的其他控告申诉案件。"另外，如果控告人、申诉人提出的诉求涉及多个司法机关，其主要诉求属于前款规定范围的，人民检察院可以依照本办法将该主要诉求予以终结。

需要说明的是，不服人民检察院对控告举报事项的刑事不立案决定，属于《案件终结办法》第3条第1款第1项中不服人民检察院其他刑事处理决定的控告申诉案件，属于终结范围。反映人民检察院违法违规或者检察人员违法违纪的控告申诉案件，不属于《案件终结办法》第3条第1款规定的终结案件范围。

对于人民检察院已经作出审查结论的诉讼监督案件，当事人继续向人民检察院控告申诉的，根据《案件终结办法》第6条规定，具有以下情形之一的，人民检察院不予受理，可以根据案件情况和化解工作需要，建议人民法院、公安机关等原办案单位按程序依法终结："（一）被害人及其法定代理人、近亲属认为公安机关对其控告应当立案侦查而不立案侦查，当事人认为公安机关不应当立案而立案，向人民检察院提出控告或者申诉，经人民检察院审查并作出审查结论的；（二）当事人不服人民法院生效刑事判决、裁定，向人民检察院提出申诉，经两级人民检察院办理且省级人民检察院已经复查，没有新的事实、证据和理由的；（三）当事人不服人民法院生效民事判决、裁定、调解书，向人民检察院申请检察建议或者抗诉，人民检察院经审查作出提出或者不予提出检察建议或者抗诉决定的；（四）当事人不服人民法院生效行政判决、裁定，向人民检察院申请监督，人民检察院经审查作出终止审查或者不抗诉决定的；（五）当事人认为民事行政审判程序中审判人员存在违法行为或者民事执行活动中存在违法情形，向人民检察院申请监督，人民检察院经审查作出审查决定的。"

（四）案件终结标准和条件

中央政法委《关于健全涉法涉诉信访依法终结制定的意见》第5条至第8条对终结标准提出了"四到位"的要求（法律问题解决到位、执法责任追究到位、解释疏导教育到位、司法救助到位）。结合检察机关近年来开展案件终结工作实际，《案件终结办法》第7条对"四到位"标准予以具体化，从审查复查程序、案件实体处理、纠正错误、责任追究、教育疏导和司法救助等方面提出了硬性要求，具体如下：

1. 案件已依法经下列程序进行了审查、复查，当事人的救济权利已经充分行使、放弃行使或者已经丧失，具体包括下述情形：（1）不服人民检察院不起诉、不批准逮捕、撤销案件、免于起诉决定的申诉案件，经两级人民检察院立案复查且采取公开审查形式作出复查决定，申诉人没有提出新的充足理由的；（2）不服人民检察院其他刑事处理决定的案件，经两级人民检察院审查、复查并作出法律结论的，法律另有规定的依照其规定；（3）赔偿义务机关为人民检察院的国家赔偿案件，法律规定的救济程序已经穷尽，或者赔偿请求人放弃或者丧失法定申请权利，导致不能启动相应法律程序的。

2. 审查、复查结论认定事实清楚，适用法律正确，程序合法，定性准确，处理适当，并已经书面告知复查、审查结论，控告人、申诉人未提出新的事实和证据。

3. 执法错误已经依法纠正，执法瑕疵已经妥善补正，善后工作已经落实或者人民检察院已经协调有关部门提出了合理的善后方案，但控告人、申诉人仍不接受。

4. 对人民检察院及其检察人员执法办案过程中因故意或者过失造成执法错误，或者有其他违纪违法行为，已经依纪依法作出相应处理。

5. 采取公开听证、公开答复等形式开展了公开审查、释法说理、教育疏导工作，但根据法律和最高人民检察院规定不适用公开审查程序的除外。

6. 控告人、申诉人符合国家司法救助条件，人民检察院已经依照法律规定给予司法救助。

需要强调的是，只有在上述所列条件全部具备的情况下，才可以申报终结、决定终结，以此确保案件终结质量。

（五）关于终结申报和决定程序

《案件终结办法》对终结申报、决定程序提出了以下要求：申报由案件审查复查部门提出；申报终结决定应当经检委会审议决定；根据控告申诉案件的性质和职能分工，由省级院的侦监、公诉、侦查、刑申等部门审查提出是否同意终结的意见；终结决定由检委会审议作出。

（六）案件终结的路径和责任主体

结合检察机关案件终结工作实践和中央文件要求，新修订的《案件终结办法》第4条、第5条和第6条明确了三种不同的案件终结路径：（1）最高人民检察院对控告申诉案件作出的审查、复查决定即是案件的终结决定。（2）不服省级及省级以下人民检察院生效处理决定的，一般由省级人民检察院审查终结。（3）人民检察院对诉讼监督案件已经作出审查结论，当事人继续向人民检察院控告申诉，人民检察院不予受理，可以建议人民法院、公安机关等原办案单位按程序依法终结。

需要强调的是，《案件终结办法》对省级检察院作为终结决定责任主体予以明确，是"属地管理"、"分级负责"原则的具体体现。各省级检察院要严格按照规定的程序和标准，依法审慎开展控告申诉案件终结工作，依法保障当事人的合法权益，确保案件终结质量经得起法律和历史的检验。

（七）案件终结决定的效力

终结决定的效力是指终结决定对控告申诉人、检察机关等相关方的约束力。当前，案件终结后，信访人继续在检察机关信访的情况仍很普遍，终结决定对信访人缺乏法律约束力，权威性不高的问题比较突出。

中央政法委《关于健全涉法涉诉信访依法终结制度的意见》规定，对于已经终结的信访事项，司法机关不再启动复查程序；各级党委政法委和司法机关不再作为涉法涉诉信访事项进行统计、交办、通报。《案件终结办法》第10条规定，案件终结后再次控告申诉的，除有法律规定的情形外，检察机关将不再受理、不再启动复查程序，上级检察机关也不再进行交办和通报，以防止控告人、申诉人滥用权利，避免司法机关在无理访案件上耗费过多的司法资源。同时，随着涉法涉诉信访工作改革的深入推进，司法机关依法独立行使职权的外部环境不断改善，案件终结工作有利于推动控告申诉人形成稳定和明确的心理预期，逐渐打破希望借缠闹改变原处理决定的不切实际的幻想，理性对待案

控告举报检察实务讲堂

件终结决定。乐观来看，只要我们严格把关、确保案件终结质量，并做好相关的宣传引导工作，对一些无理访案件依法予以终结，是能得到社会的认可和支持的。今后终结决定的权威性将会得到提高，终结后继续控告申诉的情况一定会有所改观。

（八）终结案件的退出机制

中央政法委在《关于健全涉法涉诉信访依法终结制度的意见》中就终结退出工作规定了两个原则，即"同级通报"原则和"基层组织负责终结后续工作"原则。"同级通报"原则是指，"对已经终结的信访事项，终结决定单位应当同时通报同级处理信访突出问题及群体性事件联席会议办公室、党委政法委、综治办等相关单位"；"基层组织负责终结后续工作"原则是指，"对已经终结的信访事项……由信访人住所地的党委和政府及其基层组织落实对信访人的教育疏导、矛盾化解和帮扶救助工作。各地要结合实际，明确由处理信访突出问题及群体性事件联席会议、党委政法委或者综治办牵头，做好终结移交的协调工作，相关司法单位配合做好法律释明和政策解释工作"。按照上述规定要求，《案件终结办法》第 11 条提出了原则性规定。最高人民法院、最高人民检察院、公安部、司法部《关于依法处理涉法涉诉信访工作衔接配合的规定》第 9 条对终结移交等后续工作作出了明确规定。

（九）终结案件的备案

就其本意而言，备案是相对于"审批"的一个概念，指向上级机关报告有关事由以备考查，但该有关事由并不需要上级批准。但是从 2006 年《终结办法》的备案规定和高检院开展终结案件备案审查工作看，实际把备案制变成了"审批制"。这种做法在确保案件终结质量、维护当事人合法权益方面具有积极意义，但也存在审查时间较长、效率较低等问题。为了节约司法资源、提高备案效率，避免信访上行、矛盾上移，根据中央政法委文件的相关规定，《案件终结办法》第 12 条规定，省级院对依法终结的案件，应当在终结决定作出后 10 日以内报高检院备案。高检院如果发现不符合备案要求的，应当通知省级院予以纠正。由此可见，备案审查是一种备案审查监督方式，不是以往的审批制。

（十）案件终结后当事人权利的救济

案件终结是当事人控告申诉诉求办理程序的完结，并非当事人诉讼权利的终结。对当事人提出新的证据或线索足以影响原处理决定，相关人民检察院应本着"实事求是"、"依法纠错"的原则，启动相应的纠错程序，重新调查处理并依法纠正，切实维护控告申诉人的合法权益。《案件终结办法》第 14 条对此作了规定。

（十一）终结机制实施中存在的问题和改进意见建议

从专项检查和督查情况看，检察机关终结机制实施中存在的主要问题有：（1）控告申诉案件终结程序实际运用少。有些检察机关认为终结标准要求高，终结程序复杂，耗费时间和精力多，不愿启动申报终结程序，是一项重要原因。（2）建议终结机制运行不顺。从终结工作实践看，存在由哪级检察机关建议终结不明确、缺乏可操作性的程序和文书等问题。（3）控告申诉案件终结决定效力不足。终结案件是那些对控告申诉事项已依法律按政策公正处理，但信访人仍反复缠访缠诉的案件。信访人本身就对原处理决定不服，寄希望于通过缠访缠诉改变原结论。司法机关作出案件终结决定后，信访人在心理上更为抵触，不认可、不接受、继续缠访闹访的问题比较突出。（4）终结案件移交退出难问题依然存在。仍有部分省（区、市）未明确移交牵头单位，终结案件移交难、后续责任落实难的问题依然存在。即使已经确定信访人住所地的党委、政府负责终结后续工作，但有的责任单位认为上级对终结案件不再通报、交办，就没必要对信访人进行教育疏导、矛盾化解和帮扶救助等工作。（5）终结案件信息共享机制亟需健全。大部分地方的司法机关对终结案件尚未建立信息通报、共享机制。

针对上述问题，建议加强控告申诉案件终结程序的适用，推动落实终结移交牵头单位。（1）推动提升对依法终结工作的思想认识。高检院印发加强和改进检察机关控告申诉案件终结工作的文件，下发各地执行，努力消除消极懈怠情绪，提升对案件终结工作重要性的认识，推动各省级检察院普遍开展终结工作。（2）清理排查终结告知案件和建议终结案件。控告检察厅从自身做起，研究制定《关于控告检察厅开展诉讼监督案件建议终结工作的意见》、《关于控告检察厅开展最高人民检察院作出审查复查决定的控告申诉案件终结告知工作的意见》，以此带动各级检察机关建立健全诉讼监督案件建议终结机制和控告申诉案件终结告知机制。（3）完善终结备案审查机制。明确高检院备案审查时限、审查方式以及回复内容，既发挥备案审查机制的监督作用，又不影响终结后续工作的进行。（4）继续推动落实终结案件的退出机制，推动建立健全终结案件的移交衔接流程，确保出口畅通。（5）优化统一业务应用系统中终结工作流程，进一步提高终结工作应用统一业务应用系统的水平。（6）加强终结制度法治化研究，使终结制度更加符合法律规定和法治原理。（7）建立健全政法机关涉法涉诉信访案件信息库，逐步实现相关信息的互联互通和信息共享，确保终结结论等案件信息的一致性、稳定性和权威性。

六、加强信访安全，维护信访秩序

最高人民检察院《关于进一步加强新形势下涉法涉诉信访工作的意见》要求推动建立健全依法处理违法上访行为的协调机制，切实维护正常的信访秩序和社会秩序。各级检察机关坚持信访安全的底线，努力维护信访秩序，取得一定成效。各级检察机关大力加强来访接待场所改扩建和安全设施建设，基础条件得到进一步改善；检察机关与公安机关、控告检察部门与法警部门之间加强协调配合，聚合各方力量共同维护信访秩序；完善应急处置预案，提高应急处置能力。

但是我们应当清醒地认识到，当前存在信访接待场所安保力量严重不足，对违法上访行为处置乏力等突出问题。一是对信访接待场所安全标准、硬件设施建设标准、安防设备配备标准缺乏具体明确规定，各地对信访安全防范工作要求理解不统一。二是有的基层检察院没有建设专门的信访接待场所，有的信访接待场所没有与办公区域分开，有的没有配备监控设施，安全隐患较多。三是多数检察机关接待场所没有配备司法警察、专职安保人员，主要依靠控告申诉部门人员维持安全秩序。四是有的地方对紧急事件、突发情况的应急处置能力不强，在发生突发情况时，应对无力，处置不及时、不到位。五是检察机关所在地的公安派出所依法处理违法上访的主体作用未充分落实，对违法上访行为处理力度偏软。有的公安出警人员怕惹事，到场后不采取任何措施。六是对于上访人滞留信访接待场所、缠访行为不激烈、70周岁以上违法上访人员、精神病人或者疑似精神病人上访处置方法少，处置难度大。

针对上述问题，各级检察机关要充分认识当前涉法涉诉信访面临的严峻形势，把信访安全与办案安全放在同等重要位置，进一步加强信访安全防范工作，维护正常信访秩序，坚决杜绝信访安全事件的发生。一是研究制定信访接待场所安全设施建设标准、安防设备配备标准等指引意见，指导各地进一步加强接待场所基础建设。二是切实加强信访接待场所安保力量，彻底改变单靠控告申诉检察人员维持信访秩序的局面。省级检察院应当安排司法警察协助维护信访秩序，其他检察院根据信访情况和司法警察队伍情况作出适当安排；各级检察机关应当通过政府购买服务等方式，聘用社会安保人员协助维护信访场所秩序。三是完善来访接待流程，建立信访安全检查机制和领导带班、值班、巡查、风险预警等制度，及时发现和排除信访安全风险和隐患。四是完善应急处置预案，加强日常演练，切实提高现场应急处置能力。加强涉法涉诉信访舆情的监测和研判，认真处理，及时回应，防止恶意炒作和发酵扩散。五是准确理解公安部《关于公安机关处置信访活动中违法犯罪行为适用法律的指导意见》的处置原则和要求，积极探索建立检察机关和公安机关对惩处违法上访行为的有效对接和快速联动工作机制，推动公安机关在检察机关信访接待场所特别是在省级检察院信访接待场所建立警务室或执勤点。

专题九　检察机关举报工作实务

郑小鹏[*]

以 2013 年 3 月 1 日高检院党组会听取举报中心关于举报工作的两个情况汇报为界，检察机关举报工作前后发生了明显的变化。突出表现在：检察机关举报工作规范化明显提速，先后出台了四份规范性文件；举报线索受理量明显上升，重点线索交办力度明显加大；举报中心职责进一步强化，不立案举报线索审查全面铺开，设立举报专区专门受理检察机关和检察干警违法违纪。

一、《举报工作规定》修订的背景和原则

（一）修订背景

《人民检察院举报工作规定》是 1996 年 7 月 18 日最高人民检察院检察委员会第五十八次会议通过，2009 年 4 月 8 日最高人民检察院第十一届检察委员会第十一次会议修订的。实施十八年来，在加强职务犯罪举报工作，完善内部监督制约机制，保护人民群众举报权利，服务职务犯罪查办工作等方面发挥了重要作用。2014 年 7 月 21 日，最高人民检察院第十二届检察委员会第二十五次会议审议通过《人民检察院举报工作规定》（第二次修订版，以下称《举报工作规定》）。仅仅在第一次修订五年之后，《举报工作规定》再次进行了修订，又是在什么背景下进行修订的呢？

1. 国家反腐败总体形势发生了新变化。党的十八大提出坚决反对腐败、建设廉洁政治，对新形势下加强反腐倡廉建设作出了全面部署。习近平总书记在十八届中央纪委二次全会上的重要讲话，从全局和战略的高度，深刻分析了当前党风廉政建设面临的形势，部署了加强党的纪律建设、作风建设和反腐倡廉建设的重大任务。王岐山同志在全会上明确提出，健全腐败案件揭露、查处机制，畅通信访举报渠道，完善保护证人、举报人制度。坚持"老虎""苍蝇"一起打，"治标为治本赢得时间"。在新的形势下，反腐败斗争已成为当

---

[*] 最高人民检察院控告检察厅举报工作处处长。

前社会舆论的焦点和热点，人民群众高度关注。据统计，十八大以来（截至2017年3月17日），共有121名省部级以上干部被立案调查。随着一批大案要案被查处，人民群众的举报职务犯罪的热情也日益高涨。检察机关举报工作是依靠群众查办职务犯罪的重要环节，也是反腐败斗争的重要组成部分，不仅负有重要的法律责任，而且负有重大的政治责任。在新的形势，检察机关如何高度重视和充分尊重人民群众的举报权利，更好地调动和保护人民群众的举报积极性，直接关系到检察机关的执法公信力，直接关系到反腐败斗争的深入推进，直接关系到党和国家的形象。

2. 修订后的《人民检察院刑事诉讼规则（试行）》（以下简称《刑事诉讼规则》）对举报中心赋予了新业务。修改后的刑事诉讼法对公检法三机关在办理刑事案件中的职权和程序作了重大修改和完善，涉及检察机关在刑事诉讼中的各项职能和工作程序。根据修改后的刑事诉讼法修订的《刑事诉讼规则》，对检察机关业务部门职权和内部工作程序进行了修改和完善。具体到举报中心来说，《刑事诉讼规则》赋予了举报线索初核、不立案举报线索审查等两项新业务。这些新业务如何开展，《刑事诉讼规则》只作了原则性规定，没有具体实施办法。

3. 检察机关举报工作实践对举报工作规范化提出了新要求。近年来，各地检察机关在举报工作中不断探索实践，也创造出了不少好的工作经验和办法。上海市黄浦区院探索开展的不立案举报线索审查工作，历经多年实践和完善，目前已经正式成为举报中心的一项重要业务。同时，各地在实践中也发现和提出了一些制约和影响举报工作发展的问题，希望高检院举报中心加强顶层设计，从根本上予以解决。这些经验和问题，对举报工作规范化提出了新要求。

正是在这种背景下，高检院举报中心派员赴江西、湖南、安徽、河南、江苏、内蒙古等省区的基层检察院对举报工作开展实地调研，并先后起草了《人民检察院不立案举报线索审查工作办法》、《人民检察院关于进一步规范举报线索管理的若干意见》（以下简称《若干意见》）和《人民检察院举报工作规定（修改稿）》。2013年12月3日，最高人民检察院第十二届检察委员会第十三次会议审议通过《人民检察院不立案举报线索审查工作办法》（以下简称《不立案审查办法》）；2014年4月29日，最高人民检察院第十二届检察委员会第二十次会议审议通过《人民检察院关于进一步规范举报线索管理的若干意见》（以下简称《若干意见》）。在此基础上，根据《刑事诉讼规则》有关规定，结合工作实际，起草了《举报工作规定》修改稿（征求意见稿），先后两次重点征求山东、河南、上海、广东、江苏等省级检察院意见，并于2014

年 3 月 7 日下发通知，要求各省级院举报中心汇总本院反贪、渎检等有关部门修改意见后上报高检院。根据各省级院反馈意见，举报中心对《举报工作规定》修改稿（征求意见稿）进行了修改。2014 年 6 月 10 日，高检院举报中心发函征求了本院有关内设机构意见，并根据有关内设机构反馈意见形成了《审议稿》。2014 年 7 月 21 日，最高人民检察院第十二届检察委员会第二十五次会议审议并原则通过《人民检察院举报工作规定》修订稿，并于 2014 年 9 月 30 日正式印发施行。

（二）修订原则

在《举报工作规定》修订过程中，始终坚持了以下原则：

1. 严格遵循刑事诉讼法和《刑事诉讼规则》。高检院检委会在审议有关举报工作的规范性文件的时候，强调"要以修改后的《刑事诉讼法》、《刑事诉讼规则》为依据"。因此，在修订《举报工作规定》时，高检院举报中心始终坚持这一指导思想。对《刑事诉讼规则》有明确规定的，以《刑事诉讼规则》表述为准，原则上不作改动。同时，一些条款的表述参照了刑法、刑事诉讼法和《刑事诉讼规则》的表述方法。

2. 惩治犯罪与保障人权并重。刑事诉讼法将"尊重和保障人权"明确写入总则，并在具体诉讼制度上就贯彻这一原则作出了更加具体的规定。在制定一系列规范性文件时，举报中心也始终注意这一原则。一方面，要求严格规范举报线索管理，加强举报线索流转的监督特别是跟踪管理，加强对存查、缓查线索的处理，建立举报线索集体评估制度，开展不立案举报线索审查和举报线索初核，答复实名举报，都是为了真正做到平等地对待人民群众的每一个举报线索，防止选择性执法，惩治职务犯罪。另一方面，坚持既要保护举报人的合法权益和举报热情，又要保障被举报人的合法权利不受侵犯，制定了关于举报人保护的一系列措施和要求，明确了举报失实澄清的相关内容。

3. 规范程序，保证正确履行职权。坚持监督者也要接受监督的理念，针对举报工作的重点环节，对举报中心的职权和职权行使程序作了明确、具体的规定，有利于举报中心严格依法办案，做到既充分行使职权，又不擅权越权。

4. 坚持内外有别。考虑到《举报工作规定》是面向社会公众的，本次修改时仅列入能对社会公开的内容。按照检委会要求，对相关内部工作程序、内部分工协作、监督制约以及向社会公开后可以对工作产生不利影响的内容等，主要执行《人民检察院关于进一步规范举报线索管理的若干意见》（以下简称《若干意见》）。

二、《举报工作规定》的修订情况

修订后的《举报工作规定》共 11 章 79 条，较原《举报工作规定》增加了 2 章 14 条，在内容和文字表述上都进行了较大幅度的补充和修改。在篇章结构上，根据《刑事诉讼规则》赋予举报中心的新职能新业务，增设了"不立案举报线索审查"一章；将原《举报工作规定》中举报失实澄清的内容从"举报保护"一章中单列出来，增设"举报失实的澄清"一章；其余篇章结构大体保留了原来的基本框架。在内容上，增加的内容主要包括：举报人权利、网络举报和电话举报的受理、举报线索的管辖、重复举报线索的处理、交办案件的督办方式、初核处理意见和备案、不立案举报线索审查、举报人保护的具体措施、举报失实澄清等。修改内容主要包括：举报工作主要任务、要案线索备案、举报线索审查处理、举报线索的交办、举报奖励，等等。同时，对原《举报工作规定》中政治色彩较浓的条款，如第 2 条，予以删除。

1. 重新明确了举报工作的任务。《刑事诉讼规则》进一步明确了举报中心对举报线索的初核以及对不立案举报线索的审查职责。同时，在检察实践中，举报奖励、举报人保护、举报失实的澄清等工作已越来越显示出其重要性，有必要予以明确。《审议稿》第 3 条对举报工作的主要任务作了较为全面的表述和规定，即"人民检察院举报工作的主要任务是，受理、审查举报线索，答复、保护、奖励举报人，促进职务犯罪查办工作，保障反腐败工作顺利进行"。

2. 重申了举报中心的机构设置。贯彻落实《刑事诉讼规则》，进一步抓好检察机关举报工作，需要一支强有力的队伍。目前，除个别地方外，各级检察院举报中心均与控告（控告申诉）检察部门合署办公，在控告（控告申诉）检察部门人员配备不足、年龄老化的实际情况下，举报中心专职工作人员相对不固定、变动频繁，特别是县级检察院大多没有举报中心专职工作人员。近年来涉检信访形势日趋严峻、工作任务更加繁重，控告检察部门多限于应付举报宣传、答复等日常工作，无暇顾及线索初核和不立案审查，举报中心的地位渐有被弱化之势，阻碍了举报整体工作的发展。因此，除提高现有人员素质外，固定和增加举报中心专职工作人员有其必要性和紧迫性。《举报工作规定》第 4 条第 3 款明确："有条件的地方，可以单设举报中心。"

在具体设置和人员配备上，四川省院建议"在控告检察部门增加一名副职，兼任举报中心副主任"。山西省院建议"举报中心专职副主任按照同级部门副职规格和条件，从具备良好政治业务素质、符合任职条件的检察官中产生。县级检察院配备不少于两名专职工作人员"。除此之外，北京市院、吉林

控告举报检察实务讲堂

省院、广东省院、广西区院分别提出了各级检察院举报中心专职工作人员配备数量的具体建议。经研究，我们认为，综合考虑各级检察院的实际需要和可能，"地市级以上检察院应当配备不少于两名、县级检察院应当配备不少于一名举报中心专职工作人员"比较合适，并在第4条作了相应规定。但后来检委会审议时，认为具体人员配备问题，完全属于检察机关内部事宜，《举报工作规定》中不宜列入，可以在实施意见中说明。

3. 重新规范了实名举报的定义。实名举报问题，关系到举报工作中的众多具体问题，如答复、保护等。《举报工作规定》第7条对实名举报的定义进行了重新规范，即"使用真实姓名或者单位名称举报，有具体联系方式并认可举报行为的，属于实名举报"。从这一定义来看，实名举报应当同时符合以下三个条件：

一是必须使用真实姓名或者单位名称。举报人使用的必须是本人的真实姓名或者本单位的真实名称。使用他人姓名或者单位名称，虚构本人或者本单位的名称，均不得认定为实名举报。

二是必须有具体的联络方式。如果举报人在举报中未留有具体联络方式，或者其所留联络方式不可用，检察机关无法对其举报行为予以核实，自然也就不能认定为实名举报。

三是必须对举报行为予以认可。检察实践中，常常发生留有具体姓名和联络方式，但在检察机关核实过程中，举报人却否认举报行为的情形。这种情况下，即使是实施举报行为的举报人出于害怕被打击报复，不敢认可该举报行为，也不能认定为实名举报。

4. 首次明确了举报人的权利。举报国家工作人员职务犯罪行为，是宪法赋予公民的基本权利，为了切实保障公民的举报权利，修订后的《举报工作规定》第8条首次明确了举报人享有的各项权利："人民检察院应当告知举报人享有以下权利：（一）申请回避。举报人发现举报中心的工作人员有法定回避情形的，有权申请其予以回避。（二）查询结果。举报人在举报后一定期限内没得到答复时，有权向受理举报的人民检察院询问，要求给予答复。（三）申诉复议。举报人对人民检察院对其举报事实作出不予立案决定后，有权就该不立案决定向上一级人民检察院提出申诉。举报人是受害人的，可以向作出该不立案决定的人民检察院申请复议。（四）请求保护。举报人举报后，如果人身、财产安全受到威胁，有权请求人民检察院予以保护。（五）获得奖励。举报人举报后，对符合奖励条件的，有权根据规定请求精神、物质奖励。（六）法律法规规定的其他权利。"举报人享有的具体权利，主要有：申请回避、查询结果、申诉复议、请求保护、获得奖励以及法律法规规定的其他权利。具体来说，举报人发现举报中心的工作人员有法定回避情形的，有权申请其予以回避；举报人在举报后一定期限内没有得到答复时，有权向受理举报的人民检察院询问，要求给予答复；举报人对人民检察院对其举报事实作出不予立案决定后，有权就该不立案决定向上一级人民检察院提出申诉，举报人是受害人的，可以向作出该不立案决定的人民检察院申请复议；举报人举报后，如果人身、财产安全受到威胁，有权请求人民检察院予以保护；举报人举报后，对符合奖励条件的，有权根据规定请求精神、物质奖励。

可能有人要问，既然明确了"举报人的权利"，那么对"举报人的义务"又是怎么规定的呢？在前期修订过程中，我们也曾经规定了"如实举报义务"、"配合调查义务"、"依法举报义务"等主要义务。在检委会审议中，部分委员提出，除了如实举报义务，法律有明确规定外，其他两项义务都没有明确的法律依据，《举报工作规定》设定举报人的义务，不合时宜。因此，《举报工作规定》第9条规定："人民检察院应当告知举报人如实举报，依照法律规定，不得故意捏造事实，伪造证据，诬告陷害他人。"

5. 规范了对各种方式举报的处理。从2013年下半年以来，网络举报呈激增趋势。2014年上半年，高检院12309举报网站共接收各类举报线索149770件，比去年同期40007件增加274%，一些地方检察院也通过门户网站接收举报线索；12309举报电话共接收各类举报线索18142件。日均接收网络举报线索832件、电话举报101件，远超举报来信（日均15件）和来访。因此，对这些新型举报方式的处理，有必要加以规范。根据举报工作实践，《举报工作规定》第14条至第17条分别规定了对来访、来信、网络和电话举报的处理。其中第16条规定："对通过12309举报网站或者人民检察院门户网站进行举报的，工作人员应当及时下载举报内容并导入举报线索处理系统。举报内容应当保持原始状态，不得作任何文字处理。"第17条规定："对采用电话形式举报的，工作人员应当准确、完整的记录举报人的姓名、地址、电话和举报内容。举报人不愿提供姓名等个人信息的，应当尊重举报人的意愿。"

6. 首次明确了举报线索的管辖。原《举报工作规定》未明确举报线索管辖问题，但2009年4月8日最高人民检察院第十一届检察委员会第十一次会议通过的《关于进一步加强和改进举报线索管理工作的意见》中对举报线索级别管辖问题进行了明确。在修订过程中，我们研究认为，明确举报线索的管辖，有利于举报人明白应当向谁举报，有利于提高举报效率。因此，《举报工作规定》对举报线索的分级管辖和属地管辖问题作出了明确，其中第20条规定："职务犯罪举报线索实行分级管辖。上级人民检察院可以直接受理由下级人民检察院管辖的举报线索，也可以经检察长批准，将本院管辖的举报线索交由下级人民检察院办理。下级人民检察院接收到上级人民检察院管辖的举报线索，应当层报上级人民检察院处理。收到同级人民检察院管辖的举报线索，应当及时移送有管辖权的人民检察院处理。"这里需要指出的是，下级检察院接到应当由其他检察院管辖的举报线索的处理。按原有规定，下级检察院接到应当由其他检察院管辖的举报线索，要层报共同的上级检察院再转到有管辖权的人民检察院，程序多，时间长，不利于举报线索的及时处理。为了防止举报线索处理的环节过多，提高线索处理效率，《举报工作规定》第20条第2款规定"收到同级人民检察院管辖的举报线索，应当及时移送有管辖权的同级人民检察院处理"。

　　第21条明确了举报线索的属地管辖和管辖争议的处理，规定："举报线索一般由被举报人工作单位所在地人民检察院管辖。认为由被举报犯罪地人民检察院管辖更为适宜的，可以由被举报犯罪地人民检察院管辖。几个同级人民检察院都有权管辖的，由最初受理的人民检察院管辖。在必要的时候，可以移送主要犯罪地的人民检察院管辖。对管辖权有争议的，由其共同的上一级人民检察院指定管辖。"

　　7. 重申了举报中心统一管理举报线索。举报线索的归口统一管理，一直是各级检察院举报中心饱受困扰的问题。《举报工作规定》重申了这一原则性规定。第24条规定："人民检察院举报中心负责统一管理举报线索。本院检察长、其他部门或者人员接收的职务犯罪案件线索，应当自收到之日起七日以内移送举报中心。侦查部门自行发现的案件线索和有关机关或者部门移送人民检察院审查是否立案的案件线索，由侦查部门审查。"同时，对属于检察机关内部监督制约，无对社会公开必要的部分内容，在《若干意见》中作了明确。《若干意见》规定了登记备案制度，其中第1条第2款规定："侦查部门自行发现的案件线索以及有关机关或者部门移送人民检察院审查是否立案的案件线索，应当在线索发现之日或者收到移送审查线索之日起两个月以内向本院举报中心登记备案，实行归口管理。未按规定移交、备案的，举报中心应当及时向有关侦查部门询查。"

　　8. 明确了对多次重复举报线索的处理。目前检察实践中，举报人多次重复举报的情况相当普遍。从今年上半年的情况来看，高检院举报中心接收的全部线索中，重复举报线索占80%以上。这些重复线索，尤其是重复举报信，如果没有新的举报内容，既没有实际价值，又需要耗费大量的人力精力。各省院对此问题都有所反映。经研究，我们《若干意见》第2条第1款关于不得移送侦查部门处理的举报线索的五种情形时，就将"重复举报没有新内容的"列入其中。并在《举报工作规定》第27条第2款规定："多次举报的举报线索，有新的举报内容的，应当在案卡中补充完善，及时移送有关部门；没有新的举报内容的，应当在案卡中记录举报时间，标明举报次数，每月将重复举报情况通报有关部门。"

9. 细化了举报中心分流举报线索的规定。原《举报工作规定》第1款规定"属于人民检察院管辖的举报线索依法受理"，修订过程中，我们将属于检察机关管辖的举报线索的处理进行了细化，在第30条第1项规定："属于本院管辖的，依法受理并分别移送本院有关部门办理；对于属于人民检察院管辖但不属于本院管辖的，移送有管辖权的人民检察院办理。"这里的本院有关部门，分别指反贪、反渎、监所、铁检和纪检监察部门。同时，我们在《若干意见》中，专门规定了五种不得移送侦查部门处理的情形："（一）不属于检察机关管辖的；（二）名为举报实为申诉的；（三）应当由举报中心进行初核的；（四）重复举报没有新内容的；（五）未经审查审批或者经举报中心集体研究转送有关机关或者部门处理的。"

10. 删除了关于举报中心留存备查举报线索的规定。原《举报工作规定》对内容不具体的匿名举报线索，或者不具备查处条件的举报线索，规定经检察长审批后，由举报中心存档备查。这一规定，造成部分举报线索长期积压在举报中心，无法处理。因此，在修订《举报工作规定》时，我们专门进行了研究，认为应当按照《若干意见》第2条规定，除了符合不得移送侦查部门处理的五种情形之外，所有属于检察机关管辖的举报线索，都应当移送侦查部门。参照举报中心的初核范围，明确对性质不明难以归口的举报线索，应当进行必要的调查核实，查明情况后移送有管辖权的机关或者部门处理。因此，今后举报中心不再对举报线索存档备查。

11. 修改了关于回复期限的规定。原《举报工作规定》对侦查部门回复举报中心举报线索处理情况的规定比较宽泛。明确侦查部门收到举报中心移送的举报线索，应当在1个月内向举报中心回复处理情况，3个月内回复查办结果；并可适当延长办理期限。修订时，我们研究认为，回复处理情况的期限设定为3个月，已经很宽松，没有延长的必要。同时，《若干意见》第3条第1款也已经对此问题作出了明确："侦查部门、纪检监察部门收到举报中心移送的举报线索后，应当在三个月以内将处理情况回复举报中心；下级人民检察院接到上级人民检察院移送的举报材料后，应当在三个月以内将处理情况回复上级人民检察院举报中心。"因此，《举报工作规定》第31条删除了有关延长回复期限的规定，明确为："侦查部门收到举报中心移送的举报线索，应当在三个月以内将处理情况回复举报中心；下级人民检察院接到上级人民检察院移送的举报材料后，应当在三个月以内将处理情况回复上级人民检察院举报中心。"

12. 明确了举报中心对移送侦查部门线索的流转监督职责。在当前工作实践中，侦查部门对举报中心分流的线索进行初查后，由于现有办案系统之间难以实现案件信息的共享和互通，主要是通过对侦查部门逐案询问的方式掌握案件处理情况，这种被动的工作方式导致举报中心对线索的初查、立案等后续处理情况掌握不及时、不利于对移送线索的跟踪和监督。同时，现行法律仅规定承办部门应在1个月内回复查处情况，3个月回复查办结果，没有规定对侦查部门不及时查办的责任追究机制，难以实现举报中心的内部监督职能，侦查部门没有主动、及时将有关情况全面反馈至举报中心，对移送线索存在超时限回复，甚至不回复的现象，使举报线索的跟踪、督办、反馈流于形式。举报中心自身作为不力，讲协调、讲配合多，讲监督、讲制约少，甚至不敢、不会、不愿进行监督、制约。实际操作中，对一般举报线索的处理，3个月的时间也很难有一个具体的处理结果，最后造成侦查部门要么超期，要么存查缓查，导致对实名举报人的答复和释法说理，不能得到举报人的认可和满意，司法机关的严肃性和公信力受到影响，容易导致举报人变上访人。为防止这一问题，我们认为，很有必要在《举报工作规定》作出明确，但考虑到流转监督主要还是检察机关内部工作，因此第33条作了原则性规定，即"举报中心对移送侦查部门的线索，应当加强管理、监督和跟踪。"但是，《若干意见》对此有比较详细的规定，第3条第3款规定："举报中心对移送侦查部门、纪检监察部门的线索，应当建立预警提示制度，加强管理和跟踪监督。对期限即将届满的，应当在期限届满之日前十五日向侦查部门、纪检监察部门进行预警提示，提醒按时回复。超过规定期限一个月未回复的，应当向侦查部门、纪检监察部门负责人通报。不回复或者无故拖延造成严重后果的，应当报告检察长。侦查部门、纪检监察部门应当及时主动地反馈办理情况，防止超时限回复。"

为防止侦查部门以举报线索不属于本部门管辖为由擅自处理举报线索，《若干意见》第3条第2款还专门规定："对于举报中心分流的线索，侦查部门、纪检监察部门审查后认为不属于本部门业务管辖范围的，应当说明理由并在七日以内将举报线索原件退回举报中心，不得移送其他部门或者作其他处理。"

13. 明确了交办举报线索的双向通报问题。原《举报工作规定》明确了举报中心交办重要线索前应当向有关侦查部门通报，交办函及有关材料复印件应当转送本院有关侦查部门。在修改过程中，广东省院提出，上级侦查部门交办的案件，上级检察院侦查部门也应当向同级检察院举报中心通报。我们研究认为，广东省院建议有助于举报中心全面掌握线索处理情况，也便于答复举报人，采纳了广东省院意见。但考虑到通报属于检察机关内部操作事宜，没有必要在《举报工作规定》中列明，因此，《若干意见》中对双向通报问题专门作了规定，"举报中心向下级人民检察院交办举报线索前，应当向本院侦查部门通报，交办函及材料复印件应当转送本院侦查部门。上级人民检察院侦查部门向下级人民检察院交办举报线索，应当同时向本院举报中心通报"。

14. 明确了存查、缓查线索的处理。长期以来，检察机关举报资源没有充分挖掘利用，职务犯罪查办工作存在对举报线索需求量高但利用率低、成案少的问题。据统计，2010 年 1 月至 2012 年 6 月，检察机关举报线索的立案数为 57909 件，占同期首次举报线索的 25.88%。通过对全国检察机关职务犯罪线索统计表数据的分析，各级检察机关举报线索的存查和缓查共 66263 件，占总数的 30.3%。其中举报中心缓查、存查 13398 件，反贪部门缓查、存查 42369 件，渎检部门缓查、存查 9435 件，占总数的 30.3%。23 个省缓查、存查比例超过 20%，11 个省缓查、存查比例超过 30%。其中缓查、存查比例最高的是三个省分别达到了 65.3%、54.5%、44.4%。

对于这个问题，曹建明检察长在 2013 年 3 月 1 日高检院党组会上的重要讲话作了明确要求："对存查、缓查的线索尤其是不立案线索，要明确建立起按权限审查、审批制度和登记制度。凡是存查、缓查和不立案线索，不仅要依职权、依程序审查和审批，而且要登记。不能哪一个承办人说缓查、存查就放下了，甚至以后再也无声无息不查不办了。对有些重大线索，部门负责人也不能说了算，一定要按权限审批。这主要是防止选择性执法，特别是防止内部腐败。要明确建立登记制度，对每一件举报线索都要登记在册，绝不能将举报线索随意放在抽屉里、保险箱里不管不问不处理。"

根据曹建明检察长这一指示精神，经与侦查部门反复磋商，《若干意见》第 7 条规定："存查、缓查的举报线索，应当依职权按程序审查和审批，并登记在册。存查、缓查应当明确期限。对存查线索，侦查部门应当在条件具备时进行再审查，认为存查理由不存在的，启动初查程序或者作其他处理；缓查期限为一年，期满后及时提出处理建议。"

15. 重新规范了举报中心和侦查部门在实名举报答复中的职责。在修订过程中，反贪总局和渎检厅均提出，实名举报答复按照《刑事诉讼规则》第 178 条实施，即对于实名举报，由举报中心答复举报人，必要时可以由举报中心与侦查部门共同答复。我们研究认为，实名举报的答复工作，直接影响到实名举报人的切身利益，直接影响到群众的举报热情和积极性，直接关系到检察机关的执法公信力，不管有没有可查性，都要件件答复。《刑事诉讼规则》第 178 条虽然作了"必要时可以由举报中心和侦查部门共同答复"的原则性规定，但在工作实践中，举报中心和侦查部门对何种情形属于"必要时"存在分歧，侦查部门也往往以人手不足、办案人员不在等理由事实上拒绝了共同答复。因此，有必要对共同答复问题作进一步明确。为保证实名举报答复的针对性、有效性，避免举报人变上访人，按照职能分工，《若干意见》对共同答复进行了细化，第9条规定举报线索的分流、交办、转办等程序性问题答复由举报中心负责，侦查部门配合；线索可查性和案件查办情况等实体性问题答复以侦查部门为主，举报中心配合，进一步明确了举报中心与侦查部门的职责。在这个基础上，《举报工作规定》第57条原则性地规定了"人民检察院举报中心和侦查部门共同负责做好实名举报答复工作"。

16. 确立了重大、疑难举报线索的集体评估制度。对重大、疑难举报线索和其他认为有必要进行集体评估的举报线索的可查性和查处时机进行集体评估，是公正、及时处理举报线索，充分发挥举报线索利用价值，提高检察机关执法公信力的需要。事实上，近年来，各地检察机关加强了对重大、疑难线索的集体评估，积累了许多好的经验和做法，应予肯定和坚持。修改过程中，有侦查部门提出，集体评估不利于保密，建议取消。我们研究认为，评估小组的成员基本都是主管院领导以及举报中心和侦查部门的负责人，不存在保密方面的压力。检委会审议时也同意这一意见。因此，《若干意见》第8条规范了举报线索集体评估制度。明确各级检察院应当建立举报线索集体评估制度。评估的范围是举报中心对接收的重大、疑难举报线索和其他认为有必要进行集体评估的举报线索。集体评估领导小组的组成人员分别是本院检察长、常务副检察长、分管侦查和举报工作的副检察长、举报中心和侦查部门负责人；对于有重大社会影响或者重大意见分歧的，应当由检察长决定或者提交检察委员会审议。评估的内容主要是举报线索的可查性和查处时机。对集体评估后决定存查、缓查的举报线索，应当在条件具备时进行再评估，提高线索利用价值。

17. 加大对举报人的保护力度。宪法赋予了公民举报的权利。检察机关在鼓励群众举报的同时，应当采取一切措施确保举报人及其近亲属的安全，确保他们的人身、财产等合法权益不受侵犯，这是对公民举报权利的具体落实，是检察机关的重要责任。各级人民检察院应当依法维护举报人及其近亲属的合法权益。修订后的《举报工作规定》切实加大了对举报人的保护力度。这一问题，在后面将专题进行阐述。

18. 修改了举报奖励规定。此次《举报工作规定》修订，其中一个重要内容就是对举报奖励进行了较大幅度的修改。主要体现在：

一是提高了奖励金额上限。前期调研中，各省级院以及参加座谈的基层院都提出，应当提高举报奖励上限。经研究，我们认为，随着我国经济社会的发展，目前的举报奖励金额应当进行适当调整。考虑到各地经济发展水平不一，对最高举报奖励金额作了上调，将基层院的最高奖励金额从 10 万元上调为 20 万元，省级院的最高奖励金额从 20 万元上调为 50 万元。

二是将奖励金额与追回赃款脱钩。原《举报工作规定》第 58 条规定，人民检察院根据举报追回赃款的，应当在举报所涉事实追缴赃款的 10% 以内发给奖金。没有追回赃款的，则酌情给予 5000 元以下奖励。在修改过程中，有部门提出，应当将奖励金额与追回赃款脱钩，以有利于保护公民举报的积极性。我们研究认为，这一意见有道理。因此，在修订时作了相应修改。《举报工作规定》第 67 条规定，"人民检察院应当根据犯罪数额、犯罪性质和举报材料价值确定奖励金额"。

三是调整了举报奖励时间。原《举报工作规定》规定奖励举报有功人员，应当在判决或者裁定生效后进行。举报人向检察机关举报后直到最后获得奖励的时间，从开始举报到最终判决生效，要历经侦查、起诉、审判等阶段，从检察院到法院，时间短则几个月，长则数年。等待举报奖励的过程，对于举报人来说是非常漫长的，有很多实名举报线索最终因各方面原因没能成案，能否得到奖励存在不能确定的风险。获得举报奖励的不确定性及奖励的时间滞后，不利于充分调动人民群众举报职务犯罪的积极性。为此，我们在修订时，充分考虑以上因素，明确"奖励一般应当在判决或者裁定生效后进行。但为了案件查处的需要，可以结合查处工作的进展情况，先行给予举报人一定的物质奖励"。但考虑到这一问题对外公布容易引起麻烦，所以仅在《若干意见》第 10 条中作了规定，未明确写入《举报工作规定》。

四是明确了举报奖励的继承。为切实保障举报人的奖励权，进一步激发和鼓励公民积极举报职务犯罪，《举报工作规定》对举报奖励的继承进行了明确。第 69 条规定："符合奖励条件的举报人在案件查处期间死亡、被宣告死亡或者丧失行为能力的，检察机关应当给予依法确定的继承人或者监护人相应的举报奖励。"

19. 详细规范了举报失实澄清制度。举报失实澄清，通常也称作为被举报人"正名"，是检察机关做好保护公民权利的一项重要内容。在举报工作中，保护公民的权利，不仅是保护举报人的权利，还要保护被举报人的权利，也是检察机关尊重和保护人权的重要体现。

举报失实澄清，是检察机关保护被错告或不实举报，甚至是诬告陷害的被举报人的一种方式。检察机关对一些属于错告、举报失实或诬告陷害的举报线索，依法进行调查后，认为被举报人并没有违法犯罪问题，检察机关在一定范围内以适当方式向被举报人说明案件查处情况，澄清事实，消除被举报人的惶恐不安心理，尽量消除因为被举报和被检察机关调查而给被举报人造成的社会影响。举报失实澄清制度也是此次修订《举报工作规定》的一个重要内容。原《举报工作规定》第56条仅原则性的规定了对举报失实并造成一定影响的，应当采用适当方式澄清事实，为被举报人消除影响。在修订过程中，经反复研究和多次多方协商，最终对举报失实澄清制度进行了比较详细的规定。

一是明确了举报失实澄清的原则。举报失实澄清，是检察机关贯彻"以事实为根据，以法律为准绳"原则的具体体现。《举报工作规定》第71条规定："人民检察院应当遵照实事求是、依法稳妥的原则，开展举报失实澄清工作。"因此，在开展举报失实澄清中，必须坚持三个原则：其一是实事求是，有一是一，有二是二；其二是依法，举报失实澄清必须严格遵守现行法律规定；其三是稳妥，做到既不能使无辜者蒙冤，也不能枉纵犯罪分子。

二是明确了举报失实澄清的主体。在修订过程中，有的检委会委员和反贪总局提出，失实澄清是举报中心的职责范围，应当由举报中心负责。经研究，我们认为，《刑事诉讼规则》第180条规定，"对于属于错告的，如果对被控告人、被举报人造成不良影响的，应当自作出决定之日起一个月以内向其所在单位或者有关部门通报初查结论，澄清事实"。尽管在该条文中没有明确地列明举报失实澄清的主体，但本条放置在第八章"初查和立案"第一节"初查"中，可见举报失实澄清也是侦查部门的一项职责。《若干意见》也明确："各级检察院应当依照审慎、稳妥的原则，以侦查部门、纪检监察部门为主，举报中心配合，适时开展举报失实澄清工作。"修订过程中，一些省级院也建议根据《刑事诉讼规则》明确侦查部门为举报失实澄清的主体。因此，我们在《举报工作规定》第72条明确规定由侦查部门以适当方式澄清事实。

三是明确了举报失实澄清的条件。根据《举报工作规定》第72条，举报失实澄清，应当同时符合以下条件：其一是举报失实，给被举报人造成较大负面社会影响；或者因举报失实影响被举报人的正常工作、生产、生活；其二是被举报人提出澄清要求，或者被举报人虽未提出澄清要求，但（承办案件的）人民检察院认为有必要予以澄清，并征得被举报人同意。

四是明确了举报失实澄清的时间和地点。《举报工作规定》第73条、第74条分别规定了举报失实澄清的时间和地点。举报失实澄清的时间，应当在有关部门最终结论作出之后一定时间内举行。一般来说，检察机关开展初查的，在初查终结后1个月内进行。检察机关侦查部门作出不立案决定后，举报中心开展不立案举报线索审查的，在审查结论作出后10个工作日以内进行。侦查监督部门开展不立案监督的，在监督程序完成后10个工作日以内进行。在地点选择上，举报失实澄清应当在被举报人单位、居住地所在社区、承办案件的人民检察院或者被举报人同意的其他地点进行。举报失实澄清之前，应当征求被举报人意见。

五是明确了举报失实澄清的方式。根据《举报工作规定》第 75 条，举报失实澄清可以采取向被举报人所在单位、上级主管部门通报调查结论的方式，也可以采取在一定范围内召开澄清通报会的方式，或者采取其他被举报人接受的澄清方式。具体采取哪一种方式，可以由承办人民检察院和被举报人协商确定。

20. 增加了在举报工作中违反规定责任追究的相应规定。审议过程中，有委员提出：目前，利用举报线索进行敲诈勒索、索贿受贿的情况比较多，应当增加相应规定。还有委员提出，应当将"压制、迫害、打击报复举报人的"修改为"协助、帮助被举报人压制、迫害、打击报复举报人的"。经研究，修改时增加一种情形，作为第 1 项，即"（一）利用举报线索进行敲诈勒索、索贿受贿的"；将第 4 项修改为"为压制、迫害、打击报复举报人提供便利的"；将第 8 项"缓报"修改为"未按规定期限上报"。同时，按照危害程度的轻重进行了重新排序。因此，修订后的《举报工作规定》第 77 条作了如下规定："具有下列情形之一，对直接负责的主管人员和其他直接责任人员，依照检察人员纪律处分条例等有关规定给予纪律处分；构成犯罪的，依法追究刑事责任：（一）利用举报线索进行敲诈勒索、索贿受贿的；（二）滥用职权，擅自处理举报线索的；（三）徇私舞弊、玩忽职守，造成重大损失的；（四）为压制、迫害、打击报复举报人提供便利的；（五）私存、扣压、隐匿或者遗失举报线索的；（六）违反举报人保护规定，故意泄露举报人姓名、地址、电话或者举报内容，或者将举报材料转给被举报人、被举报单位的，或者应当制定举报人保护预案、采取保护措施而未制定或者采取，导致举报人受打击报复的；（七）故意拖延，查处举报线索超出规定期限，造成严重后果的；（八）隐瞒、谎报、未按规定期限上报重大举报信息，造成严重后果的。"

三、举报人保护

宪法赋予了公民举报的权利。检察机关在鼓励群众举报的同时，应当采取一切措施确保举报人及其近亲属的安全，确保他们的人身、财产等合法权益不受侵犯，这是对公民举报权利的具体落实，是检察机关的重要责任。各级人民检察院应当依法维护举报人及其近亲属的合法权益。

（一）打击报复举报人的类型

近年来，打击报复举报人的情况时有发生。从检察实践来看，打击报复举报人可分为以下类型：

1. 从打击报复造成伤害的类型看，可以分成人身伤害、财产损失和精神损害。造成举报人人身伤害和财产损失的比重较大，主要发生在举报农村基层组织工作人员案件中，由于法制观念淡薄，不能正确对待他人的举报行为，采取过激行为伤害举报人。人身损害最简单直接，在社会上造成的影响也更大。精神损害主要表现在对举报人的威胁、恐吓行为。

2. 从打击报复的方法看，可以分为显性报复、隐性报复。显性报复是针对举报人人身、财产或精神进行的直接的显而易见的报复，打击报复者是谁也简单明了，这种报复形式经常发生在农村基层组织工作人员等被举报人没有太大权力，双方矛盾明显的举报案件中。隐性报复是被举报人利用职权或采取其他方法对举报人进行的变相报复，如借优化组合、聘用合同期届满、提级晋升工资、发放奖金等机会将举报人转岗、下岗、解聘、不晋升或扣发奖金，还有的辞退甚至开除；利用举报人工作中的不足，借题发挥，对举报人做出不恰当的处理等等。这些行为往往与企业或者机关的正常人事制度、行政行为、经营活动等正常内部管理权限相关。

3. 从打击报复的对象看，分为对举报者本人的报复陷害和对举报者的近亲属、利害关系人的报复陷害。

（二）举报人被打击报复的原因

举报人被打击报复，通常是由于举报行为泄露，为被举报人所知悉。一是举报人重复举报、多头举报。举报人由于对法律不熟悉，难以明确举报事项的主管部门，或者为了引起更大的影响，得到领导重视，经常会向多个部门进行举报。而受理举报的单位或部门在收到举报以后，对于不属于本部门管辖的又会再次进行移送，反复的举报和移送，增大了泄密的风险。二是举报人自我保护意识缺乏。受传统、邻里关系等影响，很多举报人法律意识、自我保护意识不强，举报信息在口口相传间很容易就泄露出去，尤其是在多人共同举报的情况下更是如此，有的网络公开举报导致举报线索知情范围扩大，给举报线索保密和举报人保护带来困难。三是办理机关工作失误。从举报线索的管理体制看，从受理、分流、管理、查处、反馈、备案等流转环节过多，知情范围太大，客观上增加了泄密的风险。从泄密追责来看，由于缺乏有效监督制约，泄密很难被发现，不排除知情人员徇私舞弊，故意告知被举报人等情形。四是诉访不分管理模式增加泄密风险。一些信访人在反映民生问题的同时，往往带有举报的内容。信访部门在处理这些信访事项时，信访和举报不分，从"谁主管，谁负责"的原则出发，将举报案件按信访处理，在移送时，没有征求举报人的意见，或者没有隐去姓名进行移送、转办，举报信被移送至被举报人单位甚至本人，增加了泄密的风险。

（三）保护举报人工作措施

检察机关应当加强以下方面的工作，确实履行好对举报人的保护义务：

1. 严格落实保密要求

举报材料是检察机关的工作秘密。举报线索内容的秘密性、举报行为的隐蔽性都要求受理举报的国家机关及其工作人员对举报人和举报内容严格保密。保密工作做不好，会导致检察机关查案难度增大、举报人遭受打击报复等一系列问题。《刑事诉讼规则》第 162 条和《举报工作规定》第 59 条都规定了检察机关及其工作人员对举报线索保密的责任，这就要求接触举报线索的工作人员提高保密意识，自觉遵守保密制度，在举报线索受理、分流、移送、转办、初查、宣传、奖励、答复等各个环节，严格按照保密规定进行。

（1）完善举报保密制度。人民检察院《刑事诉讼规则》和《举报工作规定》，对保密工作作了详细规定，实践中要坚持做到：受理举报应在专门场所进行，专人接谈，无关人员不得接待、旁听和询问；举报信件的收发、拆阅、登记、转办、保管以及当面举报和电话举报的接待、接听、记录、录音录像等工作，应建立健全责任制，严防泄露或遗失举报材料；网上举报应当指定专人负责受理。利用网络信息等高科技技术收集、登记、整理、传输举报线索时，要使用独立的服务器，严格管理举报网站服务器的用户名和密码，并适时更换。使用的任何软件必须经过国家保密部门的认证；举报线索由专人录入专用计算机，加密码严格管理，未经检察长批准，其他工作人员不得查看；举报材料不得随意摆放，不能私自摘抄和复制；无关人员不得随意进入举报线索处理场所；严禁将举报材料转给被举报人或者被举报单位，严禁向无关单位和个人泄露举报内容以及举报人姓名、住址、电话等个人信息；向检察长报送举报线索时，应当用机要袋密封，并填写机要编号，由检察长亲自拆封；向举报人核查情况时，应在做好保密工作、不暴露举报人身份的情况下进行；任何单位和个人不得追查举报人，对匿名举报除侦查工作需要外，不准鉴定笔迹；向被举报单位或被举报人调查核实情况时，严禁出示举报线索原件或者复印件；通过网络、电话联系、答复举报人时，应当核对举报密码或电话号码，答复时不得涉及举报的具体内容。以信函形式答复举报人时，不得使用有人民检察院字样的信封；在宣传报道和对举报有功人员的奖励工作中，除征得举报人的同意外，不得公开举报人的个人信息，等等。

（2）强化管理，减少流转环节。强化举报线索管理的重点，是要拓展举报横向域宽，减少举报线索流转环节，尽可能实现举报线索的"直达"，增强举报线索的保密效果。

①对要案线索实行严格管理。举报中心对受理的县处级以上国家工作人员

职务犯罪要案线索，由线索专管员专人管理，负责审查，提出处理意见，按程序向检察长呈报。检察长对要案线索的处理作出决定后，由线索专管员依法分流，并负责督办催办，将处理情况向举报人答复。

②对本院管辖线索实行"一站式"管理。一是举报中心对属于本院管辖的举报线索，统一编号，确定责任部门和办案时限，分流移送到本院侦查部门办理。二是侦查部门对举报中心移送的线索，及时作出处理，并将处理情况按照规定的期限向举报中心反馈，由举报中心负责向举报人答复，必要时，举报中心与侦查部门共同答复。三是对属于举报中心初核的举报线索，及时初核，准确分流。规范初核程序，严格办案纪律，防止办案安全事故的发生。

③一般线索实行"流水线型"管理。举报中心对受理的一般举报线索，按照职能管辖分工向下级检察院和有管辖权的机关分流。一是对分流到下级检察院的举报线索，在输入线索信息的同时，采取流水线方式向下级院分流，实行举报线索摘要信息网络传输与举报材料原件机要通道邮件"双轨制"分流。二是对多次举报未查处或者举报人对查处结果不满意，上级机关要求回复查处结果的，举报人受到打击报复，以及情况紧急的举报线索，举报中心代表本院向下级检察院交办。交办重要举报线索时，报检察长审批。交办前，向有关侦查部门通报。三是加强督查督办。对下级检察院报告的查处结果认为存在问题的，上级检察院举报中心及时要求下级检察院补充说明或重新办理。

（3）加强网络管理，确保信息安全。一是采取物理隔离。对于涉及国家秘密的计算机信息系统，不得直接或间接地与互联网或其他公共信息网络相连接，防止黑客访问或病毒入侵；与外部网相连的计算机不得存储、处理和传递内部信息。二是对数据加密。在检察专线网上运用数字加密、电子认证、电子印章、数字签名等技术实现公文数据安全传输。对涉密信息要加密保存，对存储有涉密信息的计算机要设置开机密码、屏保密码等。三是设置权限。将举报业务系统维护权限与操作权限、数据权限分开，根据业务程序分配使用权限，有的只能由检察长知悉，有的要根据办案实际需要分配权限，务必做到安全保密，方便工作。

2. 举报风险评估

人民检察院受理实名举报后，应当根据实际需要对举报风险进行评估，必要时应当制定举报人保护预案，预防和处置打击报复实名举报人的行为。

3. 举报中的保护

举报人向人民检察院实名举报后，在人身安全受到威胁向人民检察院求助时，举报中心或者侦查部门应当迅速查明情况，向本院检察长报告。认为威胁确实存在的，应当及时通知当地公安机关；情况紧急的，应当先指派法警采取人身保护的临时措施保护举报人，并及时通知当地公安机关。

4. 诉讼中的保护

通常情况下，检察机关不得安排举报人在诉讼中出庭作证。《举报工作规定》第63条规定：举报人确有必要在诉讼中作证时，应当根据实际情况，采取以下一项或者多项保护措施：（1）不公开真实姓名、住址和工作单位等个人信息；（2）采取不暴露外貌、真实声音等出庭作证措施；（3）禁止特定的人员接触举报人；（4）对举报人人身和住宅采取专门性保护措施；（5）其他必要的保护措施。

5. 强制措施的变更

强制措施的变更，是指犯罪嫌疑人如有打击报复举报人的可能或行为，则对其采取逮捕这一最重级别的强制措施，如打击报复举报人的情形消失，则采取较轻级别的强制措施。根据《刑事诉讼规则》的规定，发生以下三种情形，对犯罪嫌疑人予以逮捕：

（1）犯罪嫌疑人有违反取保候审规定的行为，对举报人、控告人及其他人员实施打击报复的，人民检察院应当对犯罪嫌疑人予以逮捕；

（2）监视居住的犯罪嫌疑人可能对举报人、控告人及其他人员等实施打击报复的，或者对举报人、控告人及其他人员实施打击报复的，属于有碍侦查，应当予以逮捕；

（3）人民检察院对有证据证明有犯罪事实，可能判处徒刑以上刑罚的犯罪嫌疑人，有一定证据证明或者有迹象表明犯罪嫌疑人可能对被害人、举报人、控告人实施打击报复的，应当予以逮捕。

发生下列情形，强制措施降低级别：人民检察院发现犯罪嫌疑人、被告人实施新的犯罪，毁灭、伪造证据，干扰证人作证，串供，对被害人、举报人、控告人实施打击报复，自杀或者逃跑等的可能性已被排除的，可以向有关机关提出予以释放或者变更强制措施的书面建议。

在举报工作中，工作人员应当增强敏感性。一旦发现上述情形，应当及时向有关部门通报，并提供相关材料，保证案件的正确处理。

6. 严厉查处打击报复举报人案件

查办案件是事后保护的关键。对打击报复举报人和诬告陷害被举报人的案件依法查处，能够最大限度地彰显法律的严肃性，维护社会公平正义。

（1）查办打击报复案件。对打击报复举报人案件，一要认真受理。凡是向检察机关举报犯罪而遭到打击报复的，只要举报人提出控告，检察机关都要认真受理。举报人向检察机关举报犯罪活动，是对检察机关的信任，检察机关应当抱着对人民群众高度负责的精神，尽心竭力保护举报人的合法权益，严肃查处打击报复举报人的犯罪案件，取信于民。需要说明的是，由于打击报复举报人的表现形式多种多样，造成的后果也各不相同，因此，检察机关不可能包揽所有打击报复举报人案件。只有向检察机关举报而遭打击报复的案件，才属于检察机关的受理范围。其他情况，可以告知举报人向有管辖权的纪检、监察等部门提出控告。二要严肃查处。对打击报复或者指使他人打击报复举报人及其近亲属的，要发现一件，查处一件，决不姑息。经调查核实，构成犯罪的，依法追究刑事责任；对经过调查不构成犯罪的，检察机关不能甩手不管，要通过检察建议等形式，协调公检法、纪检监察、政府等相关部门，对打击报复者给予治安处罚、党政纪处分或做好思想工作，对举报人给予经济补偿、恢复工资待遇，解决实际困难。

（2）查办诬告陷害案件。公民向检察机关举报职务犯罪，是一件十分严肃的事情，行使举报权利必须依照法律的规定和要求，利用举报诬告陷害他人，是对权利的滥用，是法律绝不允许的。我国刑法第243条明确规定了诬告陷害罪，对诬告陷害他人的施以刑罚处罚。国家工作人员犯诬告陷害罪的，从重处罚。《举报工作规定》第9条规定："人民检察院应当告知举报人如实举报，依照法律规定，不得故意捏造事实，伪造证据，诬告陷害他人。"因此，对诬告陷害案件，应当及时发现，及时调查，收集相关材料。查清事实后，根据《刑事诉讼规则》第180条的要求，按照刑事诉讼法关于管辖的规定，移送有关部门处理。

7. 对侵权损害赔偿的支持

举报人因打击报复，被举报人因诬告陷害受到损害的并不仅仅是人身权和名誉权，还包括财产权等其他相关权益，民法称之为侵权损害。举报保护，不能单纯保护举报人或被举报人的人身权和名誉权，也要保护由此损失的财产权。依据法律规定，检察机关侵权损害赔偿并没有直接的处分权，但由于举报事项与检察机关紧密相关，检察机关应当支持受害人提起民事侵权损害赔偿。早在1991年5月，最高人民检察院《关于保护公民举报权利的规定》第8条就规定"确因受到打击报复而造成人身伤害及名誉、财产、经济损失的，举报人可依法要求赔偿，并向人民法院起诉，请求损害赔偿"。《举报工作规定》第65条规定："对举报人因受打击报复，造成人身伤害或者名誉损害、财产损失的，应当支持其依法提出赔偿请求。"从规定得知，对举报人受到打击报复，被举报人受到诬告陷害受到损害的，检察机关有支持举报人提出赔偿请求的义务。检察机关支持举报人提出赔偿请求，应当做到，一是适度调查，获取证据。二是帮助受损害人起诉。对无力提起诉讼的，帮助聘请律师或诉讼代理人提起诉讼，诉讼费用由检察机关支付或申请人民法院减免；对因死亡又无诉讼代理人而不能提起诉讼的，检察机关可以提起公益诉讼，帮助其讨回公道。三是提供事实证据材料。必要时，将事实证据材料交由举报人或人民法院。四是监督法院依法审理，为受害人争取最大的合法权益。

四、举报线索不立案审查

（一）举报线索不立案审查的简要历史变迁和依据

不立案举报线索审查，始于1999年，源于上海市黄浦区检察院。当时黄浦区院探索性开展举报线索不立案审查的目的，就是为了加强举报中心与侦查部门的配合，形成工作合力，尽可能深挖线索价值，提高举报线索的成案率，并给举报人满意的答复。探索之初，黄浦区院仅对初查终结的不立案举报线索审查后形成一张"复核表"。2007年，黄浦区检察院出台了《举报中心审查自侦部门不立案线索暂行规定》。他们参照初查工作规则，确定了不立案举报线索的审查标准，规定除对实体和程序方面进行审查外，还对执行办案纪律进行审查，明确审查期限和使用的五种规范文书等。随着工作的不断深入，不立案举报线索审查工作在黄浦区院也不断发展完善。截至今日，黄浦区院已制定了一整套比较完善的不立案举报线索审查工作机制，仅规范文书就有《回复查办结果书》、《不予立案举报线索审查登记表》、《重新初查意见书》、《审查不予立案举报线索情况表》、《立案侦查通知书》、《审查不予立案举报线索意见书》、《审查不立案举报线索延长办案期限审批表》、《审查不立案举报线索备案表》等八种。

上海市检察院在黄浦区院探索实践的基础上，出台了不立案举报线索审查监督机制，对不立案的举报线索严格审查，将举报线索涉及的程序性问题和实体性问题是否已经全部审查，初查过程中审查认定的事实是否构成犯罪，是否存在违反法律、法规等情形进行内部监督，取得了良好的法律效果和社会效果。

在上海市检察机关开展不立案举报线索审查实践的基础上，2009年8月下旬，全国部分检察机关不立案举报线索审查现场会在上海举行。会议认为，上海市检察机关的经验对全国检察机关具有较强的借鉴作用，各地应参照上海的做法，建立对不立案举报线索的审查监督机制，确保每一件举报线索得到最大程度的发挥，保证每件举报线索都能得到充分查处。会后，各地纷纷结合本地实际和工作需要，开展了不立案举报线索审查工作。但实践中，真正开展不立案举报线索审查工作的检察院并不是很多。2012年5月下旬，在吉林省长春市举行的全国检察机关举报暨涉检信访工作座谈会上，最高人民检察院柯汉民副检察长指出，各级检察院要充分认识开展举报线索不立案审查工作的重大意义，要以改革创新的精神，以强化内部制约为导向，全面开展、全力推动举报线索不立案审查工作。此后，不立案举报线索审查工作全面铺开。

应该说，各地检察机关开展不立案举报线索审查的经验，为制定《人民检察院不立案举报线索审查工作办法》提供了实践依据。而 2012 年 10 月 16 日最高人民检察院第十一届检察委员会第八十次会议修订、2013 年 1 月 1 日施行的《刑事诉讼规则》第 166 条第 1 款规定："举报中心应当对作出不立案决定的举报线索进行审查，认为不立案决定错误的，应当提出意见报检察长决定。如果符合立案条件的，应当立案侦查。"这一规定明确了举报中心对不立案举报线索的审查职责，为制定《办法》提供了法律依据。

因此，在充分吸收和借鉴上海、河南等省市检察机关开展不立案审查工作的经验基础上，高检院举报中心起草了《人民检察院不立案举报线索审查工作办法》（以下简称《办法》），2013 年 12 月 3 日最高人民检察院第十二届检察委员会第十三次会议审议并通过了《办法》。2014 年 1 月 9 日，高检院印发通知，《办法》正式施行。

（二）举报线索不立案审查的意义和必要性

1. 有利于充分挖掘举报线索利用价值，减少线索处理的随意性，促进侦查部门初查成案率的提高。

实践中，由于缺乏相对完善、规范的线索评判标准，确认一条线索的真实性、可查性往往比较困难。哪些线索需要等时机成熟再查、哪些线索需要立即进行初查，在没有相对统一、规范标准的前提下，如仅作一般评估，可能导致有价值线索不能及时查处而丧失其利用价值。而大量举报线索分流到侦查部门后，举报中心难以及时、全面掌握侦查部门对移送线索是否及时调查，查到什么阶段，查办的力度、质量和效果如何等情况。这种脱节留下了侦查部门负责人或者承办人员可能选择性办案的隐患，特别是在当前情况下，侦查部门初查后成案的线索，可能通过侦查监督部门和公诉部门对办案是否合法以及办案质量进行监督和把关。但对于初查后不能成案的线索，特别是举报人没有提出复议的线索，则没有相关部门和人员进行监督，这样就使部分案件线索处于不受监督的状况。在现行缺乏有效监督制约下，侦查人员掌控线索的查与不查、何时查以及初查的力度有一定随意性。事实也证明，很多有价值的举报线索也都躺在抽屉里、锁在保险柜里，甚至直接被扔进了垃圾篓里。

通过在线索不立案环节建立主动审查制度，使举报中心及时分析、鉴别线索不立案的原因，针对线索查办的要求与重点，进行改进并加强举报引导、线索初核研判工作，向侦查部门输送、提供有质量的举报线索，为提高职务犯罪查办效果做好基础保障工作。

2. 有利于增强举报答复的针对性，促进不服不立案决定信访量的降低。

根据《举报工作规定》，各级人民检察院举报中心负责实名举报答复工作。必要时可以与本院有关侦查部门共同答复。但在司法实践中，由于举报中心对线索的监督机制缺失，手段有限，力度不足，举报线索的流转监督多限于催办等程序上，对线索初查的情况特别是对一些需要详细说明的问题，并不了解，更不可能清楚一些举报人更为看重的细节。这就导致举报中心在答复举报人时容易表面化、公式化，缺乏说服力，稍有不慎便可能引发不服不立案的上访，使举报转化为信访甚至缠访闹访。而通过不立案审查，举报中心既了解了有关侦查部门初查的实体和程序方面的情况，又查明了侦查部门在初查过程中是否有违法违规办案问题，还可以通过采取自己初核、建议侦查部门补充或者重新初查等方式，从法律监督的角度进一步查清举报所涉事实，堵塞侦查过程中可能出现的办人情案、关系案或者敷衍塞责、玩忽职守等问题，尽可能地解决举报人可能提出的疑问和困惑，让举报人感到检察机关确实已经履行了自己的职责，也尽了最大努力，最终从法律的角度、从情感的角度接受检察机关作出的不立案决定，从而消除信访隐患。

3. 有利于减少违法违规办案，促进公正廉洁执法，防止选择性执法和内部腐败。

举报线索不立案审查工作在立案环节开展，由侦查部门之外的举报中心对举报线索进行跟踪了解，从实体和程序两个方面进行仔细审查核实，从诉讼程序第一道关口防范有案不立、违规执法、人情案等情况产生，从源头上保障举报人的合法权益，保障举报机制自身价值的体现。

（三）不立案举报线索审查工作的特点与原则

1. 不立案举报线索审查工作的特点

不立案举报线索审查作为一项新业务，是由其本身的特点决定的。

（1）审查范围的指向性。不立案举报线索审查有明确的范围。根据《办法》的规定，有两种情形：一是举报中心移送到侦查部门，经侦查部门初查后决定不予立案举报人不服不立案决定向检察机关反映的；二是领导机关或者本院领导批示由举报中心审查的，依照规定属于侦查部门存查、缓查的，不应当立案而立案的（有后续监督程序），以及侦查监督部门、公诉部门在办案中发现的应当立案而不立案的线索，举报中心原则上不进行审查。其中举报中心移送到侦查部门，经侦查部门初查后决定不予立案的，应当以侦查部门作出的不立案决定或者发出的不立案通知书为依据进行审查。

（2）审查方式的程序性。对举报线索的不立案审查，是以内部制约为导向的工作，是《刑事诉讼规则》为防止随意处理举报线索新增设的一道监督程序。尽管从监督内容上涉及实体审查的内容，举报中心也有调查核实材料的权力，但总体来说，全部审查工作主要是围绕初查材料进行，调查的成分较少，是一种偏重于程序上的审查，审查方式的程序意义较大。《办法》规定，"不立案举报线索审查以书面审核为主。确有必要的，经分管检察长批准，承办人员可以向举报人、举报单位以及侦查部门承办人进一步了解情况，核实相关举报内容"，这一规定是对审查方式程序性的最好阐释。

（3）审查手段的有限性。如上所述，审查不立案举报线索，调查不是主要方式。调查的目的主要是核实初查的材料，不能等同于初核，更不能等同于初查或侦查，此其一。其二，举报中心对不同意侦查部门的不立案决定，认为需要说明不立案理由时，需要移送侦查监督部门办理，而不是由举报中心直接提出。

（4）审查结论的非终局性。举报中心经审查，对需要说明不立案理由的，移送侦查监督部门后，侦查监督部门有审查的权力。侦查监督部门不同意举报中心意见的，要求说明不立案理由的程序则不再向下进行，举报中心的意见失去终局效力；对认为应当立案而通知侦查部门立案的，如果侦查部门不同意立案，这种审查结论同样归于无效。另外，关键一点，如果依据现有的事实、证据维持侦查部门的不立案决定，当有新的证据出现时，则须对该举报线索重新评估，重新进入审查办理程序，这又是对维持不立案决定的否定。因此，在审查中，要尽量坚持客观标准，避免以举报材料反映的数额、情节为标准进行分析，最大限度地确保结论的客观准确。

2. 不立案举报线索审查的原则

不立案举报线索审查作为检察机关业务工作之一，适用办案工作的一般原则。除此之外，还应突出以下原则：

（1）依法原则。严格按照立案的标准与条件，按照《办法》规定的范围、方式、程序和期限审查不立案举报线索，增强法律法规的执行效力。既不突破法律法规规定，也不因消极作为，该审查不审查而失信于民。

（2）及时原则。对移送到侦查部门的举报线索，侦查部门超期未回复的，及时催办；对举报人不服不立案决定向检察机关反映的，及时受理，及时办理；对实名举报人，要及时答复并做好释法说理工作。

（3）客观原则。坚持实事求是，客观审查事实证据、客观进行补正调查、客观分析已经获得的事实材料、客观评判适用的法律，并作出客观的结论。

（4）本院为主原则。审查不立案举报线索，原则上由本院举报中心进行。出现法律规定的事由的，可以提请上一级人民检察院举报中心审查或由上一级人民检察院举报中心决定审查。

控告举报检察实务讲堂

（5）排除合理怀疑。初查案件的证据，不可能像侦查案件的证据一样做到扎实充分，据此得出的结论有或然性。审查不立案举报线索，也不可能像办理批捕或起诉案件那样对证据提出严格要求，仅需要有一定的基本事实和基本证据即可。但是，在审查中，应当根据事物发展规律和人们的经验常识为依据，对侦查部门认定的事实和证据明显与人们的常识以及事物运动发展的规律不符的，应当予以合理排除。无法合理排除的，应当按规定要求侦查部门说明理由。

（四）不立案举报线索审查的类型

根据《办法》的规定，举报中心办理不立案审查的类型包括：

1. 举报中心移送到侦查部门，经侦查部门初查后决定不予立案的。该类线索要求同时具备以下条件：

第一，必须是举报中心移送到侦查部门的举报线索。侦查部门、侦查监督、公诉部门自行发现的案件线索以及纪委、其他行政执法机关移送立案的案件线索，不在此列。在检察机关内部，可以接受举报中心移送举报线索的部门包括反贪、渎检以及具有自侦功能的铁检、监所等部门，这些部门回复的有关不立案的举报线索属于举报中心审查范围。

第二，必须是经侦查部门初查的。为了保证每一件线索都能得到有效查处，充分挖掘举报线索的价值，人民检察院对初查的程序、方式、范围等作了严格的规定。但实践中，侦查部门对举报中心移送的举报线索，一般先进行书面审查，对认为成案可能性较大的，才组织人力进行调查。许多不立案的决定，都是在书面审查以后作出的，经过调查后决定不立案的相对较少。因此，举报中心对侦查部门书面审查的举报线索，不能因为没有经过严格意义上的初查而不重视，仍然应该认真审查。

第三，必须是决定不立案的。即原则上要有书面的不立案决定。实际工作中，侦查部门有时出于答复实名举报人的需要，对认为不需要立案侦查的，往往只向举报人出具不立案通知书，而没有不立案决定书，对此应当客观对待。通常认为，只要经正式程序决定不立案的，无论是否有不立案决定书，都是对不予立案意思的明确表达，举报中心应该将之纳入举报中心的审查类型。

第四，必须是举报人不服侦查部门的不立案决定并向检察机关提出。举报人不服该不立案决定既可以以口头、书面等方式明确提出，也可以以再次举报的方式表达。

2. 领导机关或者本院领导批示由举报中心审查的。本项规定包含了两个来源或者两种情形：一是领导机关要求审查的。对党委和上级检察机关要求审查的不立案举报线索，检察机关举报中心应当认真办理。二是本院领导批示由举报中心审查的。本院领导批示是对正常受理情况的一个补充。对一些重大、敏感、疑难、复杂的不立案线索，本院领导认为应当关注或尽快处理的，可以直接批交举报中心办理。从检察实践看，本院领导批交该类线索，一般包括下列情况：（1）侦查部门已经通知举报人不立案，举报人不服直接向院领导反映，院领导认为有必要重点审查的；（2）院领导认为侦查部门已经或即将作出的不立案决定不妥当，需要举报中心再次把关的；（3）院领导认为不立案决定错误，需要按程序纠正的等。对此，举报中心要认真办理，及时报告审查情况。

根据《刑事诉讼规则》规定，下列两种线索，侦查部门作出不立案决定或发出不立案通知的，侦查部门或者侦查监督部门不向举报中心移送或反馈，举报中心也不进行审查。

一是依照规定，侦查监督部门以及其他部门在办案中发现的侦查部门应当立案侦查而不立案侦查的案件。此类案件应当移送到侦查监督部门进行审查。必要时，侦查监督部门也可以就有关问题进行调查。经审查，认为需要立案侦查的，通知侦查部门立案。侦查部门不接受的，报检察长决定。

二是侦查部门对其他机关或者部门移送的案件线索作出不立案决定的。《刑事诉讼规则》第179条规定："对于其他机关或者部门移送的案件线索，经初查决定不立案的，自侦部门应当制作不立案通知书，写明案由和案件来源、决定不立案的理由和法律依据，自作出不立案决定之日起十日以内送达移送案件线索的单位。"移送案件的单位认为有错误的，可以按照规定提起复议。

（五）不立案举报线索审查的管辖

不立案举报线索审查的管辖，是指检察机关举报中心依照规定，在受理不立案举报线索审查案件方面职权范围上的分工。根据有关规定，不立案举报线索审查的管辖主要包括同级管辖、提请管辖、决定管辖和指定管辖。

1. 同级管辖

即由本院举报中心受理侦查部门不立案举报线索并进行审查的权限分工，原则上由同级人民检察院举报中心进行。同级管辖是受理不立案举报线索的基本规定。绝大部分需要审查的不立案举报线索，都需要本院举报中心予以受理。这样规定，一方面，能够使侦查部门清楚地知道不立案举报线索的反馈方向，避免因理解错误而选择单位进行回复，提高回复实效；另一方面，能够发挥地域优势，便于举报中心及时受理、及时审查，发现问题能够及时纠正，从而提升监督实效。另外，《办法》中关于报请上级院审查以及交由下级院审查的决定，都是建立在同级管辖的基础上的。没有同级管辖，其他管辖也就失去了参照。

2. 提请管辖

提请管辖是指对不立案举报线索，由上一级人民检察院举报中心审查的制度。根据《办法》的规定，以下线索可以提请管辖：

（1）上级检察机关交办的举报线索。这类举报线索属于上级检察机关关注、要求及时报告处理结果的线索。

（2）群众集体举报、影响较大的，或者网络等媒体关注，社会反响强烈的。

（3）举报中心与本级院侦查部门意见分歧较大的。

受理不立案举报线索的人民检察院举报中心认为由上一级人民检察院举报中心审查更为适宜的，应当自收到侦查部门不立案通知书之日起7日内，报分管检察长批准后，提请上一级人民检察院举报中心审查。上一级人民检察院举报中心应当在7日内作出是否受理的决定。

3. 决定管辖与指定管辖

（1）决定管辖

决定管辖，即上级人民检察院举报中心对下级人民检察院侦查部门不予立案的举报线索，认为需要受理的，直接决定由自己管辖。《办法》第5条规定，"上一级人民检察院举报中心认为有必要审查下级院自侦部门的不予立案举报线索的，可以决定审查"。上级人民检察院举报中心审查下级人民检察院侦查部门的不予立案举报线索，体现了检察机关上级院领导下级院的工作原则，体现了上级院业务部门对下级院业务部门的工作指导关系，符合人民检察院组织法的规定和司法体制改革精神。

决定管辖应当关注的一点，即由上级检察院举报中心作出，还是由上一级检察院举报中心作出？原则上，对于有特别重大影响的线索，上级检察院认为有必要，完全有权作出相关决定。但是，从便于操作和办案规范化层面考虑，一般情况下，由上一级检察院举报中心决定更为适宜。

（2）指定管辖

指定管辖，是指上级人民检察院举报中心对需要改变管辖的案件，以指定的方式确定案件的管辖。指定管辖是决定管辖的特殊情况。

《办法》规定，上一级人民检察院举报中心决定审查的，可以自行审查，也可以交由其他下级人民检察院审查。

指定管辖属于上级人民检察院分派案件的权力。指定管辖的范围为辖区其他人民检察院举报中心。接受管辖的检察院举报中心对指定管辖有异议的，在开展审查的同时，向上一级人民检察院举报中心报告，但不得停止审查工作。

（六）不立案举报线索审查的内容与标准

1. 不立案举报线索的审查范围

不立案线索审查范围是指法律规定的人民检察院举报中心审查不立案举报线索的内容限度。审查范围的大小，应当根据工作特点和需要确定。根据规定，"审查不立案举报线索的范围应当仅限于原举报内容。对审查期间举报人提供的新的职务犯罪线索，举报中心应当及时移送有管辖权的人民检察院自侦部门审查办理"。该条规定清楚地将原举报内容作为不立案举报线索的审查范围，将审查期间接收的新的举报线索予以排除，突出了审查工作的重点，符合案件办理的特点和规律，工作中应当认真遵照执行。

原举报内容，应当是原举报的全部内容，而不是部分或者主要内容。侦查部门应当将举报涉及的所有问题进行初查。作出的不予立案的结论，是建立在对举报的所有问题都不符合立案条件的基础上的。这样要求，可以最大限度地避免侦查部门选择性办案，促使其深挖举报线索的价值，也会对举报群众有一个完整的合情合理的解释，防止举报群众"找茬"上访造成信访秩序混乱，影响社会稳定。

2. 不立案举报线索审查的内容

不立案举报线索的审查内容与初查的任务和内容是一致的。因此，在审查中，应当参照初查的任务和内容来把握不立案举报线索审查的内容。通常认为，不立案举报线索审查的内容应重点包括：

（1）实体审查，主要审查初查获得的事实和证据，看是否存在应当立案侦查的犯罪事实或者犯罪嫌疑人。审查证据时，要注意把握初查的证据标准，主要审查是否全部初查了举报线索，初查每条举报线索获取的事实证据材料是否装订入卷，已经查清的事实是否与客观应当发生的事实相一致。

（2）程序审查，主要审查初查工作的审批程序、办案流程以及办理期限，看有无错误或瑕疵，尤其要注意审查有无故意违反程序办案的情况以及作出的不立案决定是否符合法定程序。

（3）法律审查，审查适用法律是否正确，看不立案决定的理由是否充分，是否符合刑事诉讼法规定的立案或不立案条件。

（4）行为审查，主要审查初查中是否存在违法违规行为。如果发现有违法违规嫌疑，可以按照《刑事诉讼规则》的规定，作为新类型案件办理；也可以将有关线索移送本院纪检监察部门查办。

（5）答复文书审查。因实名举报的不立案通知书先向举报中心移送，由举报中心答复，举报中心在接到后，除对以上几方面要迅速审查外，还要对释法说理是否充分、是否正确进行审查。对内容不全，或者释法说理不到位的，及时向侦查部门提出建议。

（6）风险评估情况审查。审查侦查部门对不立案决定有无进行信访风险评估，评估后有无提出应对措施。对无评估或无措施的，建议侦查部门补充。

（7）其他需要审查的内容。如该回避的是否申请或决定回避；审计、鉴定、勘验的程序是否合法；是否失泄密暴露举报信息；是否侵害了举报人或被举报人的合法权益，等等。

3. 不立案举报线索的审查标准

不立案举报线索的审查标准，就是检察机关立案或不立案的标准。只要不符合法律规定的立案条件，或者符合不立案条件的，不立案决定就是正确的；否则，则为错误。举报中心对线索进行审查时，应当掌握以下具体标准：

（1）举报反映的问题是否已经查处；

（2）被举报人的主体身份及基本情况是否查清；

（3）被举报人利用职务便利的情况是否存在；

（4）被举报人违法的程度及情节是否严重；

（5）是否存在不具备查处条件的情形；

（6）侦查部门初查的事实是否违反法律、法规；

（7）侦查部门初查的事实是否不构成犯罪；

（8）其他需要审查的相关问题。

通过审查以上问题，从法律规定的立案或不立案标准，进一步判断是否有犯罪事实，是否需要追究刑事责任。

实践中，要防止两种倾向：一种倾向是认为在整个刑事诉讼活动中，立案的证明要求是最低的，因此只要认为有犯罪事实存在，需要通过侦查手段搞清楚事实真相的，都应该立案。这种倾向夸大了立案的效果，违背了理性、平和、文明、规范的执法理念，可能造成立案率和撤案率双双大幅上升，破坏检察机关执法公信力。另一种倾向是以逮捕、起诉的标准从严掌握不立案举报线索的审查标准，人为拔高立案的条件。这种倾向也违背了法律的规定，混淆了初查与侦查的关系，会造成大量的有案不立现象产生，同样对检察机关公信力也会产生较大的危害，实践中应当尽量避免。

（七）不立案举报线索的审查方式

举报线索不立案审查以书面审核为主。确有必要的，经分管检察长批准，承办人员可以向举报人、举报单位以及侦查部门承办人进一步了解情况，核实相关举报内容。可见，人民检察院举报中心对不立案举报线索的审查，包含书面审核和调查两种方式。

1. 书面审核

书面审核是指举报中心在审查不立案举报线索时，只就举报人的举报以及侦查部门初查的书面材料进行审查，而直接作出审查结论的一种审查方式。能够适用书面审核的不立案举报线索，要求初查的事实必须清楚。事实清楚是指侦查部门据以作出不立案决定的事实与初查证据基本一致，事实情况在案卷中反映基本清楚，在这种情况下已无必要对事实进行怀疑、对证据进行调查。

检察机关举报中心采用书面审核，省略了一些不必要的程序，可以大大节约办案时间，实现迅速结案，因而是应当提倡的主要审查方式。但是，对事实不清楚或者证据不足的，则不应当采用书面审核，需要采取调查等方式进行。

2. 必要的调查

不立案举报线索审查的调查，是人民检察院受理刑事立案监督案件线索后，经审查，认为确有必要时，对人民检察院侦查部门是否存在应当报请立案侦查而不报请立案侦查的事实和证据进行的了解和查证性活动。

不立案举报线索审查的调查，可以在受理不立案举报线索后，要求侦查部门说明不立案理由之前进行，也可以在通知侦查部门立案前进行。

（1）调查的必要性审查

"确有必要"是调查的前提。举报中心只能对认为确有必要的不立案举报线索进行调查，对没有必要调查的，经过书面审查作出结论。司法实践中，"确有必要"一般包含下列情形：

①举报事项的主要事实未查清的；

②侦查部门反馈的情况与举报材料反映的情况出入较大的；

③单位举报反映的情况被否定的；

④可能属于诬告陷害的；

⑤初查工作人员社会关系背景复杂，曾经在办案中违反规定的（不一定被处分），或办案明显违背常理的；

⑥认为初查工作人员办案水平较低，或者近期承担的工作任务较重，可能会敷衍了事的；

⑦承办人意见与集体决定意见不一致的；

⑧办案人员该回避没有回避的；

⑨对审计、鉴定等程序或结果有疑问的；

⑩其他认为有必要调查的。

（2）不立案举报线索审查的调查方法

人民检察院开展调查核实，可以询问办案人员和有关当事人，查阅、复制相关法律文书及案卷材料。举报中心承办人员认为确有必要的，可以向举报人、举报单位以及侦查部门承办人进一步了解情况，核实相关举报内容。由于举报中心受理不立案举报线索时，已经掌握了侦查部门的法律文书及案卷材料，因此，了解、核实情况时，对认为侦查部门没有移送的调查材料或案卷，应当催促侦查部门及时移送。

①向举报人或者举报单位了解情况。对事实不清影响审查的，首先要列出需要向举报人或举报单位调查的事项，制定调查预案，把握询问时机。询问的主要问题包括：举报的事实来源；举报人能够出示或提供的证据；侦查部门工作人员向举报人或举报单位调查了解举报线索的情况；对调查工作的意见建议；被举报人的动向等。

对上述材料要形成笔录，调查结束后整理归档。调查询问要秘密进行，防止泄露消息给以后的侦查工作带来被动。

②向侦查部门承办人了解情况。主要了解初查取证过程、行为，着重了解调查遇到的难点及其原因，了解取证方向和对工作的建议等。

③综合分析。根据案卷材料和调查了解，对从各方面取得的材料进行综合分析。通过单独审查、比对审查、综合审查等方法验证证据的真伪，去粗取精，去伪存真，对全案作出准确的判断，得出正确的结论。

（八）不立案举报线索审查的期限

关于不立案举报线索审查的期限，《刑事诉讼规则》第166条第2款规定："举报中心审查不立案举报线索，应当在收到侦查部门决定不予立案回复文书之日起一个月以内办结；情况复杂，逾期不能办结的，经举报中心负责人批准，可以延长二个月。"实践中，要准确把握期限标准，对一般不立案举报线索的审查，原则上坚持1个月的办案期限。要谨慎使用延期的规定，不要把"情况复杂，逾期不能办结"作为常态化的理由，为办案拖拉找借口。延长期限应当以1次为限。上级检察院举报中心要加强对延长期限工作的考察考核，发现问题立即纠正。

（九）不立案举报线索审查的中止

中止审查是指人民检察院举报中心在受理不立案举报线索后，作出决定之前，出现了某些使审查在一定期限内不需要或者不能继续的情况时，决定暂时停止审查工作，待有关情形消失后，再恢复审查的活动。

关于中止审查的事由，《办法》仅仅规定一种情形，即审查期间，举报人对不立案决定不服申请复议，这属于一种程序的冲突。不立案举报线索审查的任务与举报人复议有相同之处，举报人的复议理由，也是举报中心审查时应当考虑的重要因素之一。但是，不立案举报线索审查的任务和范围比举报人的复

控告举报检察实务讲堂

议范围更广。不立案举报线索的审查既要审查不立案决定不当的一面，发现并纠正初查中的问题，又要审查不立案决定正当的一面，依据事实和法律维护正确的决定。而举报人的复议主要是认为不立案决定错误要求纠正。因此，举报人申请复议，原则上不影响对不立案举报线索的审查。然而，从诉讼的角度看，由于有了举报人的参与，复议的程序意义大于审查的程序意义，因而应当贯彻举报人优先原则，在对举报人的复议进行有理推定的基础上，以复议程序代替审查程序，根据需要对审查程序予以中止，专门针对举报人的复议请求作出结论。经复议，认为不立案结论正确的，及时答复举报人，结束复议程序，并将审查程序予以终结；如果认为不立案结论错误，需要说明不立案理由或者通知侦查部门立案的，及时恢复审查程序。

中止和重新启动审查，需要经过举报中心负责人批准。中止期间的时间，不计入审查的期限。

（十）审查结案

审查结案，是指人民检察院举报中心对于受理的不立案举报线索，经过一系列审查活动，根据已经掌握的事实和证据，基本能够认定不立案决定是否正确，可以结束审查，而对不立案决定提出处理意见或者处理决定的一种活动。审查结案是不立案举报线索审查的最后一道程序，标志着审查活动的结束。

1. 不同情形结案的条件

根据《办法》，不立案举报线索审查的处理有不立案结论正确予以结案、移送侦查部门重新初查、移送侦查部门立案、提出整改建议或者移送纪检监察部门处理四种情形，审查结案的条件也有所区别。

（1）不立案结论正确需要结案的条件：

①经审查仍认为没有犯罪事实的；

②事实或者证据尚不符合立案条件的；

③具有刑事诉讼法第15条规定情形之一的等。

（2）不立案决定错误移送侦查部门立案的条件：

①部分事实清楚，相关证据充分的；

②认为有犯罪事实的；

③按照法律规定需要追究刑事责任的等。

（3）移送侦查部门重新初查的条件：

①没有全面初查举报线索的；

②初查程序违法的；

③据以作出不立案决定的事实不清，相关证据不充分的；

④侦查人员具有玩忽职守、徇私枉法等行为，可能影响立案的等。

（4）提出整改或者移送纪检监察部门处理的条件：

①初查工作中存在违反法律、法规或者办案纪律问题但未影响立案的，向侦查部门发出《整改建议书》；

②侦查部门或者人员在初查工作中具有玩忽职守、徇私枉法等违法法律、法规或者办案纪律问题，需要追究纪律责任的，报检察长批准后移送本院纪检监察部门处理。

2. 审查结案的程序

审查结案的主要程序是：

（1）全面系统地审查不立案决定的事实和证据。主要围绕审查结案的条件和要求进行审查。符合审查结案的条件和要求的，提出审查结案的意见。

（2）制作并审批审查结案报告和处理意见。不立案举报线索审查结案后，应当制作审查报告。审查报告主要包括以下内容：①线索来源；②被举报人的基本情况，如姓名、性别、年龄、籍贯、文化程度、职业、住址、有无前科等；③举报内容；④初查的事实、证据及结论；⑤审查情况；⑥审查结论及事实、法律依据。

审查结案应当首先要求审查人员写出审查结案报告，并制作相关文书和审批表。认为不立案决定正确需要结案的，报举报中心负责人审批；认为应当要求侦查部门说明不立案理由的，呈举报中心负责人审核后，报分管检察长审批；认为需要退回侦查部门重新初查或者要求侦查部门立案侦查的，经分管检察长审核后报检察长审批。

（3）移送或处理。经审查，认为侦查部门不立案决定正确而结案的，告知侦查部门审查结果，并于3日内将初查案卷归还侦查部门。同时，举报中心与侦查部门共同做好实名举报人的答复工作。

对不立案决定错误、符合立案条件、应当立案侦查的，要求侦查部门书面说明不立案的情况、依据和理由。认为侦查部门理由不成立、应当立案侦查的，将意见反馈侦查部门后，经分管检察长同意报请检察长批准后，通知侦查部门立案侦查。

需要重新初查的，制作《移送自侦部门重新初查意见书》，于3日内送达侦查部门。侦查部门收到《移送自侦部门立案侦查通知书》后，应当在15日内作出立案决定，并在立案决定作出后3日内将立案决定书送达举报中心。

3. 重新初查的审批及移送程序

重新初查，是指侦查部门对经人民检察院举报中心审查的符合法律规定重新办理情形的不立案举报线索重新办理的活动。

发现不立案决定的错误，及时退回侦查部门处理，既是检察机关内部制约的成效，也是侦查部门自我纠错的需要。重新初查是举报中心对侦查部门以前初查结果的否定。重新初查后，侦查部门应当根据重新调查的事实和证据作出新的结论。

根据《办法》的规定，出现下列情形之一的，可以退回侦查部门重新初查：第一，举报所涉及的犯罪线索可以调查清楚而未调查清楚，可能影响立案的；第二，举报线索中涉及可能影响立案的主要事实有可查条件，而侦查部门未继续查处的；第三，侦查人员具有玩忽职守、徇私枉法等行为，可能影响立案的。

侦查部门重新初查的，如果侦查人员涉嫌玩忽职守、徇私枉法等行为，应当更换承办人员；涉及其他情形需要更换办案人员，应当根据实际情况确定。

关于重新侦查的提起程序。第一，由承办人提出重新初查意见。第二，经举报中心集体研究。要特别注意，重新初查的意见属于集体决策，举报中心主任一般不作相关决定。第三，呈分管检察长审核。第四，报检察长批准。

4. 移送侦查部门立案侦查

《办法》规定，经审查，认为不立案决定错误、符合立案条件、应当立案侦查的，由承办人提出意见，举报中心集体研究，经分管检察长批准，可以要求侦查部门书面说明不立案的情况、依据和理由。这里明确了要求侦查部门书面说明不立案理由是移送侦查部门立案侦查的前置程序。

人民检察院举报中心对侦查部门决定不立案的举报线索，经审查认为符合刑事诉讼法规定的立案条件，应当先要求侦查部门说明不立案理由，并对回复的理由进行审查。

对于控告检察部门要求说明不立案理由的，侦查部门应当在接到说明不立案理由通知 7 日内，书面说明理由，回复举报中心。对侦查部门的回复，控告检察部门或者举报中心应当根据刑事诉讼法规定的立案条件认真审查。如果认为侦查部门的不立案理由不能成立、应当立案侦查的，应当将意见反馈侦查部门，经呈请分管检察长同意，并报请检察长决定后，制作《移送侦查部门立案侦查通知书》送侦查部门要求立案。

侦查部门收到《移送侦查部门立案侦查通知书》后，应当在 15 日内作出立案决定，并在立案决定作出后 3 日内将立案决定书送达举报中心。

5. 对违法违规办案行为的处理

前文提到，举报中心对初查活动的监督，一定程度上与侦查活动监督的意义相同。因此，对发现的初查活动中的违法违规行为，在审查结案时也应当依法依规进行处理。根据《办法》规定，对经审查，发现初查工作中存在违反法律、法规或者办案纪律问题但未影响立案的，经分管检察长批准，举报中心可以向自侦部门发出《整改建议书》；发现本院侦查部门工作人员在初查工作中具有玩忽职守、徇私枉法等违反法律、法规或者办案纪律问题，需要追究纪律责任的，报检察长批准后，移送本院纪检监察部门处理。对玩忽职守、徇私枉法涉嫌犯罪的，报告检察长追究刑事责任。

在工作方式上，要注意内部制约与外部监督的不同：一是发现初查工作中违反法律、法规或者办案纪律问题但未影响立案的，一般不使用纠正违法通知书，可以更多地以口头方式通知纠正。侦查部门接到口头通知后，应当认真办理，并将纠正情况回复本院举报中心。二是发现侦查人员比较严重的违法行为或者需要追究刑事责任的，应当报告检察长决定。对于举报中心的纠正意见，侦查部门如果不同意，也可以报告检察长决定。三是上级人民检察院发现下级人民检察院在侦查活动中有违法情形的，应当通知其纠正。其中，对于比较严重的侦查违法行为，仍应发出书面纠正违法通知书，要求纠正。下级人民检察院应当及时纠正，并将纠正情况报告上级人民检察院。

（十一）不立案举报线索审查的备案

举报中心审查不立案举报线索，应当在办结后及时填写《举报线索不立案审查备案表》，向上一级人民检察院举报中心备案。对自侦部门重新作出立案决定的，举报中心应当将审查报告、立案决定书等相关文书，在立案后10日内报上一级人民检察院举报中心备案。

1. 关于备案的范围。举报中心审查结案不立案举报线索以及通知立案或重新初查后侦查部门作出的立案决定。

2. 报备的时间。审查结案的，应当在结案后7日之内报备；通知立案或重新初查后侦查部门作出的立案决定的，应当在立案后10日之内报备。

3. 报备的内容。《举报线索不立案审查备案表》以及作出部门重新作出的立案决定。

4. 报备的审查。《刑事诉讼规则》第164条第2款规定，接到备案的上级人民检察院举报中心对于备案材料应当及时审查，如果有不同意见，应当在10日以内将审查意见通知报送备案的下级人民检察院。对上级人民检察院的意见，下级人民检察院应当执行。

五、举报初核

（一）举报初核的定义

1. 举报初核的来源

检察机关"初核"是由"初查"演变而来的。"初查"一词最早出现于1985年1月召开的第二次全国检察机关信访工作会议的文件里，文件指出

"信访部门比较适合承办部分控告、申诉案件立案之前的'初查'，以便能够为自侦部门提供准确性高一些的案件线索"。1990 年最高人民检察院《关于进一步加强举报工作的通知》中，首次明确举报中心与侦查部门的分工，规定举报线索原则上由侦查部门进行初查，对于性质不明难以归口，或情况紧急、特殊又必须及时办理的由举报中心初查。2009 年 4 月，最高人民检察院公布了修订的《举报工作规定》，首次提出初核一词，将举报中心的"初查权"改为"初核权"，明确规定初核的范围、措施及程序。明确了初核的目的，并规定了有别于初查的办理程序和办理措施。

《刑事诉讼规则》专门强调了举报初核问题，明确了初核范围。《刑事诉讼规则》第 167 条规定："举报中心对性质不明难以归口、检察长批交的举报线索应当进行初核。对群众多次举报未查出的举报线索，可以要求侦查部门说明理由，认为理由不充分的，报检察长决定。"

2. 初核的定义

通常理解，举报线索初核是指人民检察院举报中心对性质不明难以归口和检察长批交的举报线索进行立案前初步审核的司法活动，是检察机关对所受理的举报线索，为进一步判断举报所涉事实的性质或者是否有犯罪事实和是否需要追究刑事责任，而进行的初步调查活动。

举报部门的初核与侦查部门的初查是两个不同概念。具体说来，初核与初查有以下区别：

一是启动部门不同。初查只能由侦查部门承担，初核工作由举报中心承担。即初核的主体是举报中心，初查的主体是侦查部门。

二是核查范围不同。《刑事诉讼规则》第 167 条规定："举报中心对性质不明难以归口、检察长交办的举报线索及时进行初核。"《刑事诉讼规则》第 168 条规定："侦查部门对举报中心移交的举报线索进行审查后，认为有犯罪事实需要初查的，应当报检察长或者检察委员会决定。"从上述规定可以看出，初查是对受理的控告、报案、举报和自首材料审查后，认为需要才启动的调查，其范围不同于举报中心对性质不明难以归口和检察长交办而启动的初核。

三是程序规定不同。《刑事诉讼规则》仅规定了举报中心的初核范围。举报中心的初核程序，包括报检察长审批、初核前向侦查部门通报、采取的调查措施、提出处理意见等是由《举报工作规定》规定。而《刑事诉讼规则》第八章第一节初查中详细规定了初查的启动、内容、结论、回复等程序。从程序规定来看，关于初查的程序较具操作性，而初核的程序规定现实可行性较弱。

四是核查目的和结果不同。初查制度的设立，就是查明是否有犯罪事实、是否需要追究刑事责任。其法律后果要么立案侦查，要么不予立案。而初核主要目的是案件线索的准确分流。它的主要任务和目的不仅仅是消化举报线索为自侦部门提供高质量的案源，还要及时答复反馈举报人，避免举报变信访。

3. 初核的职能和意义

通常认为，举报中心初核的职能应该定位为："服务侦查工作、准确分流、畅通渠道、化解矛盾、监督制约。"究其原因：一是从第一次明确举报中心初查职能后，性质不明难以归口的举报线索便被列入初查（初核）范围，而对于此类线索的核查，其目的是明确性质准确归口，及时分流。举报线索及时准确分流是举报中心的基本职能之一，为分流而核查，自然应该是初核的职能要求。二是检察院内设机构，有着各自不同的职责，最高人民检察院在机构设置时将举报中心与控告部门合署办公，并仍然保留举报中心牌子，就说明侦查部门和举报中心需要分设。《刑事诉讼规则》分别规定了举报中心初核和侦查部门初查，并在案件受理一章中规定举报初核，就说明侦查部门与举报中心的工作重心也应不同，同时具有强化内部监督制约的性质。三是近年来控告检察部门的信访量一直高位运行，信访形势严峻。对性质不明难以归口的举报线索进行初核，是有效预防和避免涉检信访案件发生的有力手段。初核后及时反馈结果，同时以通俗易懂的方式对举报人释法析理，做好举报人的答复工作，增强举报人对初核结果的认可度，可以弱化举报人的对立情绪，有效消除和化解不稳定因素，维护社会和谐稳定。

1988 年检察机关开展举报工作以来，全国各级检察机关实践中积极探索、开拓进取，在实践中不断完善和发展举报工作体制，逐步建立了以举报宣传、举报线索管理、举报线索初核、不立案举报线索审查、实名举报答复、举报人保护和举报奖励制度为主要内容的举报工作体制。举报初核是举报工作的重要内容，对于畅通信访渠道、推进查办职务犯罪案件、维护群众合法权益、维护社会和谐稳定都具有重要作用，历来是检察举报工作的中心工作之一。初核的意义具体体现在以下方面：

（1）初核是提高线索移送质量的需要。根据各地清理举报线索所反映的情况来看，移送侦查部门的举报线索存查、缓查比例偏高，有几个方面的原因：一是侦查部门认为举报中心移送的线索质量不高，核实和取证难度大，不容易成案；二是侦查部门认为部分举报线索查处时机不成熟、证据难以收集，需要等待时机成熟再调查处理；三是受侦查办案力量和工作考评制度约束，侦查部门更愿意将有限的警力和精力放在纪检监察部门移送的线索和自己摸排的优质线索上。举报中心通过开展初核工作，查明一些举报线索所涉及的犯罪事实是否存在，是否需要立案侦查，可以有效提高举报线索的质量，有效提高侦

控告举报检察实务讲堂

查部门的成案率；同时，通过开展初核工作，对经初核否定举报犯罪事实存在或不需要追究被举报人刑事责任的，不再移送侦查部门，也可以减轻侦查部门的压力。

（2）初核是畅通群众举报渠道的需要。当前，在举报工作实践中，除举报中心移送侦查部门处理的举报线索外，还有相当一部分举报线索内容不具体，一些举报人对被举报人的犯罪事实，甚至有没有犯罪事实都不清楚，仅仅根据其看到的一些现象，加上举报人自己的推测甚至臆测就进行举报，举报线索无具体和实质内容，寥寥数语，难以找到调查的突破口，可查性低；还有一些举报人在认识上对检察机关管辖范围有误区，把本应纪检部门或者公安等其他行政执法部门管理的事务，也向检察机关举报。对这部分线索，举报中心进行甄别后，通过开展初核工作，可以或查实或查否或决定缓查、存查一部分举报线索，从而有效地加快线索消化进度，防止线索积压或流失，畅通群众举报渠道。

（3）初核是妥善化解因举报引发的矛盾纠纷的需要。一些实名举报人，因对检察机关侦查部门对其举报不予处理或者对检察机关侦查部门作出的处理决定不服，反复向上级机关和部门举报，甚至到上级检察机关门前上访。而且这种举报转化而来的上访，检察机关息诉难度极大。在这种情况下，举报中心通过开展初核工作，查清实名举报人举报的事实，可以有针对地做好举报人的释法说理工作，避免或者妥善化解因举报引发的矛盾纠纷，维护社会和谐稳定。

（4）初核是加强内部监督制约的需要。初核举报线索尤其是检察长批交初核的举报线索，是检察长根据实际情况或者工作需要，批准或者决定由举报中心初核的举报线索。特别是群众多次举报未查处的线索，往往是线索不十分清楚，或者查处难度大，或者办案价值小的线索，侦查部门囿于人力和精力，对查处这类线索的积极性不高，容易产生"缓而不查，一存到底"的现象，实质上造成了选择性执法问题。举报中心依法对举报线索进行初核，既可以补充侦查部门的力量，又可以加强内部监督制约，在一定程度上防止选择性执法问题。

（二）初核的范围、内容和程度

1. 初核的范围

《刑事诉讼规则》第167条规定："举报中心对性质不明难以归口、检察长批交的举报线索应当进行初核。对群众多次举报未查处的举报线索，可以要求侦查部门说明理由，认为理由不充分的，报检察长决定。"所以，根据规定，举报中心初核以下线索：一是举报性质不明，难以归口的线索；二是检察长批交的线索；三是群众多次举报未查处的举报线索，可以要求侦查部门说明理由，认为理由不充分的，提出初核等意见报检察长后，检察长决定由举报中心初核的线索。

（1）性质不明难以归口的举报线索

性质不明难以归口的举报线索是指根据现有举报材料提供的信息，无法从政策、法律规定上对举报线索的性质作出明确判断，不能确定办理的机关或部门的举报线索。实践中，首先，举报人不了解法律的有关规定，对纪检监察部门和检察机关的职责认识模糊是产生这类举报线索的主要原因。其次，随着政策法律的变化，刑事、民事申诉与举报职务犯罪问题交叉、反映民生问题与举报职务犯罪问题交叉、法人与个人关系混杂也会导致这类举报线索的出现，如在刑事或民事申诉中，申诉人在不服裁判的同时，举报办案人员涉嫌徇私枉法、枉法裁判等问题；在控告涉及民生问题的征地拆迁、农民负担、环境污染、企业改制等领域的社会问题时，举报国家工作人员滥用职权、玩忽职守等职务犯罪。这些举报人由于情绪激愤，往往急于了解举报线索受理后的查处情况和查处结果。如果处理不好或不及时，容易扩大矛盾，给社会和谐稳定埋下隐患。最后，匿名举报中，举报人主观臆断的结论多，能证实犯罪的事实少，这些案件管辖不明，不好归口，也就无法准确移送，给立案制造了困难。特别是举报线索所举报的事项是否属于检察机关管辖，被举报人的身份、职级、所在单位的性质、地址所指向哪一级、哪一个属地检察院管辖，都必须通过初核才能作出判断，并据此分流。

举报是宪法赋予公民的民主权利。检察举报工作作为法律监督与群众工作相结合的工作模式，应当对群众的每一件举报线索严肃对待，认真处理，不能因为内容不清、性质不明而草率处理。同时，为避免造成不同司法机关之间的推诿和扯皮，由举报中心对性质不明、难以归口的案件线索进行初步调查，就能够准确定性，然后决定是否受理以及移送其他机关或部门及时处理，充分发挥了举报初核在打击犯罪、化解社会矛盾方面的突出作用，凸显了服务大局、维护社会稳定的时代需求。

（2）检察长批交的举报线索

检察长批交的案件是指检察长根据实际情况或工作需要，批准或交给举报中心初核的举报线索案件。检察长批交初核案件的来源有三：第一，对举报中心提请初核案件的批准。第二，根据工作需要，对认为由举报中心办理更为合适的举报线索，交由举报中心初核。例如，涉及侦查部门有关人员或其特定关系人，不宜由侦查部门进行初查的举报线索。第三，"对群众多次举报未查处的举报线索，可以要求侦查部门说明理由，认为理由不充分的，报检察长决定"。这条规定说明，对举报人多次举报未查处的举报线索，主要由侦查部门负责办理，举报中心负责监督。如果举报中心认为处理不当，可以报告检察长，由检察长决定如何处理。检察长的决定，无外乎三种情况：一是移送侦查部门初查或立案；二是批交举报中心初核；三是批交其他检察院进行初核或初查。如果批交举报中心初核，则是对检察长批交的案件的进一步补充。

检察长批交案件，是检察机关加强内部监督制约的有效措施。检察长批交案件线索，在本级检察院管辖的范围以内不受限制。初核相对于侦查而言有一定的灵活性，但由于初核是针对国家工作人员涉嫌贪污贿赂犯罪案件线索进行的，为防止造成不良影响，初核过程必须遵守规定，确保初核工作合法、有效地开展，必须将初核的监督贯穿于整个初核过程中，切实保障初核的质量和效率。检察长批交举报线索，是司法实践中决定权与实施权相分离的重要表现形式。将初核程序中的主要环节，比如初核的启动、接触举报人、初核终结的审批权都归检察长掌握，主办检察官以及其他办案人员具体负责实施初核工作，对案件事实和证据负责，两项权力相分离，既保障了初核工作能够灵活开展，又保证了初核中的一些重要情况能及时被检察长掌握，从而作出正确决策。

（3）报检察长决定的举报线索

举报人多次举报未查处的举报线索，大多是侦查部门不易查处或查处时机不成熟，或者由于自侦部门囿于人力、时间和精力而没有进行查处的举报线索。对这类线索，《刑事诉讼规则》第167条规定可以要求侦查部门说明理由，认为理由不充分的，报检察长决定。这条规定说明：一是对举报人多次举报未查处的举报线索，主要由侦查部门负责办理，举报中心负责监督；二是如果举报中心认为处理不当，可以提出初核意见报检察长决定。

2. 初核的内容

这部分是法律尚未作出具体规定的地方，实践中自然存在不同的做法。但有两点是值得肯定的：一是初核不同于初查、侦查，不能全面收集证据，取证的能力也较为有限。二是初核工作往往建立在假设的基础上，即假使举报人举报事实属实，是否会由此触犯刑法的规定。如果在举报事实属于无条件成立的情况尚不能触犯刑法，或者不属于贪污、渎职犯罪的类型，则应当作其他处理，不会交予自侦部门办理。

据此，举报线索初核的具体内容有：

（1）对于性质不明难以归口举报范围的初核，主要是查明线索或反映犯罪事实的性质，确定管辖部门。

（2）对于检察长批交或决定的举报线索的初核，应当按照检察长批示或批准的内容进行核实。具体来说，有以下几个方面的内容：

①初核对象的主体身份及其基本情况；

②举报线索涉及的基本事实的证据；

③其他需要通过初核查明的情况。

3. 初核的程度

初核的程度是指举报中心对于初核案件进行调查处理所应达到的程度。实践中，初核程度的深浅，直接影响到后续侦查的成败，初核不到位，线索没查清，则会使下一步侦查障碍重重，难以实现"稳、准、狠"打击犯罪的目的，而举报初核超过了适当的程度，就可能过早地暴露侦查意向，打草惊蛇，以致劳而无功，所以很好掌握初核的"程度"是非常重要的，这是初核的关键所在。但是"程度"并不是固定不变的，既不能提前设定，又不能以固定的标准来先行约束，只能在实际工作中根据具体情况予以把握，根据某一原则性的标准灵活掌握。这个原则性的标准主要包括以下几个方面：

（1）举报材料是否真实。对受理的举报材料中所涉及的有关人员、事件，要初步调查核实是否确有其人，有关单位是否确有其单位，有关岗位是否确有其岗位，有关职权是否确有其职权，应当逐一进行了解甄别和证实，以确定材料的真实性和真实程度，要认真辨别和排除杜撰的、想象的、假设的、误会的、传闻的、夸大的、伪造的、诬陷的等所有不具真实性、客观性的材料。

（2）被控告人、被举报人的基本情况。调查被控告人、被举报人的基本情况，力求准确、科学、客观地确认职务犯罪"利用职务之便"这一要件。检察机关管辖案件的被举报人，除特殊情况外都有特定的要求，如果被举报人不符合被举报人具有特殊的主体资格，就只能将其移送公安机关或者告知举报人向人民法院起诉。

（3）性质是否属于检察机关管辖。管辖无误，也就是案件确实属于检察机关管辖，而且受理案件的检察院具有管辖权，这是开展举报初核的前提。根据刑事诉讼法第18条的规定，检察机关对于贪污贿赂犯罪，国家工作人员的渎职犯罪，国家机关工作人员利用职权实施的非法拘禁、刑讯逼供、报复陷害、非法搜查的侵犯公民人身权利的犯罪以及侵犯公民民主权利的犯罪进行立案侦查。因此，初核中应查明初核对象是否具有国家工作人员的身份。同时还要查明，涉嫌的问题是否属于检察机关的管辖范围；否则，应按规定及时移送有关部门调查。

（4）问题是否存在、初核要对举报材料就反映的事实进行一定的调查了解，查明该举报事实是否发生，发生的时间、地点、情节和结果等。根据查明的事实和证据，判断是否需要立案侦查。

（5）是否具有依法不追究刑事责任的情形。在初核过程中，既要收集被举报人涉嫌犯罪的材料和证据，也要收集其不涉嫌犯罪的材料或无罪的证据。特别注意刑事诉讼法第15条列举的不需要追究刑事责任的六种情形以及国家工作人员身份、职务范围和事实过程的不确定性或不可能性。

举报初核的程度实际上是一个动态的问题，需要在实践中而且也只能在实践中把握。

（三）初核的特点、原则和方法

1. 初核的特点

初核定位在案件受理阶段，是立案前的一个相对独立的阶段，因此，在工作内容、方式等方面都有着一定的独特性。初核不是初查，更不是侦查，初核阶段不能承担侦查职能。

（1）初核问题的选择性。有些性质不明难以归口的举报材料，往往有真伪难辨、问题笼统、事实不清，甚至涉及多个部门管辖、多起涉嫌犯罪问题。因此，初核时必须厘清工作思路，选择重点问题，重点事件，逐件（人）进行归类，由大到小，从易到难，先对线索进行整理、甄别、审查，对审查无法判断的，再准确选择问题的切入口，进行初核。

（2）初核方法的隐秘性。由于贪污贿赂等职务犯罪大多处于秘密状态，因而初核必须秘密进行。对于初核工作的方式、方法、工作部署应当限定在办案人员和其他特定范围的人员知悉。最好是在被举报人不知觉、毫无准备的情况下调查，以避免证据消失和发生串供的现象。不然可能打草惊蛇，造成被举报人或出逃，或串供，或订立攻守同盟，或毁灭证据等进行反侦查。

（3）初核措施的有限性。初核不是初查，更不是侦查，其核查手段有严格限制。通常来说，应当坚持以书面审查为主，外围调查核实为辅。初核过程中，可以采取询问、查询、勘验、鉴定、调取证据材料等不限制初核对象人身自由和财产权利的措施，原则上不能接触初核对象。禁止对初核对象采取强制措施，不能查封、扣押、冻结初核对象的财产，不能采取技术侦查手段。

（4）初核结果的不确定性。经过初核，被调查的情况可能归检察机关管辖，也可能归其他部门管辖；被举报人可能涉嫌犯罪，也可能无罪。所以，初核的结果事先无法预测。因此，一定要坚持客观、公正、规范的初核。实践中努力做到不枉不纵、不先入为主、不无端生疑。

2. 初核的原则

初核应当遵循以下基本原则：一是实事求是的原则，从实际出发，避免先入为主；二是灵活主动迅速及时的原则，迅速及时查明事实对于适时立案、及时追究犯罪非常重要，同犯罪斗争要靠智慧，不采取灵活主动的方法就无法同现代水平的犯罪进行较量；三是专门机关与群众路线相结合的原则，只有依靠群众、依靠举报人，争取群众的大力协助；四是依法初核的原则，在初核阶段，法律没有赋予相应的手段，只能运用调查的方法，而不能采取非法手段；五是方便侦查的原则，初核是初查、侦查的前提，初核搞好了，侦查才能顺利，初核必须时时处处为侦查着想，为侦查服务；六是保守秘密原则，这不仅是初核工作本身的要求，也是保护举报人合法权益和防止举报人遭到打击报复的要求。

3. 初核的方式

正如前面所述，初核不同于侦查，初核工作主要以向举报人收集材料为主，以审查举报人具体提供的材料为主。初核可以采取询问、调取证据材料等措施，一般不得接触被举报人，不得采取强制措施，不得查封、扣押、冻结财产。当然，对于匿名举报，因无法知晓举报人，不能向举报人收集证据材料，这就需要承担初核工作的主办检察官要具有丰富的办案经验及案件敏锐性，认真筛选举报线索，制定初核计划、适时展开必要的调查，以达到事半功倍的效果。调查内容，可以调取被举报人的户籍资料、相关单位的工商资料、房产和银行账户等。

（1）书面审查为主

对于实名举报线索，以举报人提供的材料为主，进行审查、分析、判断以下内容：

①管辖。也就是案件确实属于检察机关管辖，而且受理案件的检察院具有管辖权，这是前提。

②被举报人的特殊主体资格。检察机关管辖案件的被举报人，除特殊情况外都有特定的要求，如果被举报人不符合要求，就只能将其移送公安机关或者告知举报人向其他部门举报。

③材料的真实性。材料必须反映有犯罪事实发生并且被举报人涉嫌犯罪，至少要有一个事件事实基本清楚或者能够提供查证该犯罪事实的明确线索，这是基本的要求。

④举报材料的分析整理。工作人员通过对举报线索进行分析整理，可以将线索分解成不同的举报事件，然后按照举报事件的价值大小进行排队，以方便重点查证和列出初核计划。这项工作很大程度上要靠工作人员的经验和感觉，以及必要的法律知识和业务素养为基础。

（2）外围调查为辅

①制订初核计划。经检察长或检察委员会决定开展初核的，举报中心应当制作《初核计划审批表》，经举报中心负责人审核后，报检察长审批。初核计

划是对性质不明难以归口的、检察长交办的举报案件线索实施初核活动的全面规划和设计，是指导初核工作的依据和行动指南，也是初核活动的行动方案。初核计划应当包括以下内容：a. 举报线索来源、主要内容；b. 初核的目的、方向、范围和调查的问题；c. 初核的人员、分工和组织领导；d. 初核的时间、步骤、方法和措施；e. 初核的安全防范预案；f. 初核的风险评估及应对措施。

制订初核计划时要讲究方法，根据已掌握事实材料和线索，在全面细致地分析判断案情的基础上，根据初核的一般规律和个案的特点，有针对性地提出初核任务、策略和步骤，选用适当的侦查方法和手段。具体把握三点：

一是初核计划应根据初核的目的制订。初核计划是初核的目的、思路和方法的具体体现。对性质不明难以归口的线索，以能够准确分流归口为实现目的，对群众多次举报未查处，检察长交办的案件线索，以能实现立案或者合理解释举报人的疑虑（即以充分的事实和证据否定该举报事实）为目的。所以要根据材料中反映的问题，通过全面细致的审查，吃透案情，对需要初核的各个方面和环节认真研究分析，既要把握重点，又要点面结合，统筹兼顾，避免千篇一律。

二是拓宽初核思路、选准初核方向。在制定初核方案时，既要紧紧围绕举报线索，又绝不能囿于举报线索，既要开阔思路，拓展视野，又要察微析疑、抓住细节。在不断的调查和分析中寻找案件的突破口。初核要秘密进行，尽可能避免暴露初核意图，严格控制知情面，对举报人的身份也要注意保密。在确定初核方向时尤其需要工作人员用换位思考的方式，寻找被举报人可能疏忽的地方，找到薄弱环节，从而准确切入犯罪事实的核心部分，创造迅速突破的条件。切勿低估被举报人的嗅觉和反侦查能力。

三是注意兼顾初核计划的稳定性和灵活性。初核计划一经审定，必须严格执行，不能无故放弃。由于事态情势的瞬息万变，即使是最详尽的初核计划也不可能面面俱到，实践中要注意根据初核活动中出现的新情况、新问题，及时补充或修改。保证案件质量，保障侦查活动的顺利开展。

②初核计划的实施。初核计划经批准后，即转入实施阶段。初核计划的运用，实质是谋略与方法的综合运用，直接关系到成案率、关系到侦查计划的顺利实施。为保证初核目的与任务的实现，需要做好以下几个方面的工作：

一是选好突破口。根据初核计划要求，按照先主后次、先易后难、先急后缓等原则进行部署，合理分工，以举报线索反映的事实是否构成犯罪、是否需要追究刑事责任为突破口。

二是措施得当。从实践看，初核采取的措施不同于初查、侦查所采取的措施。所以在实施时要周密设计，对症下药，以保证取得最佳效果。同时，案情似军情，瞬息万变，如果打草惊蛇，就会给被举报人逃匿、毁证、串供或行凶、自杀的机会。

三是准确判断，迅速移送。准确判断取决于工作人员自身的业务水平、丰富的实践经验和初核后掌握的情况，进行认真细致的思考研究。在初核中，不能被大量的案件线索所困惑，也不能在一些非原则和关键性问题上久拖不决，以致贻误战机，给后续的侦查工作带来麻烦。

专题十 解读《最高人民检察院关于 人民监督员监督工作的规定》

赵勇建 王鸿杰[*]

《最高人民检察院关于人民监督员监督工作的规定》（高检发〔2016〕7号，以下简称高检院《规定》），于2015年12月21日最高人民检察院第十二届检察委员会第四十六次会议通过，并报经中央政法委批准施行。这是在充分吸纳人民监督员制度实践经验的基础上，进一步拓展监督范围，完善监督程序，强化知情权保障，尤其是对人民监督员监督程序的规定，改变了检察机关直接受理立案侦查案件办理工作的具体流程和要求，健全了对犯罪嫌疑人、被告人的权利保护机制，是对司法权力制约机制的重大改革和完善，对保障人民群众对检察工作的知情权、参与权、表达权、监督权具有重要意义。

一、高检院《规定》出台的背景及重要意义

人民检察院直接受理立案侦查案件"自己立案、自己侦查、自己决定批捕、自己消化处理（撤销案件决定、决定不起诉）"，权力运行相对封闭，容易滋生腐败。孟德斯鸠在《论法的精神》中指出："一切有权力的人都很容易滥用权力，这是万古不易的一条经验。"剑桥大学阿克顿勋爵在《自由与权力》中亦指出："权力导致腐败，绝对的权力导致绝对的腐败。"如何解决万古不易的权力运行弊病？除检察机关坚持自身监督与法律监督并重，不断健全权力运行的内部监督体系外，还要树立"监督者更要自觉接受监督"的意识，变封闭为公开，让人民群众有序参与司法、监督司法。没有人民参与的司法无法真正得到人民的认可。特别是在当下公民政治参与热情日益高涨的情况下，藉由人民监督员制度，可以推进司法公开、司法民主化发展，提升检察机关公信力。

人民监督员制度，是在现行宪法和法律规定的框架内，人民检察院自觉接

---

[*] 赵勇建，最高人民检察院办公厅人民监督员工作处副处长；王鸿杰，福建省人民检察院刑事申诉检察处四级高级检察官。

控告举报检察实务讲堂

受人民群众监督、保障人民群众有序参与检察工作的重大制度设计。让符合条件的公民通过司法行政机关公开选任成为人民监督员，重点针对人民群众最关注、外部监督较薄弱的查办职务犯罪工作入手，对人民检察院直接受理立案侦查案件的立案、侦查、逮捕、起诉等刑事诉讼过程中的检察环节，力图通过人民监督员有序参与、监督和支持检察工作的方式，及时纠正检察机关在执法办案中可能发生的问题，防止检察权行使过程中独断而产生的滥用或不当行使，自觉维护当事人的合法权益，同时也对司法过程、司法结果的形成有切身的了解和感受，有机会提出批评、意见和建议，从制度上实现打击犯罪与保障人权的有机统一，促进检察工作科学发展。

2003年9月2日，最高人民检察院经中央政法委同意并报告全国人大常委会，决定在天津、河北、内蒙古、辽宁、黑龙江、浙江、福建、山东、湖北、四川等十个省、自治区、直辖市检察机关先行人民监督员制度试点，"目的就是要在检察环节建立起有效的外部监督机制，从制度上保证各项检察权特别是职务犯罪侦查权的正确行使"。2004年7月，最高人民检察院报经中央批准，决定在全国各省、自治区、直辖市检察机关扩大试点。2006年2月，最高人民检察院报经中央批准，军事检察院进行军人监督员制度试点。2003年8月至2010年10月期间，全国检察机关共有3137个检察院进行了试点，占全国各级人民检察院总数的86.5%，推荐产生人民监督员21962人，共监督案件32304件。在此期间，人民监督员制度改革被纳入第一轮中央司法体制改革规划，相继被写入《中共中央关于构建社会主义和谐社会若干重大问题的决定》、《关于进一步加强人民法院、人民检察院工作的决定》等中央文件和《2004年中国人权事业的进展》、《2005年中国的民主政治建设》、《2008年中国的法治建设》、《国家人权行动计划（2009—2010）》等7个白皮书，并且自2006年开始人民监督员制度正式被司法部列入《国家司法考试大纲》。

2010年10月，最高人民检察院报经中央批准，决定在检察机关全面推行人民监督员制度，并将人民监督员的监督范围扩大到检察机关查办职务犯罪工作中具有终局性决定权的主要环节。2012年10月，最高人民检察院修订了《人民检察院刑事诉讼规则（试行）》，对人民监督员制度予以明确规定，并将人民监督员监督案件工作纳入全国检察机关统一业务应用系统。2010年10月至2014年9月期间，全国检察机关组织人民监督员对人民检察院办理直接受理侦查案件中"七种情形"或事项进行监督共计1.9万余件。在此期间，人民监督员制度被纳入第二轮中央司法体制改革规划，相继被写入《中共中央关于全面深化改革若干重大问题的决定》、《中共中央关于全国推进依法治国若干重大问题的决定》等中央文件和2010年12月国务院新闻办公室发布的

《中国的反腐败和廉政建设》、2012 年 10 月国务院新闻办公室发布的《中国的司法改革》以及 2009 年至 2012 年连续四年的《中国法治建设年度报告》。

2014 年 9 月，最高人民检察院、司法部根据党的十八届三中、四中全会精神，经中央批准，决定在北京、吉林、浙江、安徽、福建、山东、湖北、广西、重庆、宁夏等省（自治区、直辖市）开展人民监督员选任管理方式改革试点，同步开展人民监督员监督范围和监督程序改革试点工作。2015 年 2 月 27 日，习近平总书记主持召开中央全面深化改革领导小组第 10 次会议，审议通过《深化人民监督员制度改革方案》。2016 年 7 月 5 日，经中央政法委批准，最高人民检察院、司法部联合制发了《人民监督员选任管理办法》，最高人民检察院制发了《关于人民监督员监督工作的规定》，确保人民监督员制度改革落到实处，进一步推动建立健全检察权运行监督制约机制，促进中国特色社会主义检察制度更加成熟定型。2014 年 9 月至今，人民监督员制度改革已被纳入第三轮中央司法体制改革规划，被写入 2016 年 9 月 12 日《中国司法领域人权保障的新进展》报告中。

习近平总书记在中央全面深化改革领导小组第 10 次会议上深刻指出："实行人民监督员制度，引入外部监督力量，改变了检察机关查办职务犯罪案件的具体程序和要求，健全了对犯罪嫌疑人、被告人的权利保护机制，是对司法权力制约机制的重大改革和完善，对保障人民群众对检察工作的知情权、参与权、表达权、监督权具有重要意义。"2003 年 8 月创立人民监督员制度至今，人民检察院在借鉴、结合和探索中，积累了丰富的实践经验，拓展了人民监督员参与司法、了解司法、监督司法、支持司法的渠道和途径，监督范围不断扩大，监督程序逐步规范，监督效果充分显现，得到各级党委、人大和社会各界的充分肯定。实践充分表明，人民监督员制度符合中央司法体制改革精神，符合人民群众对公正司法的期待，符合检察工作规律，有利于强化司法民主，拓宽人民群众参与司法渠道，保障人民群众依法有序参与检察工作；有利于体现人民监督员制度对检察权运行特别是加强对检察机关查办职务犯罪工作的外部监督属性，加强对检察权运行的监督制约，促进检察权严格依法规范行使；有利于增强检察工作透明度，提升检察机关司法公信力，更好地促进国家民主法治建设。

二、高检院《规定》的理解与适用

高检院《规定》共 5 章 39 条，第一章为"总则"，共 5 条，分别明确了建立人民监督员制度的目的、人民监督员监督职责范围、人民检察院保障人民监督员履职和专门机构及专人配备；第二章为"监督工作程序"，共分 4 节 21

条，分别从一般规定、监督程序的启动、监督评议程序、复议程序方面具体规定了人民监督员监督工作程序；第三章为"人民监督员履行职责的保障"，共9条，从人民检察院通报人民监督员监督资讯、提供程序性信息查阅、邀请参与执法检查活动、对犯罪嫌疑人采取强制措施履行告知接受人民监督员监督事项及被告知人提请人民监督员监督申请的受理流程、接受人民监督员监督工作纪律要求和提供监督评议工作场所、开展人民监督员工作必需的经费以及其他必要条件保障；第四章为"人民监督员办事机构的职责"，共2条，分别明确了人民监督员办事机构的职责和人民监督员监督工作有关文书及材料归档；第五章为"附则"，共2条，分别明确了"省级以下人民检察院"限定范围和施行日期。

（一）人民监督员的监督职责

人民监督员根据高检院《规定》，依法、独立、公正履行以下监督职责，受法律保护：

1. 人民监督员可以主动提请启动监督案件。人民监督员主动发现或者根据当事人及其辩护人、诉讼代理人或者控告人、举报人、申诉人以及人民群众的情况反映，对人民检察院办理直接受理立案侦查案件工作中存在下列情形之一的，可以实施监督：（1）应当立案而不立案或者不应当立案而立案的；（2）超期羁押或者延长羁押期限决定违法的；（3）采取指定居所监视居住强制措施违法的；（4）违法搜查、查封、扣押、冻结或者违法处理查封、扣押、冻结财物的；（5）阻碍当事人及其辩护人、诉讼代理人依法行使诉讼权利的；（6）应当退还取保候审保证金而不退还的；（7）应当给予刑事赔偿而不依法予以赔偿的；（8）检察人员在办案中有徇私舞弊、贪赃枉法、刑讯逼供、暴力取证等违法违纪情况的。

2. 被随机抽选中且无回避情形确定的人民监督员应当参与监督案件。除人民监督员主动提请启动监督案件之外，人民监督员并不是都能参与每件案件的监督，仅仅在人民检察院办理的案件需要接受人民监督员监督评议时，司法行政机关随机抽选产生且无回避情形的人民监督员才能参与监督评议。被随机抽选中的人民监督员应当按时到指定的监督评议地点参加案件监督工作，依法、独立、公正履行监督职责，独立、客观、公正地发表监督意见，不得以不正当方式影响其他人民监督员履行监督职责和独立发表监督意见。

3. 应邀参加执法检查、公开听证等检务活动的人民监督员可以提出批评、意见和建议。人民监督员可以应邀参加人民检察院对直接受理立案侦查案件的跟踪回访、执法检查、案件评查工作，或者举行案件公开审查等活动，发现违法违纪问题的，可以提出处理建议和意见。人民监督员可以应邀参加人民检察院对直接受理立案侦查案件以外的其他执法检查活动，发现存在问题的，可以向人民检察院提出工作建议和意见。

4. 法治宣传与引导。人民监督员履行监督职责，在参与监督案件、执法检查、涉检信访接待等活动中，可以充分发挥人民监督员的示范、引导、鼓励、辐射和带动作用参与法治宣传与引导，在更大范围内宣扬人民检察院"是干什么"、"正在干什么"、"干得怎么样"，正确引导社会舆论，让社会各界了解公正司法，提升司法公信力。

人民检察院保障人民监督员履行监督职责，认真对待人民监督员提出的意见和建议。

（二）人民监督员监督程序的启动

1. 人民监督员主动提请监督案件程序的启动。

人民监督员主动发现或者根据当事人及其辩护人、诉讼代理人或者控告人、举报人、申诉人以及人民群众的情况反映，对人民检察院办理直接受理立案侦查案件工作中存在下列情形之一或者几种情形并存的，可以书面或口头提请人民检察院启动人民监督员监督案件程序：（1）应当立案而不立案或者不应当立案而立案的；（2）超期羁押或者延长羁押期限决定违法的；（3）采取指定居所监视居住强制措施违法的；（4）违法搜查、查封、扣押、冻结或者违法处理查封、扣押、冻结财物的；（5）阻碍当事人及其辩护人、诉讼代理人依法行使诉讼权利的；（6）应当退还取保候审保证金而不退还的；（7）应当给予刑事赔偿而不依法予以赔偿的；（8）检察人员在办案中有徇私舞弊、贪赃枉法、刑讯逼供、暴力取证等违法违纪情况的。人民监督员主动提请监督案件程序的，人民检察院应当受理，其中，口头提出的，应当记录笔录。人民监督员可以向人民检察院人民监督员办事机构提出启动人民监督员监督程序要求的，由人民监督员办事机构受理后，移送本院控告检察部门审查；也可以直接向人民检察院控告检察部门提出启动人民监督员监督程序要求，由控告检察部门受理审查。

人民检察院控告检察部门对人民监督员提出启动人民监督员监督程序的要求进行审查。属于本院管辖且属于人民监督员监督情形的，按照控告、举报、申诉案件工作程序直接办理或者转交其他部门办理，并及时反馈人民监督员办事机构登记备案；属于本院管辖，具有下列情形之一的，报送作出决定的人民检察院处理；不属于本院管辖的，移送有管辖权的人民检察院处理：（1）应当立案而上一级人民检察院审查决定不予立案的；（2）延长羁押期限决定违法的；（3）对涉嫌特别重大贿赂犯罪案件的犯罪嫌疑人采取指定居所监视居住强制措施违法的。

人民检察院控告检察部门或者其他承办部门应当及时对监督事项进行审查，提出处理意见，答复人民监督员，并反馈人民监督员办事机构。人民监督员对人民检察院的答复意见有异议的，经检察长批准，控告检察部门或者其他承办部门应当将处理意见及主要证据目录、相关法律规定等材料及时移送本院人民监督员办事机构，或者通过本院人民监督员办事机构报送上一级人民检察院，并做好接受监督评议的准备。人民检察院人民监督员办事机构收到下级检察院移送拟接受人民监督员监督评议的案件材料后应当及时进行审查，提出审查意见，经检察长批准后，通知司法行政机关组织抽选并确定参加监督案件的人民监督员，并通知下级检察院案件承办部门做好接受人民监督员监督案件的准备工作。

2. 检察机关提请监督案件程序的启动。

（1）人民检察院办理直接受理立案侦查案件工作中拟撤销案件决定或者拟作不起诉决定的，应当接受人民监督员监督。经检察长批准，案件承办部门应当在作出拟处理决定之日起 3 日以内将拟处理决定及主要证据目录、相关法律规定等材料移送本院人民监督员办事机构，或者通过本院人民监督员办事机构报送上一级人民检察院，并做好接受监督评议的准备。人民检察院人民监督员办事机构收到下级检察院移送拟接受人民监督员监督评议的案件材料后应当及时进行审查，提出审查意见，经检察长批准后，通知司法行政机关组织抽选并确定参加监督案件的人民监督员，并通知下级检察院案件承办部门做好接受人民监督员监督案件的准备工作。

（2）人民检察院办理直接受理立案侦查案件工作中，犯罪嫌疑人对检察机关决定逮捕不服而提出申请启动人民监督员监督程序的，由人民检察院控告检察部门受理审查。属于本院案件管辖且属于人民监督员监督情形的，转交本院侦查监督部门办理，并及时反馈人民监督员办事机构登记备案；不属于本院案件管辖的，移送有管辖权的人民检察院侦查监督部门处理。经检察长批准，侦查监督部门应当在作出维持原逮捕决定之日起 3 日以内将拟处理决定及主要证据目录、相关法律规定等材料移送本院人民监督员办事机构，或者通过本院人民监督员办事机构报送上一级人民检察院，并做好接受监督评议的准备。人民检察院人民监督员办事机构收到下级检察院移送拟接受人民监督员监督评议的案件材料后应当及时进行审查，提出审查意见，经检察长批准后，通知司法行政机关组织抽选并确定参加监督案件的人民监督员，并通知下级检察院案件承办部门做好接受人民监督员监督案件的准备工作。

（3）当事人及其辩护人、诉讼代理人或者控告人、举报人、申诉人认为人民检察院办理直接受理立案侦查案件工作中存在下列情形之一或者几种情形并存的，可以书面或口头申请人民检察院启动人民监督员监督案件程序：①应当立案而不立案或者不应当立案而立案的；②犯罪嫌疑人不服逮捕决定的；③超期羁押或者延长羁押期限决定违法的；④采取指定居所监视居住强制措施违法的；⑤违法搜查、查封、扣押、冻结或者违法处理查封、扣押、冻结财物的；⑥阻碍当事人及其辩护人、诉讼代理人依法行使诉讼权利的；⑦应当退还取保候审保证金而不退还的；⑧应当给予刑事赔偿而不依法予以赔偿的；⑨检察人员在办案中有徇私舞弊、贪赃枉法、刑讯逼供、暴力取证等违法违纪情况的。当事人及其辩护人、诉讼代理人或者控告人、举报人、申诉人反映上述情形并提出启动监督案件程序申请的，人民检察院应当受理，其中，口头提出的，应当记录笔录。人民检察院控告检察部门对当事人及其辩护人、诉讼代理人或者控告人、举报人、申诉人提出启动人民监督员监督程序的申请进行审查。属于本院管辖且属于人民监督员监督情形的，按照控告、举报、申诉案件工作程序直接办理或者转交其他部门办理，并及时反馈人民监督员办事机构登记备案；属于本院管辖，具有下列情形之一的，报送作出决定的人民检察院处理；不属于本院管辖的，移送有管辖权的人民检察院处理：①应当立案而上一级人民检察院审查决定不予立案的；②延长羁押期限决定违法的；③对涉嫌特别重大贿赂犯罪案件的犯罪嫌疑人采取指定居所监视居住强制措施违法的；④犯罪嫌疑人不服逮捕决定的。

人民检察院控告检察部门或者其他承办部门应当及时对监督事项进行审查，提出处理意见，答复当事人及其辩护人、诉讼代理人或者控告人、举报人、申诉人，并反馈人民监督员办事机构。当事人及其辩护人、诉讼代理人或者控告人、举报人、申诉人对人民检察院的答复意见有异议的，经检察长批准，控告检察部门或者其他承办部门应当将处理意见及主要证据目录、相关法律规定等材料及时移送本院人民监督员办事机构，或者通过本院人民监督员办事机构报送上一级人民检察院，并做好接受监督评议的准备。人民检察院人民监督员办事机构收到下级检察院移送拟接受人民监督员监督评议的案件材料后应当及时进行审查，提出审查意见，经检察长批准后，通知司法行政机关组织抽选并确定参加监督案件的人民监督员，并通知下级检察院案件承办部门做好接受人民监督员监督案件的准备工作。

（三）人民监督员评议案件工作流程

1. 确定参加监督案件的人民监督员。人民检察院办理的案件需要人民监督员进行监督评议的，人民检察院应当在开展监督评议3个工作日前将需要的人数、评议时间、地点以及其他有关事项通知司法行政机关。司法行政机关从人民监督员信息库中随机抽选，联络确定参加监督评议的人民监督员。随机抽选过程应当由两名司法行政机关工作人员在场，并在抽选结束后签字确认，实现全程留痕，最大程度确保随机抽选的公平、公正、公开。

2. 组织案件评议和表决。案件监督前，人民检察院人民监督员办事机构应当向人民监督员提供充分的有关案件事实、证据和法律适用等材料，包括拟处理决定（意见）书、主要证据目录、相关法律规定及有关材料。司法行政机关组织被抽选的人民监督员按照确定的监督时间、地点参加监督案件，并说明相关事项，为其开展监督工作提供相应便利。人民监督员监督案件工作，应当依照下列步骤进行：

（1）确定评议主持人。参加监督案件的人民监督员，自行推举其中一人主持评议和表决工作，并指定记录人。

（2）介绍案件情况。人民检察院案件承办人应当向人民监督员全面客观地介绍案件事实、证据认定、法律适用以及对案件处理的不同观点和意见，其中，对"犯罪嫌疑人不服逮捕决定"情形的监督，必要时，上级人民检察院侦查监督部门可以要求下级人民检察院侦查人员一同参加；人民监督员对共同犯罪案件中的某一犯罪嫌疑人开展案件监督时，人民检察院在不违反法律和有关保密规定的前提下，应当向人民监督员简要介绍共同犯罪的全案情况，但在介绍中不得涉及拟作起诉处理的共同犯罪嫌疑人的具体案情。

（3）解答涉及问题。案件承办人应当回答人民监督员提出的问题，必要时，可以向人民监督员出示相关案件材料，或者播放相关视听资料。

（4）评议和表决。人民监督员根据案件情况独立进行评议和表决，在场的检察官、司法行政人员以及其他与案件评议无关的人员应当回避。人民监督员在评议时，可以对案件事实、证据和法律适用情况、办案程序、是否同意检察机关拟处理意见（决定）及案件的社会反映等充分发表意见，独立进行评议和表决。人民监督员逐人发表评议意见后，按照少数服从多数原则，投票形成表决意见，制作《人民监督员表决意见书》，说明表决情况、结果和理由。人民监督员对个人评议意见进行核对，如果认为存在遗漏或需要补充的，可以在《人民监督员表决意见书》上更正，并签署姓名。

（5）依法对案件作出决定。人民监督员评议和表决结束后，由案件承办人签收《人民监督员表决意见书》存档，并对人民监督员评议情况和表决意见进行研究。承办案件的人民检察院应当根据案件事实和法律规定，全面审查、认真研究人民监督员的评议和表决意见，依法作出决定。但是，对人民检察院直接受理侦查的案件拟撤销案件或者拟不起诉的，经人民监督员履行监督程序，提出表决意见后，侦查部门或者公诉部门报经检察长或检察委员会决定后，应当将人民监督员的表决意见一并报送上一级人民检察院审批。

3. 告知案件处理决定。人民检察院应当认真研究人民监督员的评议和表决意见，根据案件事实和法律规定，依法作出决定。组织案件监督的人民监督员办事机构应当在检察长或者检察委员会作出决定之日起 3 日内，将决定告知参加监督的人民监督员。人民检察院的决定与人民监督员表决意见不一致的，应当向参加监督的人民监督员作出必要的说明。人民检察院应当将人民监督员监督案件情况通报司法行政机关，由司法行政机关将人民监督员的个人履职情况记录登记人民监督员管理信息系统，作为人民监督员考核的重要依据。

（四）人民监督员复议程序

人民监督员监督效果的实现需要健全的程序作为制度保障。实践中，人民检察院处理决定未采纳多数人民监督员评议表决意见，经反馈后，多数人民监督员仍然不同意检察机关处理决定时，如果没有救济程序，可能会影响人民监督员参与案件监督工作的积极性，监督效果不能完全保证。对此，高检院《规定》设置了"复议程序"。

"复议程序"，并不是所有人民监督员监督案件工作程序的必经程序，只有当参加监督评议的多数人民监督员对检察机关处理决定仍有异议时，并在收到反馈之日起 3 日以内，可以提请组织案件监督的检察院复议一次。组织案件监督的人民检察院人民监督员办事机构统一受理人民监督员提出的复议要求，交由本院相关部门重新审查。负责审查的案件承办部门应当另行指定检察人员及时、全面进行审查，提出审查意见报本院检察长或者检察委员会研究决定。复议决定应当在受理后 30 日以内作出，并反馈要求复议的人民监督员和承办案件的检察院。复议决定与人民监督员的表决意见仍不一致的，负责复议的检察院应当向提出复议的人民监督员说明理由。原处理决定与复议决定不一致的，由作出原处理决定的检察院应当依法及时予以变更或者撤销。

（五）人民监督员的履职保障

1. 拓展和保障人民监督员参与、监督和支持检察工作渠道。人民检察院全面落实检务公开，不断完善人民监督员联络和服务机制，积极拓展和丰富知情权保障方式方法，具体包括：

（1）人民检察院控告申诉检察部门接待属于本院办理的直接受理立案侦查案件举报人、申诉人时，应告知其在控告申诉检察部门处理完毕后，对处理结果有不同意见的，可以向人民监督员反映。

（2）人民检察院在查办直接受理立案侦查案件的侦查、审查逮捕、审查起诉等刑事诉讼环节第一次讯问犯罪嫌疑人时，应当向犯罪嫌疑人及其近亲属告知有关人民监督员监督事项的内容。相关告知文书附卷备查。

（3）人民检察院执行搜查、扣押涉案财物时以及执行冻结存款、汇款后，应当向犯罪嫌疑人及其近亲属告知有关人民监督员监督事项的内容。相关告知文书附卷备查。必要时，人民检察院在查封、扣押直接受理立案侦查案件犯罪嫌疑人财务和文件时，可以邀请人民监督员作为见证人，并接受其监督。

（4）建立职务犯罪案件台账制度。建立案件台账既是检务公开的重要内容，也是人民监督员发现监督线索、启动监督程序的重要保障。人民监督员可以对直接受理立案侦查案件的立案情况、对犯罪嫌疑人采取强制措施情况，扣押财物的保管、处理、移送、退还情况，以及刑事赔偿案件办理情况进行查阅，便于及时掌握案件办理情况和发现监督线索。

（5）邀请人民监督员参加检察机关相关活动听取意见建议。人民检察院开展职务犯罪案件跟踪回访、执法检查、执法评查、案件公开审查等活动，可以邀请、组织人民监督员参加。人民检察院要结合实际，有重点地组织人民监督员参加专题检察调研座谈、庭审观摩、精品案件评选等活动，广泛地听取人民监督员的意见建议。探索邀请人民监督员参与附条件不起诉、刑事和解、当事人不服刑事申诉案件审查结论等案件的公开审查和听证活动。人民检察院邀请人民监督员参加检察机关有关重要会议、检察开放日、检察队伍教育活动等活动，及时通报检察机关重大工作部署、重要会议、重大活动情况，听取批评、意见和建议。

（6）畅通人民监督员获取监督资讯平台。人民检察院每年为人民监督员赠阅《人民监督（专刊）》、《检察日报》等报刊资料，定期书面通报检察机关查办和预防职务犯罪工作情况，并综合运用检察院门户网站、微信、微博和手机短信等渠道，及时通报检察机关重大工作部署、重要会议、重大活动情况，全方位宣传人民监督员制度改革的举措、进展和成效，提高社会公众对人民监督员制度改革的认同度和参与度，积极营造良好的舆论氛围。

2. 信息化建设提升监督服务效能。

（1）人民监督员管理信息系统建设。司法行政机关积极研发人民监督员管理信息系统，建立集接受社会公众网上报名、案件监督受理、人民监督员随机抽选、人民监督员履职管理、信息动态发布等功能为一体的网络信息平台，并实现与人民检察院互联共享，提高工作质量和效率。

（2）人民监督员案件管理系统建设。2015 年 4 月，"人民监督员案件管理系统"正式纳入全国检察机关统一业务应用系统并上线运行；2016 年 12 月，对"人民监督员案件管理系统"进行升级完善，加强与司法行政机关"人民监督员管理信息系统"衔接。

3. 人民监督员履职经费保障。

（1）人民监督员因参加监督评议工作所产生的交通、就餐等费用，由组织案件监督的司法行政机关按照《人民监督员选任管理办法》予以保障；因培训而支出的公共交通、就餐等费用，由司法行政机关参照当地差旅费标准给予适当补助。

（2）人民检察院、司法行政机关开展人民监督员工作涉及的相关经费纳入同级财政经费预算，严格经费管理，其中，人民检察院开展人民监督员工作所必需的经费，列入人民检察院检察业务经费保障范围。

（六）人民监督员办事机构及专门人员配备

各级人民检察院应当明确专门机构、配备专人负责人民监督员工作。最高人民检察院办公厅设人民监督员工作处，具体负责人民监督员制度改革工作。

三、贯彻落实高检院《规定》的意见

当前，为更好地深入贯彻落实高检院《规定》，各级人民检察院要着力抓好以下三方面工作：

（一）加强组织领导，注重统筹协调

各级人民检察院要积极争取地方党委、人大、政府在人民监督员办事机构设置、经费保障等方面的重视、关心和支持，配齐配强人员，理顺工作机制，落实工作保障，确保各项改革任务有效完成。深化人民监督员制度改革涉及部门多、与现有办案程序的衔接要求高，既要在内部注重加强各部门间的统筹协调、协同配合，又要在外部注重加强与司法行政机关的沟通协调，最大程度地形成改革合力。

（二）加强督促指导，抓好跟踪问效

人民监督员工作政策性、法律性、实践性都很强，必须加强对下指导，确保改革正确方向。上级检察院在抓好本院工作的同时，要加大对下督促指导力度，注重跟踪问效。要通过举办培训班、召开经验交流会和专题座谈会等形式，加强学习交流，研究推进工作的措施和办法，推动人民监督员制度改革全面深入发展。

（三）加大理论研究和宣传力度，营造良好舆论氛围

各级检察机关要重点围绕人民监督员监督与法律监督、依法独立公正行使检察权等重大问题，加强理论和实践研究，努力形成更多高质量的理论成果，为推进人民监督员制度立法提供支撑。要认真总结挖掘工作中的亮点和成效，通过广播、电视、报刊、网络等媒体特别是新媒体平台，大力宣传人民监督员制度的重大意义和工作成效，增强社会公众对人民监督员制度的知晓度和认可

度，为有效开展案件监督工作营造良好的舆论氛围。

人民监督员制度改革得到社会各界的广泛关注，意义重大，使命光荣，任务艰巨。各级人民检察院要站在检察事业发展全局的高度，坚决贯彻党中央改革部署和习近平总书记重要指示精神，加强与司法行政机关相互支持、密切配合，广泛实行人民监督员制度，拓宽人民群众有序参与司法渠道，充分发挥人民监督员作用，推动健全检察权运行监督制约机制，促进中国特色社会主义检察制度更加成熟定型。

专题十一　解读《信访工作责任制实施办法》

国家信访局综合指导司

《信访工作责任制实施办法》（厅字〔2016〕32 号，以下简称《实施办法》）于 2016 年 10 月 8 日由中共中央办公厅、国务院办公厅印发。这是中央层面出台落实信访工作责任制的第一部党内法规，是信访工作领域落实全面从严治党要求的具体体现，也是严肃信访工作纪律、加强信访工作责任追究的一项重大举措，对压实信访工作责任、推动信访工作科学发展具有十分重要的意义。

一、什么是信访工作责任

马克思说过，"世界上有许多事情必须做，但你不一定喜欢做，这就是责任的涵义"。在任何工作中，责任都是必不可少的硬性约束，如果不确立合理的责任主体，就会造成责任模糊、责任界限不清，出现懈怠、随意、效率低下等问题，最终影响工作效果。责任通常可以分为两个方面：一是指分内应做的事，即职责；二是指因没有履行好职责而应承担的不利后果或强制性义务。

与之相对应，信访工作责任也包括两个层面含义：一是相关法律法规和制度所明确的各级党委、政府及其工作部门、工作人员等责任主体职责；二是责任主体不履行职责、履行职责不到位或违反信访工作法律法规和纪律所应承担的不利后果或强制性义务，概括起来就是"明责"和"追责"。

（一）明责就是明确划分责任，以责任到位推动工作到位

这既是信访工作实践的重要经验，又是落实信访工作责任的重要前提。只有如此，才能建立起责任明晰、权责一致的信访工作责任体系，形成重责任、抓落实的良好氛围，进而有效促进信访工作决策部署的贯彻落实，提高解决信访问题的效率和质量。

长期以来，信访工作责任划分的标准，就是《信访条例》中明确的"信访工作原则"。《信访条例》第 4 条明确提出，"坚持属地管理、分级负责，谁主管、谁负责，依法、及时、就地解决问题与疏导教育相结合"的责任划分

原则。党的十八大以来，以习近平同志为核心的党中央高度重视信访工作，特别是对落实信访工作责任予以强调，提出明确要求。在《关于创新群众工作方法解决信访突出问题的意见》（中办发〔2013〕27号）中明确提出，要严格落实信访工作责任，落实主要领导负总责、分管领导具体负责、其他领导一岗双责，一级抓一级、层层抓落实的领导体制，为解决和化解信访突出问题提供组织保障。

为认真贯彻落实中央关于信访工作的决策部署，国家信访局专门出台了一系列文件，如《关于进一步规范信访事项受理办理程序引导来访人依法逐级走访的办法》、《关于完善信访事项复查复核工作的意见》、《关于进一步加强初信初访办理工作的办法》、《关于进一步加强和规范联合接访工作的意见》等，对各地区各部门如何履行好信访工作的领导责任、属地责任、有权处理信访事项部门责任的内容、方式和程序，各有侧重地进行了界定和明确。

各地区各部门也结合实际出台了一系列专门的制度规定，明确和细化信访工作责任。据初步统计，在《实施办法》出台前，黑龙江、江苏、山东、河南、湖北、湖南、广东、四川、陕西等9个省份，就已经出台了信访工作责任制落实或加强问责工作的相关办法，北京、河北、内蒙古、上海、浙江、福建、重庆、贵州等8个省份，在落实信访工作责任制方面探索形成了一批特色鲜明、务实管用的经验做法。比如，浙江省大力弘扬习近平总书记在浙江工作期间倡导推动的省委书记、省长与各地级市的市委书记、市长签订《信访工作目标管理年度责任书》制度，省、市、县、乡已连续14年层层签订责任书，取得了良好效果。

（二）追责就是追究失责行为，以追责到位推动责任落实到位

通过检验信访工作责任主体的履职情况，对履行职责不到位或者有违反信访工作法律法规和工作纪律行为的，给予法定的处罚，以督促其尽职履责、改正错误，不断改进和完善工作。建立健全信访工作责任追究机制，是信访工作责任体系的重要组成部分，也是确保中央关于信访工作的决策部署和信访工作法规制度得到落实的有力保障。只有让党纪政纪双双发力，才能使各级党员干部特别是领导干部绷紧神经，时刻戒慎警惕，知道有所为有所不为，更好地履行自身职责。

《信访条例》以及2008年中央纪委发布的《关于违反信访工作纪律适用〈中国共产党纪律处分条例〉若干问题的解释》，监察部、人力资源和社会保障部、国家信访局联合发布的《关于违反信访工作纪律政纪处分暂行规定》，都对追究失职失责行为提出了明确要求，强调严格实行信访工作责任追究，对因官僚主义、形式主义、违法行政、侵害群众合法权益引发信访问题，或对群

众反映的信访问题推诿扯皮、敷衍塞责、不认真解决并造成严重后果的，要对有关领导和责任人予以党纪政纪处分，触犯法律的，还要依法追究法律责任，并在一定范围内予以通报。

党的十八大以来，随着"四个全面"战略布局特别是全面从严治党的深入推进，对信访工作失职失责行为的追究力度也在不断加大。在《关于创新群众工作方法解决信访突出问题的意见》中明确提出，要加大问责力度，对损害群众利益、造成信访突出问题的，对群众反映的问题推诿扯皮、不认真解决造成不良影响的，严肃追究责任。在中央精神的引领下，全国各地针对信访工作中存在的失职失责行为，加大责任追究力度，并以此倒逼改进工作。比如，河南省严格按照省委提出的"谁造成问题追究谁、谁不作为追究谁、谁不履行职责追究谁"要求，进行严肃追责，2014 年至 2016 年，先后对 120 个市县给予通报批评，对 116 个县级主要领导或分管领导进行集中约谈，对 15 个县（市、区）实施挂牌整改。河北省印发《县级以上信访工作机构行使"三项建议权"工作规则》，对"三项建议权"的行使原则、适用范围、程序要求等作出具体规定，特别是明确提出，对信访工作中因慵懒散拖、不作为、乱作为等行为引发恶性信访、集体访，造成不良影响的，坚决启动责任倒查，提出追责建议。

二、为什么要出台《实施办法》

做好信访工作，关键是落实责任。出台《实施办法》，是有效预防和减少信访问题发生、解决信访突出问题和化解矛盾纠纷，有力维护群众合法权益、促进社会和谐稳定的迫切需要，是大势所趋、民心所向。突出表现在"四个有"：

（一）中央精神有要求

党的十八大以来，以习近平同志为核心的党中央，坚持党要管党、从严治党，以强烈的历史责任感坚定不移推进全面从严治党，以问责为"利器"，把党风廉政建设和反腐败斗争引向深入，强化问责成为管党治党、治国理政的鲜明特色，深得党心民心。2015 年，党中央新修订了《中国共产党廉洁自律准则》和《中国共产党纪律处分条例》，坚持依规治党与以德治党相结合，坚持高标准与守底线相结合，把纪律和规矩挺在前面，为党员干部树立了标杆、标明了底线。2016 年 7 月，《中国共产党问责条例》正式施行，把问责制度以党内法规的形式固定下来，党内问责工作更加精细化、系统化和法治化，为严肃党内政治生活、净化党内政治生态提供了重要制度保障。信访工作作为党和政府的一项重要工作，也需要树立失责必问、问责必严的鲜明导向，着力构建有权必有责、权责相一致，有责要担当、失责必追究的信访工作责任体系。习近平总书记在对信访工作的重要指示中，强调要强化责任担当，下大气力把信访突出问题处理好，把群众合理合法的利益诉求解决好。《关于创新群众工作方法解决信访突出问题的意见》中也明确提出，要加大问责力度，对损害群众利益、造成信访突出问题的，对群众反映的问题推诿扯皮、不认真解决造成不良影响的，严肃追究责任。这些都清楚地勾画出了中央对落实好信访工作责任的新要求，给我们制定出台《实施办法》发出了动员令。

（二）实际工作有需要

预防和解决信访问题需要进一步压实信访工作责任。从实际情况看，很多信访问题，是由于决策不当、违法行政或违反群众纪律，损害群众利益、伤害群众感情造成的。同时，一些地方和部门对群众合理合法诉求消极应付、推诿扯皮的现象仍时有发生，致使小问题拖成大问题，一般性问题演变成信访突出问题，甚至引发极端事件。特别是在现阶段社会矛盾多发频发的情况下，及时回应和解决群众合理合法诉求，及早消除影响社会和谐稳定的风险隐患尤为重要。为此，必须构建起科学严密的信访工作责任体系，通过严明责任、严肃问责，加大对失职失责行为的追究力度，让各级党政机关及其领导干部、工作人员依法规范履行职责，更好地预防和解决信访问题。

（三）人民群众有期待

现在每年还有几百万的信访量，这说明，人民群众对信访工作是信赖的，在遇到困难时，信访仍是他们愿意选择的一项重要救济渠道，他们迫切希望各级党政机关工作人员认真履行好自身职责，全力推动信访问题的解决和化解。实施办法公布之后，社会各界十分关注、普遍支持、反响热烈。新华网、新浪网等各大网站均有数以千计的跟帖，大多数群众对出台实施办法表示支持。有的认为，这将进一步压实信访工作责任，有助于转变工作作风，有助于督促相关部门切实履行职责，有助于解决群众切身利益问题。有的提出，《实施办法》的出台，必将推动信访工作制度化、法治化、规范化。这也从侧面印证了群众对落实信访工作责任、更好地解决信访问题的期待。

（四）制度优化有空间

一是原有制度需要进一步完善。《信访条例》对责任追究的规定比较原则；《关于违反信访工作纪律适用〈中国共产党纪律处分条例〉若干问题的解释》和《关于违反信访工作纪律政纪处分暂行规定》，随着《中国共产党纪律处分条例》的修订，也需要相应调整。同时，部分地区和部门还未制定有针对性的配套措施，有的虽已制定但缺乏操作性。二是责任内容需要进一步明确。虽然《信访条例》对责任主体的责任作出规定，但部分责任内容还不够全面和细化。三是责任落实需要进一步强化。目前，部分地方和部门监督检查信访工作开展情况、信访工作责任制落实情况等方面还需要进一步加强，相关制度设计还不够完善，影响了工作责任的落实。四是责任追究需要进一步规范。比如，在问责主体上，对失职失责行为的追究主体规定得不够明确，有的甚至缺失；在问责事项上，有的问责事项概念模糊、多个事项内涵外延相互交织，表述不准、内容不聚焦；在问责方式上，现有的党纪处分、政纪处分，以及与诫勉谈话等处理方式，相互混用，运用尺度不一，主观性、随意性较大；在程序执行上，有的地方和部门追责程序相关规定还不健全完善，操作性不强，执行过程中存在失之于宽、失之于软、失之于松的问题。

中央对制定《实施办法》高度重视，将其列入了2016年党内法规制定计划。为做好《实施办法》的研究起草工作，国家信访局在全面总结实践经验、充分听取意见建议的基础上，组织专门力量，起草形成了《实施办法》草案。经中央办公厅、国务院办公厅修改完善并进一步征求各地区各部门党委（党组）意见后，报请中央领导同志同意，以中央办公厅、国务院办公厅名义正式下发。

三、怎样准确理解把握《实施办法》

《实施办法》共5章19条。第一章为总则，共3条，分别明确了目的依据、适用范围和指导思想。第二章为责任内容，共5条，将信访工作责任按照主体划分为领导责任、部门责任、属地责任、信访部门责任和工作人员责任，并对各责任主体责任的内容作出具体规定。第三章为督查考核，共2条，分别对信访工作督查和考核评价作出规定。第四章为责任追究，共6条，明确了信访工作责任追究的情形和方式。第五章为附则，共3条，明确了授权规定、解释单位和施行日期。

（一）关于信访工作的"责任内容"

《实施办法》在第二章中对领导责任、部门责任、属地责任、信访部门责任、信访工作人员责任等五个方面责任作出了明确。这一章是《实施办法》的核心所在。

一是领导责任。实施办法分别从各级党政机关集体责任、领导班子成员责任和各级领导干部个人责任三个维度对领导责任进行界定。在集体责任中，各级党政机关应当重视信访工作，要把信访工作作为党的群众工作的重要组成部分和送上门来的群众工作，把信访工作列入议事日程，定期研究部署，认真组织推动，加大对信访工作的组织保障力度。同时要提高科学民主决策水平，避免因决策失误或决策不当引发社会矛盾，从源头上预防和减少问题发生。在领导班子成员责任中，科学界定了领导班子主要负责人和其他班子成员的责任。领导班子主要负责人负总责，其他成员对职权范围内的信访工作负主要领导责任，体现了"权责对等"精神。在个人责任中，明确要求各级领导干部应当阅批来信、定期接访，加大对疑难复杂信访问题的协调处理力度，推动信访问题得到及时妥善处理。随着大数据时代的到来，网络作用日益凸显。各级领导干部在利用信件、电话、接访等传统手段开展信访工作的同时，也要注重做好网上信访工作，多渠道了解社情民意，倾听群众呼声，及时回应和解决群众诉求。

二是部门责任。《实施办法》既对党政机关工作部门作出规定，也明确了垂直管理部门的相关责任。对信访问题的处理，要根据其性质，属于哪个工作部门职责范围的，就由哪个部门处理，不能推诿、敷衍。对于实行垂直管理的系统，上下级之间是领导关系，上级对下级的人财物均有直接管理职能，可直接纠正下级不当的处理意见，这些部门的信访问题应以部门处理为主，由该部门决定是亲自纠正还是交由下级部门处理。

三是属地责任。《实施办法》对地方党委和政府的信访工作责任作出了源头预防、责任归属、协调督促、教育疏导等四个方面的规定。突出地方党委和政府在处理信访问题中的主导作用，便于信访问题及时就地得到解决。地方各级党委政府直接对当地的经济、社会、文化等各项事务履行管理职责，绝大部分信访问题的发生和解决都属于地方各级党委政府的职权范围，应由地方妥善处理。因此，除垂直管理系统外，信访问题的处理首先要确定由地方党委政府负责，然后是划分层级，明确具体的责任归属。

四是信访部门责任。《实施办法》明确了信访部门对本地区信访工作的协调、指导和监督职责，强化了履行改进工作、完善政策和给予处分建议的责任。同时，为体现了信访工作制度改革的要求和实践成果，要求信访部门依照法定程序和访诉分离的要求受理、交办、转送和督办信访事项，有助于信访部门更好地发挥自身职能作用。

五是信访工作人员责任。信访工作本质上是群众工作，核心是推动解决实际问题、维护群众合法权益。各级党政机关工作人员要带着责任和感情来倾听群众呼声、解决群众反映的实际问题，践行群众路线、遵守群众纪律是做好信访工作的根本所在。在《信访条例》原有提法的基础上，《实施办法》进一步梳理整合并提出了"秉公办事、清正廉洁、保守秘密、热情周到"16个字的要求，涵盖了信访工作的行为规范、职业操守、纪律作风，这是由信访工作的性质所决定的。

控告举报检察实务讲堂

（二）关于落实责任的"方法手段"

《实施办法》中明确将督导检查和考核评价作为推动责任落实的有力手段，以此来推动各级各部门特别是各级领导干部进一步强化信访工作责任意识，更加自觉地做好信访工作。这一章是《实施办法》的亮点所在。

一是督导检查。《实施办法》对信访工作督查的主体、内容、频率和程序作出具体规定。督查工作的主体是各级党政机关，督查内容是本地区、本部门、本系统信访工作开展和责任落实情况，督查频率是每年至少组织开展一次，程序是要将信访工作纳入督查范围，开展专项督查，并在适当范围内通报督查情况。这充分吸收借鉴了近年来开展的统筹实地督查、落实信访工作决策部署联合督察等成功实践，并以法规形式固定下来，有利于更好地通过督查压实信访工作责任，解决工作中存在的问题。需要特别说明的是，这与《信访条例》中规定的信访督办有着本质区别。首先，从主体上，《信访条例》规定的督办主体是信访工作机构，而《实施办法》规定的主体是各级党政机关。其次，从内容上，《信访条例》规定的督办对象是具体信访事项，而《实施办法》规定督查的内容是信访工作开展和责任落实情况。

二是考核评价。《实施办法》从信访工作考核评价总体要求、组织部门考察、全国信访工作年度考核三个层面作出规定。在总体要求上，完善了信访工作考核评价制度，规定各级党政机关应当定期对本地区、本部门、本系统信访工作情况进行考核，考核结果作为对领导班子和领导干部综合考评的重要参考。突出强调"以依法、及时、就地解决信访问题为导向"，主要是引导各级党政机关把工作着力点放在解决问题、化解矛盾上。明确提出"制定科学合理的考核评价标准和指标体系"，主要是要求考核评价工作要综合考虑经济社会发展情况、人口数量、地域特点、诉求构成、解决问题的质量和效率等因素，合理设置考核项目和指标，做到有的放矢、针对性强，更好地发挥考核的"指挥棒"作用。在组织部门考察上，要求各级组织人事部门在干部考察工作中，应当听取信访部门意见，了解掌握领导干部履行信访工作职责情况。这有利于各级组织人事部门充分利用信访渠道了解掌握各级领导干部情况，也能够督促各级领导干部重视信访工作、认真履行信访工作职责、贴近群众服务群众，切实维护好人民群众的切身利益。在全国信访工作年度考核上，主要是在系统总结党的十八大以来，国家信访局对全国各省（区、市）信访考核工作情况的基础上，将相关成功经验制度化，以此来总结成绩、查找不足，指导和推动全国的信访工作。

（三）关于信访工作的"失责追究"

《实施办法》严格按照《中国共产党纪律处分条例》、《中国共产党问责条例》的要求，对问责情形、主体、方式和程序作出明确规定。这一章是《实施办法》的关键所在。

一是追责情形。当前信访工作失职失责行为，主要集中在违反科学民主决策、群众纪律、信访工作程序，以及对集体访或者负面舆情处置不当、落实信访部门相关建议不力等方面。据此，在梳理整合《信访条例》、《关于违反信访工作纪律适用〈中国共产党纪律处分条例〉若干问题的解释》、《关于违反信访工作纪律处分暂行规定》等相关规定基础上，《实施办法》提出了应当追责的6种情形。对在其他法律法规中已经明确处理办法和程序的其他问题，以及涉及行政问责、涉嫌违法犯罪的不再重复规定。为体现"问责既要对事，也要对人"的要求，《实施办法》进一步明确了责任划分原则。对集体责任，分清领导班子主要负责人、直接主管负责人和班子其他成员的责任；对个人责任，分清直接责任人和相关领导责任，体现了"权责对等"精神。

二是追责主体和方式。《实施办法》明确了由有管理权限的党政机关作为追责主体处理失职失责行为。在追责方式上，考虑到现有各类问责追责规定中，共有14种追责方式，包括批评教育、作出书面检查、给予通报批评、公开道歉、诫勉谈话、组织处理、调离岗位、停职检查、引咎辞职、辞职、免职、降职、党纪军纪政纪处分、移送司法机关依法处理等。在《中国共产党问责条例》中将这些方式规范为，对党组织的检查、通报、改组3种方式，对党的领导干部的通报、诫勉、组织调整或者组织处理、纪律处分4种方式。为确保信访工作责任落实到人，《实施办法》将追责方式确定为通报、诫勉、组织调整或者组织处理、纪律处分。这些方式均在党内法规中有明确规定、在实践中经常使用。其中，诫勉既包括谈话诫勉，也包括书面诫勉；组织调整或者组织处理包括停职检查、调整职务、责令辞职、降职免职等。规定追责方式可以单独使用，也可以合并使用，主要考虑到，在实践中，有时候要进行组织处理，也要给予纪律处分，这时就要将两种方式合并使用。

三是追责方式的确定。《实施办法》提出，按照问题性质或逐级递进的方式确定追责方式，即根据问题程度确定依据何种方式进行追责，或已采用相关追责方式进行追责，但未取得效果的，将采取更为严肃的追责方式。这样既有利于加大追责力度，也有利于推动问题解决，"惩前毖后、治病救人"。通报追责是《实施办法》追责方式的最低层级，针对的是情节较轻的信访工作失职失责行为。追责过程中，信访部门应当充分行使给予处分的建议权，向上级党政机关提出给予相关责任人通报的建议。诫勉追责较之通报追责，主要为惩戒情节较为严重、性质较为恶劣的信访工作失职失责行为。《实施办法》明确提出了对受到诫勉方式追责的相关责任人，取消所在地区、部门和单位本年度评选综合性荣誉称号资格，使各级党政机关工作人员特别是领导干部，在处理信访事项、开展信访工作中时刻以严的纪律要求约束，以严的纪律标尺衡量，切实承担起自身职责。采取组织调整或组织处理和纪律处分追责的行为，无论是问题程度，还是问题性质，都是极其严重和恶劣的，应当由有管理权限的党政机关对相关责任人采取停职检查、调整职务、责令辞职、降职、免职或党纪政纪处分等措施。同时考虑到各地区各部门情况千差万别，具体追责程序不尽相同，《实施办法》对追责方式的确定和运用提出了较为原则的规定，对具体程序的启动、开展、终结、后续评价等工作未作详细阐述。在实际操作中，还需要各地区各部门结合自身情况进行细化和明确。

（四）需要特别说明的问题

一是追究范围。《实施办法》中关于责任追究的规定，包括了从产生问题的源头预防、信访事项的受理办理、工作作风和负面舆情处置等各环节各方面，是一个环环相扣的责任追究链条，并不单指对问题发生后的追责，也就是说一旦发生失职失责行为，既要对解决问题不力的进行追责，也要倒查责任，对源头预防不力的进行追责。

二是授权规定。《实施办法》提出了原则性、方向性要求，为各级党政机关结合实际贯彻执行留下空间，体现了求真务实的科学态度。只有把中央精神同本地区本部门本系统的实际紧密联系起来，制定针对性强、便于操作的实施细则，把责任进一步明确，把问责的事项、方式、程序更加具体化，才能推动信访工作责任制进一步落实落地。

三是法规效力。《实施办法》是信访工作领域关于责任落实和追究的基础性党内法规，系统整合但不替代此前发布的其他有关信访工作责任制的党内法规和规范性文件。其他有关规定与本办法不一致的，按照本办法执行，这是由《实施办法》在信访工作党内法规中的地位决定的，也是《中国共产党党内法规制定条例》的明确规定。

四、如何贯彻落实好《实施办法》

习近平总书记强调，法规制度的生命力在于执行。因此，运用好《实施办法》这把"利器"，就是要强化执行力，直指压力传导不下去这个突出问题，让信访工作追责严起来实起来，切不能让"制度空转"，尤其要防止好人主义、关门主义暗行，搞"家丑不外扬"、"大事化小、小事化了"。

《实施办法》出台后，国家信访局采取一系列有针对性措施推动贯彻落实。通过采取宣讲解读、座谈交流、以案释法等多种方式，加大宣传力度。指导各地各有关部门制定实施细则，强化措施办法，推动形成上下贯通、有机衔接、层层落实的信访工作责任体系。对因决策不当、不作为、乱作为，损害群众利益，导致问题多发、矛盾激化的，严格按照有关规定，向有管理权限的党组织提出追究相关责任人责任的建议。建立健全失职失责典型问题通报制度，对失职失责行为和相关责任人给予公开曝光。

为了更好地把《实施办法》落实到位，进一步压实信访工作责任，各地区各部门要着力抓好以下三个方面工作：

（一）注重培训宣传

加大教育培训力度，引导各级各部门深入学习《实施办法》，确保把准相关精神、吃透精髓要义。进一步扩大宣传，充分发挥电视、网络等大众传媒和微信、微博等新媒体平台的优势，因地制宜谋划宣传形式，加大对落实信访工作责任制、压实信访工作责任的宣传力度，真正发挥宣传功效，用通俗易懂的宣传形式、宣传语言让《实施办法》深入人心，让基层每一名党员干部熟悉《实施办法》，真正从思想上高度重视、在认知上高度熟悉，真正唤醒每名党员干部特别是领导干部的责任意识，努力营造学习好、宣传好、贯彻好、执行好《实施办法》的浓厚氛围。

（二）加强督导检查

建立常态化的督查机制，用督查传递压力，用压力推动落实。通过专项督查、重点督查、联合督查等方式，加大对信访工作责任制落实情况的督导检查，重点检查是否认真学习、自觉遵守，是否有贯彻落实的具体要求和措施，是否按照《实施办法》的原则、标准和程序开展追责工作，是否体现了全面从严治党的要求，从中及时发现问题，提出改进工作的意见建议。

（三）总结推广经验

毛泽东同志曾指出，典型本身就是一种政治力量。在落实《实施办法》中，注重发挥正面典型的引导作用和反面典型的警示作用。通过正面典型，为广大党员干部做示范、立榜样、明导向；通过反面典型，让广大党员干部知敬畏、明底线、受警醒，真正做到心有所畏、言有所戒、行有所止。以正面典型为标杆，积极发现、深入挖掘信访队伍中、信访干部身边的先进模范，广泛宣传埋头苦干、开拓创新的优秀人物及事迹，大力倡导讲责任、讲担当的良好风气，积极营造崇尚担当、敬重担当的生动局面，真正使尽职履责、敢于担当成为党员领导干部的自觉追求，使勇担当、敢作为在干部队伍中形成风尚。以反面典型为明鉴，一方面，坚持有错必纠、有责必问，加大对信访工作失职失责行为的追究力度，让那些我行我素、依然故我的人付出代价，达到追责一个、警醒一片的综合效应；另一方面，建立健全失职失责典型问题通报制度，对失职失责行为和相关责任人给予公开实名曝光，也有利于其他同志以此为鉴，避免同类问题再次发生。

　　做好信访工作是各地区各部门的共同责任。我们坚信，在以习近平同志为核心的党中央坚强领导下，有《实施办法》这部党内法规的有力支撑和保障，有各地区各部门的共识共为和广大信访干部的不懈努力，信访工作责任一定能够得到层层落实，信访工作一定会越做越好，为维护人民群众合法权益、促进社会和谐稳定作出新的更大贡献。

专题十二　社会安全事件的应对与处置

李雪峰[*]

一、引言：危机的挑战

（一）相关概念

1. 突发事件

什么叫突发事件？2007 年《中华人民共和国突发事件应对法》规定了四类突发事件：第一类自然灾害；第二类事故灾难；第三类公共卫生事件；第四类社会安全事件。

第一，自然灾害。在我们中国自然灾害咱们叫做多发频发，中国每年有两到三亿人会受到自然灾害的直接和间接影响。所以我们国家多灾多难。

第二，事故灾难。我们叫形势严峻，为什么形势严峻，如我们每年因车祸死亡就有数万人，保守统计近 6 万人，所以世界上最惨烈的战争事实上发生在中国，每天都在发生，就是马路上的战争，每年死亡数万人，哪场战争能有这个战争惨烈。这就是事故灾难。

第三，公共卫生事件。现在大家比较关注的是食品安全，这广义上也属于公共卫生事件。食品安全事件层出不穷，例如几十年前有猪肉叫"僵尸肉"，僵尸肉到底是一个舆论炒作，还是一个真正食品安全的危机事件，现在还没有定论，但是它一定会有负面影响。

第四类，社会安全事件。这是我们公安政法领域工作的主题，是突发事件。

2. 应急处置

什么是应急处置？突发事件应对法关于突发事件应急管理有四个环节的说法：

第一个环节，预防与应急准备。让这个事不发生，我们为它的发生做准备，大家制定应急预案，这就是应急准备工作。

---

[*] 国家行政学院应急管理教研部教授、博士生导师。

第二个环节，监测和预警。出事之前要预警，提前做好准备。

第三个环节，应急处置与救援。就是本课程要讲的应急处置。

第四个环节，事后恢复与重建。

本课程题目通常可以加一个副标题叫"提升应急领导力"。我们是这样理解的，突发事件应对靠两手，两手都要硬，一手就是法律法规，应急预案，标准化操作流程，这些硬的东西，制度化的东西，必不可少；另外一手就是靠人的能力，应急处置者的能力。例如，现在突发地震了，作为应急领导，你是号召大家赶快跑还是号召大家藏在桌子底下？领导力的高下就显现出来了。

例如四川汶川地震，当时有一个乐观的女孩，她在两个桌子的夹缝中间待了80个小时获救了，她不仅很快做出决定在两个桌子夹缝中间没有跑，蹲下了，而且上边的预制板掉下来、周边的墙倒下来之后，她还快速用碎砖块把这个桌子给加固了，她怕桌子腿顶不住预制板，在下面垫砖头把这个桌子垫得很牢固。80个小时后，超过了黄金72小时，她获救了。她不仅思路清楚，而且方法得当。她还有一个坚定的信念，不断鼓励自己，"我不能够死，因为我妈妈等我呢，一定会有人救我"。所以别的同学被卡住，晕了，她唱歌鼓励那些同学。那个"可乐男孩"被锯掉一只胳膊，之所以能活下来，跟这个女同学关系很大。她唱歌鼓励他，说"你不能睡过去，你睡过去就死过去了，我给你唱歌"。

所以在任何时候，人的主观能动性都是重要的。哪怕你就是一个人，也要把自己领导好。所以应急领导意味着要在关键时刻发挥主观能动性，意味着要创造性地开展工作。

（二）突发事件的特点

1. 危害性

我们首先把"危机"这两个词给拆一下。"危"，我们解释叫做危害性，就是突发事件往往是危机。危害性，什么危害啊？那是对人民生命财产的威胁和损害，也是对我们党委政府声誉可能带来的危害，甚至对于领导者个人职业生涯的危害、对环境的危害、对国家安全的危害。所以危害性也是很广泛的，方方面面的危害都有可能发生，所以现在说咱们检察机关，突发事件有什么可应对的？跟我们有什么关系？现在搞不好一个网上传闻，就成了一个网络危机事件，它可能就给我们的声誉造成危害，给我们的工作带来干扰，这就是危害性。

2. 紧迫性

"机"，我们转化解释一下，"机"不是危机来了就有机会的意思，哪有那么简单的事？处理不好的比比皆是。我们可以说解决问题的机会窗口很短，所以什么叫机？大家注意，我们中国人说时机，可能就是那么几天，具有紧迫性。任何事的机都是很短暂的一个窗口。例如我们同事犯错误了，那我作为领导要批评，咱们现在好面子，批评伤感情，批评的"机"在哪里？咱们现在叫做一分钟批评。这事做错了，立刻简短把他的问题点出来，点完就完事了。这种批评最有效，不伤感情，你要说过了三天你再批评，批评的时机就过了。所以突发事件体现紧迫性，时机很重要。

3. 不确定性

把危加个言字旁就叫"诡"，诡异，代表不确定性。这是危机领导情境跟我们日常领导情境最大的一个区别。所以一定是某个策略就好吗？这事真难说。我们问美国一个资深的老消防专家（他一辈子都在组织各种各样的救援）："你是怎么样确保你的决策正确的？"老专家笑了，说："我的决策80%都在拍脑袋，根据经验，根据直觉，我就拍板做了，必须行动起来。"什么意思？如果背后有着更多的不确定性，没有想到的东西，那可能这个决策就是错误，甚至极大的错误。"9·11"事件死亡多少人？将近3000人，其中消防队员有三四百人都牺牲在里面，这就是危机的不确定性造成的。纽约市消防局把这个世贸大楼灾难理解成一般的火灾，就命令上去灭火，上去救人，所以消防队员就往上冲。其实它是一个非常规突发事件，当时只有一个单位对这个事最清楚，就是纽约市警察局。警察局有警用直升机，他们在天上一看，有个判断，认为这个大楼很可能保不住了，因为烧了那么大一个洞，有点摇摇欲坠的感觉。上面还很沉，说明可能会坍塌，但是由于部门之间的信息沟通不是很顺畅，警察局的判断和观察消防局不知道，所以很多消防队员都死在里面，这就是不确定性造成的。也说明任何突发事件的处置都有相当的风险。

4. 开放性

我们现代社会是一个全球开放的社会，突发事件也具有开放性。例如有个"人民公仆网"，这个网的老板其实就一个人，姓赵。这位赵先生很厉害，他把重庆雷政富的性爱光碟拿到后就给雷政富打电话，说这个光碟是不是你？雷政富说这是我，你要多少钱，30万元还是60万元？他说"我一分钱都不要，我希望你赶快跟政府自首，否则的话我在网上给你曝光"。雷政富当然就反复做工作。这位赵先生有一股正气，他说"我扳倒一个腐败分子，那我就是为中国人民做了一件好事"。到了他规定的最后时限，雷政富还没有去自首，他就在星期五的下午4点多钟，一个回车键，这个视频就上了网了。上网的同时，这个视频就在全球200多个数据库、工作站存下来了，因为他跟全球许许多多网站都有合作关系。

所以他一旦发到网上，谁也删不掉，因为你没有办法让全球的网络瘫痪。

所以没有办法，这就是典型的开放性。

因此，从突发事件上面的几个特点来看，它是触目惊心的。

有的同志成功在于看到了它的危害性，抓住了它的紧迫性，在不确定性面前敢于负起责任，他们也深刻理解了这个事件的开放性，你不赶快说话马上就有各种言论、舆论出来了。这就是突发事件。

突发事件是不是能处理得好，往往有许多制约条件。比如制度上的制约、领导者自身因素的制约、文化上的制约、信息制约、资源制约，等等。我们该怎么办？突发事件危机本身的挑战是客观存在的，谁遇到谁就得面对这几个特点；处置条件的挑战在一定意义上也是不可更改的。我们唯一可靠的就是改变我们自己，提升主体能力，所以本课程要落在提升能力上。

二、提升形势研判的洞察力

下面我们交流一下上海外滩踩踏事件，这是个引人注目社会安全事件。其之所以引人注目，我们之所以要研究，我想有这样一个背景，就是上海是我们中国最洋气的城市，是我们中国公共管理水平最高的城市，是曾经办过举世瞩目的世博会的城市，它应该经验丰富，领导力极强、极高，但为什么还发生了踩踏事件呢？

有人说是台阶问题。我们有没有上海来的同志，上海来的同志优先发言，这个事为什么发生？

学员：2012 年我去过，当时，人还没有现在这么多，但是我们亲身感受过混乱的时刻。我们开始是靠着栏杆的，然后越来越多的人相拥挤，根本没有办法通行，到最后 4D 灯光秀结束的时候，我们想走，却完全不知道要往哪边走，因为没有疏散的地方。当时是我们有 6 个同学一起去的，全部被冲散了，只能通过电话，约定在某个地方集合。

我觉得这可能在警力的布置上存在一个问题，而且也不知道外滩跟外滩源的区别在哪里。正如视频当中说到的，如果地点变更的话，至少应该提前通知。我们虽然看到说是在外滩源举办灯光秀，但其实大家想到的还是外滩，因为连着三届举办都在外滩。

李雪峰：好，谢谢，重要的补充。我想这个事件，现在有两点是清楚的：从过去三年举办的经验来看，这个活动参与的人越来越多，风险隐患就会多很多，黄浦区政府是清楚地认识到这一点的，所以换地方。第二点，看来也是清楚的，事前沟通很不到位，区政府在 30 日那一天还发了一个影响很小的发布会，但之后就再没有其他强有力的办法跟公众沟通。这也是一个问题。

下面我们聚焦到 31 日晚上。晚上 8 点就 10 多万人了，8 点到 9 点 20 多万人，最后到了 11 点 30 分，是 31 万人，差不多到峰值了。在整个过程当中，黄浦区公安分局值班的副局长其实一直在指挥中心看这个监控视频，看这个探头反馈回来的信息。他那边为什么没有及时主动地采取措施呢？我们还有了解这个事情的同志吗？你怎么看。

学员：我觉得一个区公安分局，也没有那么多的警力。

李雪峰：还可能有什么原因？这件事为什么那天晚上地方政府没有采取有效措施，公安分局没有采取有效措施？

学员：刚刚那个同学说的警力肯定是一方面的原因，但是好像之前报道是说市公安局有问他们需不需要增派警力，他们是说不需要的。我想这方面，他们的预判也有问题。其实在上海的很多人应该都参加过这个活动，我也是跟上海的同事一样，是参加过的，就有感受。非常多的人，警力应该是要很多。

李雪峰：头一年是 3000 人，第二年是 500 人，广场上只有百十人，是这样一个情况。我们再稍稍补充一些信息，当时的上海市公安局值班副局长的确是很有经验。他到七八点钟的时候，他跟黄浦区公安分局在连线，他就提出要求，说你们要每半小时报一下情况，如果你们需要警力增援，就要尽快提出。甚至到晚上 10 点多的时候，还建议他们考虑，是不是要采取交通疏导、交通管制的措施。后来黄浦区公安分局局长说不要采取任何措施，因为一旦采取一些措施之后，公众就会有反弹、会有恐慌，总之是不好。

对于每半小时报一次情况的要求，后来记录证明没有按时报。突发事件应对，讲究要迅速报告、及时报告，这些都没有做到。是否要增加警力，他最后也没有提出要求增加警力，后来是市公安局独立做出决定，派 500 警力赶赴现场。还没到呢就出事了，就这样一个情况。同学们能不能推测一下，这件事还有什么原因？

学员：我认为分局值班的领导，他主观上安全意识比较薄弱。

李雪峰：主观上安全意识比较薄弱，肯定有这个原因，除了客观上警力问题，主观上安全意识薄弱。还有什么？

学员：据说当晚黄浦区的领导都到会所吃饭去了。

李雪峰：黄浦区的领导，区长、书记公款请客吃饭，违反八项规定，所以他们都被撤职了。当然被撤职的有的很冤，比如说市公安局那个副局长，说他领导指挥不力，其实他做了很大努力，一直在问，一直在提要求，也主动派警力了，但是毕竟那件事发生了。

还有什么原因？那我们再分析一下客观原因还有什么？有一种说法说如果一平方米站的人超过 7 个人，就非常危险了，但这仅仅是研究报告里面讲的。我们需要形势研判，人员密集程度到一个什么程度，就要采取什么样的预警处

控告举报检察实务讲堂

置措施。他们对此应该不是特别清晰，所以制度还是有缺陷的。可以说技术上也有问题。如果我们的技术发达到一定程度，比如摄像探头不仅有模拟信号，还能自动识别出来，算出来现场到底总数有多少，单位面积的密度有多少，跟有关的危险等级相比较，现在是一个什么危险等级，那结果可能又不一样了。

此外，内因也很重要。刚才大家说到了，可能值班领导安全意识还不够强，我们准确地说是敏感性还不够。除此之外，他心理上会不会有什么误区，他会怎么想，为什么总是按兵不动？侥幸心理！

大家注意侥幸心理，这个词我们大家都知道，但是其实我们很多人，比如我就有侥幸心理，比方说开车的时候，有点危险，擦边球我愿意去试，侥幸心理。那可能小事侥幸就侥幸了，有点危险你也知道最后后果也没多大。但这是成千上万的公众在广场上，到底该怎么办？所以显然是侥幸心理在起作用。

为什么有侥幸心理？以前没发生过这种事情。你想过去三年不也那么挤嘛，也没有发生什么真正的公共安全事件，所以大家挤吧，你们不怕难受你们就挤，总之我知道只要熬过 12 点钟，这个问题就缓解了，灯光秀完了，自然而然人就越来越少。所以我们就熬着，有的时候很难受，难受的时候怎么办，我就不做决定，我就挺着，这可能是黄浦区公安分局有关领导的一个心态的写照。

侥幸心理是因为背后的经验在起作用，这个经验也可以是前面我们讲的知识上的局限，直接经验、知识上的局限。据说黄浦区值班的这个副区长，他的确没有在这个岗位上工作的经验，他是刚刚提拔上来的。

看看还有什么原因吗？前面我还讲到技能，从领导者的能力来讲，可能还是有问题的。比如说上级领导要求了什么，那你要执行，你要严格地执行，让你去研判，你就要去研判，让你去报告你就得报告，上级领导建议你要采取交通管制措施，你还不认真考虑一下？把上级领导都否了，这里面过于自信。

通过这个事件，我们的确可以有许许多多的教训值得去考虑、去分析。通过这件事我想跟大家重点交流一下形势研判的问题。

什么是形势研判？形势研判就是对突发事件形势做出研究和判断。大家注意这个研究和判断，你把研判一拆开我们就能够感觉到它的味道了，什么叫研究？研究就是要收集数据，在一定的理论支撑、方法支撑之下分析数据，得出结论。结论接受了就是做出判断了，所以研究和判断，这个研究是一种态度，是一种方法，是一种逻辑。研究要获取信息，加工信息，对形势做出判断，判断完了反馈的信息还要进一步加入到新一轮的形势研判的流程里面来，这就是研判。

黄浦区公安分局 ，在信息获取中，是不是把摄像头发过来的信息认真、仔细地看了，看看现场那些人什么表情，感受一下是什么样的态势？因此对信息要加工，要把问题排排队，要判断。

刚才大家说侥幸心理，是因为过去没发生过，过去的经验影响。怎么办？大家说提高领导力挺难，所以我们从思想根源入手。研判形势，我们要学习纵横家，古代纵横家，合纵连横，纵横家的老师就是鬼谷子，鬼谷子从管子那里学了一段话，他又说了一遍，我觉得就是根本指导思想，怎么研判形势，怎么把形势看透。按鬼谷子的话说："以天下之目视，则无不见；以天下之耳听，则无不闻；以天下之心虑，则无不知。"什么意思？用天下人的眼睛看，你才能把事情看清楚；用天下人的耳朵听，你才能听全；用天下人的心来考虑，你才能够把握真相。

我们黄浦区公安分局领导，我想他们为人民服务之心，一般来讲没有问题，但那天晚上是胸怀天下之心吗？是真正从公众安全的角度考虑问题吗？他还是不愿意多事。形势判断、及时报告、改变这个现场警力布局、请求增援，都是麻烦事。用自己的心来考虑问题，今天晚上值班熬过去就算了，这就是心的差别。

天下之目是什么，居高临下地看，站在月球上看地球，这就是我们讲的天下之目。例如，我们现在地方政府都知道，出现突发事件，尤其网络突发事件，赶快跟网络大 V 联系，要给他解释这次事件是怎么回事，让他知道真相，让他真正发挥正能量。这就是天下之目。

天下之耳听，是用天下人的耳朵听。爱听的不爱听的，是不是都听到了，说出来的和没说出来的，是不是都听到了。邹忌问吾与城北徐公孰美。问访客，客人来了都说徐公哪儿有你美，你最美；问他妻子，妻子说你最美；问他小妾，小妾也说你最美；自己赶快照镜子一看，还是不如徐公美。为什么？客有求于我也，因为朋友来了是求他办事的；吾妻爱我也，妻子爱他；吾妾惧我也，小妾害怕他。所以他们都说我美，这就是现实。我们讲以天下之耳听，要多包容非常之难。

我们演绎一下，提出四条策略供大家参考。

第一，以天下之心虑，校正心态。一要校正心理姿态。我到底站在一个多高的位置上，高姿态还是低姿态。站得更高，我们说不是用自己的小心眼考虑问题，是用胸怀天下之心考虑问题，那可能会更加冷静、沉静。二要校正心理温度。什么叫温度，让自己平静下来。心怦怦乱跳，脸红脖子粗，那个时候能把问题看清楚吗？不可能，所以要调整心理姿态和状态，以天下之心虑。例如，作为领导者，要把自己和自己的职位区分开。别人奉承的不是你自己，而是你的职位，所以你人走茶凉，一退休，一转岗位人家就不理你了，你别有落差。他当初奉承的也不是你本人，是因为你在那个岗位上。他实际上还是在你角色那个点上的，不是你人格的问题。你把这两个分开了，也就释然了。这就是以天下之心虑。

第二，以天下之耳听，虚心获取信息。要全面地听，确保信息的量；要听真相，确保信息的质。说出来没说出来的都要听到。中国人不是含蓄嘛，含蓄就有很多话外之音，话外之音要听，大家是用嘴说还是用心说，大家的批评是真批评还是假批评。突发事件来临也是这样，头脑清楚了，就要尽可能地获得真相。

第三，以天下之目视，信息加工。要看整体，看走势，天下之目就是要有一个获得整体地图的感觉，总体上是一个什么样的图景。你要推动改革，有人支持，有人反对，那你要看看支持和反对的版图，总体上是什么样的，下一步会怎么样，还要看走势。外滩到了晚上 8 点多钟，已经有十几万人，现场指挥官应该有一个明确的意识，再过一小时，人员不翻番也差不多，那时候会怎么样，会不会像去年那样 30 万人？推测要有前瞻性，这是我们讲的以天下之目视。

第四，以天下之智思，形势判断。这里面要集中大家的智能，集体决策，科学决策，听听专家组的意见，听听公关专家的意见。还有一个就是广用多元智能，形象思维，抽象思维，逻辑思维，这些不同的思考方式都要用一下，你感受一下，现场是个什么温度，是一百多度要沸腾，还是一千多度要爆炸，所以我们都要好好地去琢磨、去体会，才有可能把握问题的实质。

这就是我们讲的形势研判，是突发事件应对第一个逻辑环节。

三、提升应急决策的判断力

2009 年 7 月，吉林省国资委决定由民营企业建龙集团对通钢集团进行控股经营。7 月 23 日晚，通钢家属区出现煽动第二天到通钢明珠广场聚集的小字报。

19 时 35 分，副省长王祖继在通钢主持召开通钢维稳工作协调会，对可能出现的情况进行了有针对性的安排部署。会议决定，通化市公安局和通钢集团连夜对小字报进行清理，对张贴小字报人员进行掌控或训诫；对二道江区（通钢所在地）范围内的打字社、复印社、印刷厂进行排查；对于打印、复印、印刷上访材料、传单、横幅的人员进行制止和训诫，并收缴相关材料及物品。

结果怎么样？7 月 24 日早晨 8 点钟，8 点上班，集团办公楼前就出现了"建龙滚出通钢"的标语。8 点半多，现场人员就有 400 多人，然后 9 点到 10

点，由于高炉运输的铁轨被人家堵塞了，所以 1 到 6 号高炉休风停工。大家注意，在此之前还发生了一些事情，比如说上午 8 点半就开始召开座谈会，退休职工座谈会、在职职工座谈会，名义上是座谈会，实际上就是宣布会。有老同志就问，这么大的事，为什么不通过职代会，领导解释说按照有关法规，可以不通过职代会，所以就没通过职代会。里面就争吵，然后外面就聚集。

到 9 点、10 点的时候，6 个高炉休风，这是个什么信号。大家注意，钢厂生产铁水的高炉是一个关键环节，没有铁就没有钢，没有钢就没有钢材。休风是什么意思，高炉本来是 24 小时连续作业，原料运不进去，高炉就停止工作了，这个非常可怕，只有大修的时候才休风，所以 6 个高炉休风。全厂一共 7 个高炉，到上午 10 点钟的时候，生产就基本瘫痪了。

所以这时候我们领导该怎么办？改制要不要继续？这就是考验领导了。再接下来，10 点多的时候，建龙集团新任命的通钢总经理陈某某就被人们找到围攻了。陈某某本来到焦化厂那儿做现场一些人员的工作，也到厂里面宣布这个分厂有关干部任命这些事项，结果就被人家堵在里面了。

陈某某是私企的职业经理人，从专业的角度，从管理专业的角度还是很优秀的，过去几年推现代企业管理，很有两下子。但是这个人比较骄傲，所以他当时在现场说过这样的话，"你们都回到岗位上工作，否则的话，将来饶不了你们"，这就对立了。10 点多钟就被围了，12 点钟陈某某打电话说我现在非常危险，生命危急。他躲到了一个地方。他说我非常危险，请求尽快解救。副省长要求公安部门全力解救，所以后来是咱们的消防战士把消防车吊臂往前伸，希望能够接近陈某某，从二楼顶上把他弄出来，这个也没成功。

然后咱们的武警战士，拿着盾牌往前冲。这边工人就扔石头块、钢筋这些东西，也没有把他抢出来。12 点多钟第一波，下午 2 点多钟第二波，都没有营救出来。到了下午 3 点，最后一个高炉休风，停工了，全厂就意味着生产陷入停顿。

这中间还有一些故事。比如到了 12 点的时候开始吃午饭了，通钢那一天也没有人下命令，也没有人安排，但是所有的职工食堂都不要饭票了，敞开供应，随便吃，随便喝。不管你是厂内的还是厂外的，在职的还是退休的，所有人随便吃，厂里面很热闹。

大家可以猜一猜，我们领导做了什么，后来会做什么决策，大胆猜一猜。

学员： 您指的是副省长吗？

李雪峰： 副省长吧，就是这个事怎么收场。

学员： 我觉得首先要先控制这些人群吧，然后解救陈某某。

李雪峰： 还得采取什么办法？咱们推测一下，还得采取什么办法，或者是应该采取什么办法？

　　学员：我觉得应该选一些"卧底"到他们群众中间去做分化瓦解工作。

　　李雪峰：做点分化瓦解工作，这个很有必要，刑侦大队长就应该干这个活。

　　学员：我觉得首先领导要到现场去，因为这个时候其实就是一个对立的关系，如果没有一个中立的第三方到现场，群众肯定不会相信对方的言论。

　　李雪峰：领导到现场。还有什么办法？这个改制还要不要继续进行，暂停会怎么样，人员就会散去吗？

　　学员：如果是暂停，工人的情绪会缓解。

　　李雪峰：还会发生什么情况，大家往下再看一看。下午4点通钢党委副书记坐着警车来到人员最多的现场，然后就说我们暂缓与建龙集团的合作，发出了通知。这个通知出来之后，人们扔砖头，扔石块，警车被砸。人们喊，骗人，暂缓之后还是要继续执行。所以这个决策没有发挥作用，大家看为什么是党委副书记出来宣布？党委书记哪去了？党委书记叫安凤成，这位老同志很有两下子，他是全国人大代表，他在此前几天已经公开宣布不合作，他说我辞去董事长，我不再任领导，我不合作，不干了，他在省里面就这样表态了。这就是个严重的信号。当地工人就讲，你看老安都发火了，都不干了。

　　又过了一个多小时，省国资委主任就出面了。他说报省政府批准，国资委终止建龙集团重组并控股通钢集团的决议。就是决议终止，也就是终止合作。终止怎么样，大家同意没有？人们依然没有散去。所以从16点到17点多，决定就变两回了，先是暂缓，后是终止。

　　后来到了19点56分，终止的通知，红头文件大量印出来，现场分发。然后这里面最给力的就是广播——通钢电视台和电台现场广播。广播中说："根据广大职工愿望，经省政府研究决定，建龙将永不参与通钢重组。"永不之后通钢聚集人员就散去了，放心了。"永不参与"这个词组起了关键作用。

　　所以我们地方政府决策是作了三次：下午4点是暂缓，5点多是终止，到了7点多是永不参与。最后事件就落幕了。大家怎么看这个决策，决定。

　　学员：我觉得一开始决策就不应该反复变化，一开始就应该拿出魄力，因为他知道职工的诉求就是不希望他们参股或者合并。如果说一开始就做永不参与的决策的话，这个事件会好一点。

　　李雪峰：一开始就做出永不参与较好，尽管退了一步，但是没有那么太丢脸，关键是陈某某的命就丢不了了。毕竟是一个职业经理人，又不是一个大坏蛋。

　　咱们前面说过一些内因、外因，其实都是有关联的。就外因而言，制度上

控告举报检察实务讲堂

可能是有缺陷的，前面说到按照有关法规，可以不通过职代会，但这涉及成千上万职工的利益。通钢工厂里面的工人，一辈子就是工厂的人。通化市，特别是二道江区，有了通钢才有了这个区，人们都在一个锅里面生活。如果他的岗位没了，他不知道该干什么。企业一改革，把他们的生存条件剥夺了，通钢的人显然不会干。再说内因，显然也发挥了重要的作用，比如说作为领导者，在应急处置时，有没有以人为本的思想意识，是否存在侥幸心理，知识经验是否欠缺，领导技巧是否得当等等，都值得去分析。

接着跟大家交流一下提升应急决策的决断力。首先咱们说什么是应急决策？应急决策是划界危机的行动策略的抉择，大家注意"抉择"这两个字，什么叫抉择？那是艰难的选择！不要以为出现突发事件就一定会化危为机，哪有那么简单？首先要认账，这是第一步，不认账就没法下台阶，但是一些领导者做决策太难了。

关于决策这件事，想跟大家交流兵家谋略之道。没有什么决策比用兵打仗这个决策更加考验人，《孙子兵法》有很多很好的思想，都很有价值，我这里面先说一些思想，后面咱们再说决策上怎么用。比如兵法上的决策，中国人的兵法之所以流传世界，是因为其不仅仅讲用兵，首先讲政治。《孙子兵法》说："兵者，国之大事也，死生之地，存亡之道，不可不察也。"这是兵法第一句话，说的什么意思？用兵打仗是国家的大事，关乎死生，你要特别慎重。那怎么办？所以第一篇叫计篇，计谋篇，怎么来定计。五件事，道天地将法。道是第一条，所谓道者，令民与上同意也。说道就是要让老百姓跟统治者能够同仇敌忾，要统一意识，统一思想，思想上统一了，事才能办成。这就是得道，得道者多助，失道者寡助，就是这个逻辑。

再讲权变，突发事件来临，事件形势是瞬息万变的，我们领导者也要敢于变，要能够变。《孙子兵法》讲"涂有所不由"，涂就是路途，有些路我是可以不走的，放开大路走两厢，涂有所不由；"军有所不击"，有的军队我可以放在那儿不打他，留着他，最后再处理；"城有所不攻"，有些城池我是可以不攻的；还有"地有所不争"。最后一句话最厉害，"君命有所不受"，领导的命令也是可以不听的，为什么？为了打胜仗，为了保最高的道，为了确保人民利益，所以君命有所不受。

例如，当年深圳市市委书记作过一个决定。当年全国各地的老百姓都去买股票，刚开股市。很多人买不到股票非常气愤，就聚集在政府广场门前，到晚上9、10点钟还不散。后来深圳市主要领导拍板，说立刻广播，广播什么？说："请大家都回去休息，深圳市人民政府保证明天每个人都能买到股票。"大家要的就是这句话，人就散了。人散了，政府的领导们、官员们吓坏了，大家说："书记，咱们明天保证不了每个人都能买到股票。"书记说："今天晚上这么多人聚集，大家情绪那么激动，很容易发生各种意外事件，我们为了人民安全，先把大家哄回去再说。咱们现在还有七八个小时，我们现在就来研究明天怎么应对。"后来也应对过去了。明天再宣布明天的规则，总会有办法，这就是高度灵活。

我们古人还强调奇和正："凡战者，以正合以奇胜。"正招是配合的，奇招是取胜的。还强调势与节："善战者，其势险，其节短。"用势，用兵力要以十倍别人的兵力，这叫势险；节奏要快这叫节短。

下面我们结合突发事件应对决策的现实，提出几条决策意见，供大家参考。

第一，大道为先，确立决策原则。说到兵法，其实除了讲大道，还讲诡道。"远而示之近，近而示之远，能而示之不能，用而示之不用"，显然诡道也很重要。但是我们要权衡一下，总体体会一下兵法的思想，应该是大道为先，首先要寻大道，其次诡道作为补充可以利用。请大家注意，这个诡道不见得就是一个不符合道德的事，诡道只不过是指很机巧的方法。比如远而示之近，近而示之远。我过去单位的领导就经常讲这句话，他说我们当领导的，就要近而远之，远而近之。什么意思？我跟身边的人、周围办公室的同志要保持一定的距离，别显得团团伙伙；跟我们心理距离比较远的同志，下面业务部门的同志，要更多的关心，要把远的拉近。你看远而示之近，近而示之远，诡道是可以用，但是大的前提就是大道要统一。所以任何事件的处理首先要想一想是不是符合人民的利益，是不是多数人赞同，如果不是的话，要么你想办法做工作，让多数人赞同，要么，你确认多数人不赞同，就要依从多数人的意见。

第二，决策主体要担当在前，合作在后，叫担当合作。明确决策主体，担当要有主见和负责精神。其实我们很多突发事件要及时处理，要求每一层级的领导者都要有担当。例如，一个事件，像火苗一样刚刚出现的时候，很好扑灭。但如果你不敢去扑灭，你向上级汇报，耽搁了时间，火苗就大了；等你汇报到真正的所谓决策者时，那个火就烧起来了，你就没法救了。很多事情都是这样。我们全社会都要反思一下，特别是各级领导干部，太需要担当精神了。

第三，决策方向，就是决策向哪个方向走。我们要强己弱敌，确立决策方向。弱敌就是切断危险源，减少危害，减少对立面，这个敌不见得非是敌人；强己就是扩大正能量的阵营的力量，建立联盟，广泛合作。如通钢事件，这个强己不是个人怎么强大，不是多少盾牌，得把人心拉过来。方方面面要做工作，现场就得做工作，赶快开座谈会，分厂都开会，你得这样做，开各分厂大会，可能就分散了聚集人员的力量。可惜我们当初领导的全部心思都放在解救陈某某身上，心里可能想只要把陈某某救出来，这个改制你们愿意怎么闹就怎么闹。他的决策方向错了。

第四，正合奇胜，制定决策方案。我们说正招为本，奇招取胜，正招就是利用已有的制度，通常的做法；奇招就是有创造性，如前面讲的深圳市领导，先把大家哄回去再说，这是奇招。奇招用多的就是正招了。奇和正什么关系？《孙子兵法》里面有段话："五声之变，不可胜听也，五味之变，不可胜尝也，五色之变，不可胜观也。"什么意思？五声是声音，基本的声音声调五个，谱出的乐曲，曲调就不可胜听，听不过来。五味是咱们做菜的五种调料，五色就是五种颜料。基本的调料、基本的颜料，做出的美味佳肴，画出了漂亮的画，看不过来了。接着孙子说："奇正相生，如循环之无端，孰能穷之。"意思是奇正无非就是像转一个圆环，左手是奇，右手就是正，奇和正相生。说白了奇就是正招的合理组合，正招的创造性应用。奇不是无中生有的。

第五，随机果断，把握决策过程。显然要随着形势的发展当机做出决策。关键是要果断，当断则断。比如通钢事件，上午10点没有果断，下午4点也没有果断，就是果断性不够，对形势没有判断清楚，没有作出有力的决策。红军当年果断做出两万五千里长征的决定——战略转移，红色种子留下来了，这个革命就有了基础。

第六，势险节短，实施决策方案。势险是以压倒性的态势攻克难关，解决问题，克服阻力，一定要有力度。节短就是节奏该快的时候要快。当然，做群众工作需要慢慢的做，但是在突发事件来临时，很多决策要果断，没有那么多请示，当断则断。

四、提升危机沟通的感染力

2013年河南省兰考县发生了一场火灾，烧死了七个孩子。副县长的发言对领导活动渲染得太多了。有没有河南的同志，来给我们讲讲，这件事为什么引起关注。

学员：这个事我不太了解，从副县长讲话来看，不够亲民，总是谈领导的重视，这个群众的心可能就比较寒，所以引起关注了。

李雪峰：谢谢，这个感觉是对的。有兰考的同志没有。

学员：这个事我有印象，这个新闻发言诚意不够，发生这么大的事，我觉得首先应该对死者有一个尊重的表示。另外大家都能感受到，就是强调领导太多了，没有一个具体的问责方案。

李雪峰：非常重要的补充。应该说事后做得有点不够，但是很多的话在我们中国行政文化之下是必要的废话，就看放在哪儿说，说多长。另外这件事之所以吸引全国人民的眼球，还有个特殊性，就是"袁厉害"家着火，袁厉害是个绰号，她是一个做小买卖的老太太，这个人心眼好，收养过几十个孤儿、被遗弃的孩子、残疾的孩子、智力障碍的孩子。当时这家里面七八个孩子，一个脑瘫的孩子划火柴玩，就把房子给点着了，是这样一个事情。

他们政府被批评，一方面是发言不当，一些点没做到位。另外大家也很气愤，觉得兰考县对袁厉害的关爱不够，政府承担责任的力度不够。当政府发言不当的时候，我们的官方媒体就站出来。新华网评论说，"1·4"火灾通报，在七个幼儿丧失的沉重事实面前，通报的文风更显怪诞，相当程度上成为有关领导的功劳簿，"高度重视"、"重要批示"、"亲赴现场"、"亲临兰考指导工作"、"亲临一线"，其居高临下、自证有功的味道跃然纸上。

显然我们的领导是有问题了，我们来做一个对比。"2·27"老河口市踩踏事件。这两件事前后发生，但老河口市踩踏事件后来没有炒作，为什么没炒作？老河口市踩踏事件发言人首先鞠躬，先说到对有关人员的处理，撤职、免职、移送司法机关等。最有"杀伤力"的是这个副市长说了一段话，"我们做了这些处分之后，我们市委市政府也做好了上级机关对我们审查的准备"，这就把话说透了。你还能把我怎么样？我也愿意承担责任。兰考县则拖拖拉拉，第一次新闻发布会被记者捕捉到，有关领导在去新闻发布会现场的电梯里面还说笑，不够严肃。发布会没有提到任何人承担责任，后来在舆论的压力之下，不得不召开第二次新闻发布会，说"我们县民政局六位同志已经停职检查"。网民怎么样，同意吗？网民还不干。死了七个人，你六个人停职检查，可能下个月又复职了。所以大家就反复炒作。这既有沟通的问题，也有危机终止的问题。

怎么样更好地沟通？我这里从领导的角度，讲一些基本概念、基本原则。首先什么是沟通？沟通是意义的传达，沟通的本质关乎信任。大家注意，在危机面前，我们的政府、领导声誉会受到影响，要研究该怎么样恢复信任。

人与人之间的信任是怎么建立起来的？我们在沟通的时候，领导者急于自我表达、被动地反应。人家问什么说什么，或者讲究语言技巧，等等，都不是根本。沟通的关键是要用仁义之道来征服人心。仁义礼智，国之四维。

咱们演绎一个这个策略，仁义礼智怎么做。

第一，仁，展现爱心，与民同气。前面老河口市副市长讲，"我也是一个孩子的母亲"，一下就拉近心理距离了。沉痛、爱心、怜悯之心，要在表情里面展现出来，这个很重要。

第二，义，展现正义，为民做主。突发事件一定要有人负责任，一定要展现我们政府的担当精神，这非常重要。有仁有义，老百姓就要这样的政府、这样的领导。

第三，礼，展现礼貌，以民为尊。要庄重，要致礼。对于前述事件，我们讲应该表示一下哀悼之心。

仁义礼的要求并不高，我这里提出都是展现。为什么要展现？因为每个人一不留神就成为历史舞台的表演者了。难道表演不应该好好表演吗？当然最好是能够发自内心的，有这种仁爱情怀。

第四，智，展现智慧，主导沟通。什么叫展现智慧？如兰考县那种，说为什么烧了袁厉害家的房子，你就解释袁厉害，这个不算有智慧。消防安全很重要，不管烧了谁家的孩子都是不允许的，我们政府要反思消防安全工作，要加强安全监管。应该把话题往这上面引。我们时刻要有这根弦，要主导沟通。展现智慧，根本是要主导沟通，要有一个主线，主线在哪里，就是前面讲的仁义礼，仁爱之心，责任担当。

五、提升危机终止的转换力

最后谈一谈危机终止。危机终止是怎么样实现状态的转换，提升转换力。对于终止，跟大家交流一个概念，就是"终止"其实有两种：一种是操作性终止，另一种是政治性终止。例如"9·11"事件，操作性终止就是遇难的人员善后工作处理完，进入下一步重建阶段，这很快。但是政治性终止就很难，所以美国人一直在批评，说为什么发生了"9·11"事件？后来成立国土安全部，参众两院加联邦政府出了上千页的调查报告研究发生了什么事，什么问题。有的联邦情报部门早先已经得到情况，说本·拉登要发动一场前所未有的攻击，但是没有理会；有的情报部门发现一些被监控的阿拉伯人员在学开飞机，但这两个情报部门没有一个会商。所以后来决定把他们都合到国土安全部里面。

政治终止要追究责任，要能够在政治层面画个句号。危机终止的时候，我们领导也容易着急，急于摆脱危机，急于给自己解脱，不愿意面对真正的问题。兰考县不愿意面对真正的问题，袁厉害这个现象是个很复杂的现象，到底怎么跟公众解释，怎么办？推荐"中庸之道"，因为中就是不偏不倚，庸就是平常。我们从应急态转换到常态，就要用中庸之道，要以诚待人，诚于中，行于外，这就是中庸，所以中庸不是庸俗。

孟子说中庸很有意思。什么叫中庸，孟子说嫂溺援手乎？嫂子掉井里面了，但男女授受不亲，要不要伸手把她救起来，要不要下去把她抱上来。孟子质问说，嫂溺不援手，豺狼也。就是说如果不援手，就像杀人的豺狼一样。所以中庸是讲求以诚心，以时间、条件、地点为转移的，很讲辩证思想。结合中庸之道及相关思想，给大家综合四句话：

第一句话：正心诚意，把握好终止的理念。首先还是指导思想，要用诚心来对待这件事。兰考县火灾新闻发布会前被人家捕捉到电梯里面还笑呢，上去就假装悲痛，民众肯定就非常反感。

第二句话：君子时中，把握好终止的时机。一件事要画好句号，特别是责任事件，一定要在恰当的时间。事件处理到了一个转折点，责任大致有一个判断，这才叫终止。如香港占中事件，想很快停止，发现对立面力量非常强，没到转折点。最后闹七十多天才清场。所以对香港事件的处理反映出我们比较成熟。

第三句话：过犹不及，开展事后问责。什么叫过？动车事故，车一撞，上海铁路局长就地免职，一免职，他参加事故调查的资格都没有。这种问责就是过。当然也不能不及，没有人负责风险更大。

第四句话：实事求是，总结经验教训。世界上就怕"认真"二字，共产党人就最讲认真，毛主席讲了什么叫认真，我们现在战胜自然灾害后开表彰大会，处理事故灾难时就处分人，出了事件就专项大检查，学校门口捅人就增加保安，校车翻车就检查校车，对不对呢？也对也不对，至少有一半不对，自然灾害那个"自然"往往是打引号的，自然灾害一定有我们应急准备不足、应急处置不当，一定会有问题，要总结教训。事故灾难出现了，你要总结系统原因。例如，学校的问题不是仅仅增加保安、仅仅校车检查就能解决的，这是应急体系没有建立起来的问题。

六、小结

最后做两个小结：

第一个小结，怎么样做一个优秀的应急领导者。我认为包括三个方面：一是责任和勇气，这是思想层面；二是知识和智慧，这是知识层面；三是沟通和动员，这是行动层面。

第二个小结，领导力的修炼。日常的领导工作谁就能做得好，出现突发事件谁就能做得好。我认为要靠文化底蕴的修养，要靠实践经验的积累，特别靠自觉的反思。曾子讲"吾日三省吾身"，每天要想三个问题，我做得怎么样。如果我们也经常去反思自己，反思工作得失，反思领导工作的得失，那么我们的领导力就会持续提升了。